Karl Philipp Moritz

Schriften zur Erfahrungs-Seelenkunde

Sechster Band

Karl Philipp Moritz

Schriften zur Erfahrungs-Seelenkunde
Sechster Band

ISBN/EAN: 9783743304253

Hergestellt in Europa, USA, Kanada, Australien, Japan

Cover: Foto ©Thomas Meinert / pixelio.de

Weitere Bücher finden Sie auf **www.hansebooks.com**

ΓΝΩΘΙ ΣΑΥΤΟΝ

oder

Magazin

zur

Erfahrungsseelenkunde

als ein

Lesebuch

für

Gelehrte und Ungelehrte.

Mit

Unterstützung mehrerer Wahrheitsfreunde

herausgegeben

von

C. P. Moritz und C. F. Pockels.

Sechster Band.

Magazin
zur
Erfahrungsseelenkunde.

Sechsten Bandes erstes Stück.

Fortsetzung
der
Revision der drei ersten Bände dieses Magazins.

Daß die Vergleichungs- und Erfindungskraft der menschlichen Seele auch während des Schlafs fortdauert, und alsdann bei manchen Menschen mit einer ausserordentlichen Stärke wirkt, zeigen nicht nur die wahren Geschichten so mancher lebhaften Träume; sondern auch die oft nach gewissen Planen ausgeführten Handlungen der sogenannten Nachtwandler, worüber man vornehmlich Krüger's Experimentalseelenlehre nachsehen kann. Es sind mehrere Beispiele von Gelehrten bekannt, welche im Schlafe die im Wachen vergebens gesuchte Auflösung gewisser tiefsinnigen Wahrheiten heraus-

brachten; andere, welche im Traume auf neue sehr
wichtige scientifische Ideen fielen, woran sie im Wachen noch nie gedacht hatten. Daß dies nichts auf-
ferordentliches sey, und daß auch im Traume die
Seele nach dem einmaligen Vorrathe ihrer Begriffe,
und nicht nach solchen denke und handle, welche nach
der Meinung so vieler Unphilosophen von andern
ausser uns befindlichen Geistern entstehen sollen,
wird ein jeder leicht einsehen, welcher mit den Gesetzen des menschlichen Denkens bekannt ist. Folgende Geschichte scheint mir daher gar nichts unnatürliches zu enthalten, zumal da sie von einem glaubwürdigen Manne erzählt worden ist. (3ten Bds.
1stes Stück, Seit. 88 ff.)

Der ehemalige Professor Wähner zu Göttingen hat oft von sich erzählt, daß ihm in jüngern
Jahren aufgegeben worden, einen gewissen Gedanken in zwei Griechischen Versen auszudrücken.

Er beschäftigte sich ein paar Tage damit (seine Seele war also wahrscheinlich ganz auf diesen
Punkt gespannt, und angeleitet, durch einen neuen
hinzugekommenen Gedankenschwung — vielleicht
auch im Schlafe das Gesuchte zu finden); er kann
aber den aufgegebenen Gedanken ohne Nachtheil
seiner Stärke nicht in zwei Verse zwingen.

Er schläft an einem Abend unter der Bemühung, diese zwei Verse herauszubringen, ein. In
der Nacht klingelt er seiner Aufwärterinn, läßt sich
Licht, Papier, Feder und Dinte geben, schreibt
die

die im Schlafe nachgesuchten und gefundenen zwei
Verse auf, läßt sie auf seinem Schreibtische liegen, und schläft darauf bis an den Morgen.

Da er aufwacht, weiß er von demjenigen
nichts, was in der Nacht geschehen, und fängt
von neuem an sich Gewalt anzuthun, um die beiden verlangten Verse zu finden; es will ihm aber
nicht gelingen. Er steht mit Verdruß darüber auf,
geht an seinen Schreibtisch, und findet die beiden
in der Nacht verfertigten und sehr wohl gerathenen
Verse, und zwar mit seiner eignen Hand geschrieben.
Er ruft die Aufwärterinn, und erkundigt sich, woher das Blatt mit den zwei geschriebenen Reihen
gekommen? Diese erzählt ihm dann, was in der
Nacht geschehen ist. Er hat sich aber dessen nie erinnern können. — Vielleicht, oder vielmehr sehr
wahrscheinlich, hatte Herr Wähner seine Verse
auch wirklich des Nachts bei wachenden Augen und
Sinnen gemacht, hatte sich aber wieder niederge-
legt, und die ganze nächtliche Scene vergessen. *)

Ueber die psychologischen Bemerkungen über
das Lachen, und insbesondere über eine Art des unwillkürlichen Lachens, habe ich nichts weiter zu sagen,

A 2　　　　　als

---

*) Ein ähnliches Beispiel vom Prof. Reusch in Jena
siehe 3ten B. 3tes St. Seit. 108.

als daß ein gewisser Recensent wahrscheinlich den Aufsaß nicht mit gehöriger Aufmerksamkeit gelesen hat, wenn er die Auflösung des darin abgehandelten Phänomens verworren gefunden zu haben vorgiebt. Wer etwas Ausführliches über das Lachen und das Lächerliche lesen will, wird es vielleicht zu seiner Befriedigung und seinem Behagen in Flögel's Geschichte der komischen Litteratur (1. Theil) finden.

Im dritten Bande, Stück 2, Seit. 63 f.f. kommt eine merkwürdige Selbstbeobachtung auf dem Todtenbette vor, die von einem scharfsinnigen, durch Philosophie aufgeklärten — aber nun nicht mehr lebenden Beobachter seiner selbst herrührt, und nebst der Einleitung zu seinen philosophischen Bemerkungen besonders gelesen zu werden verdient.

Sehr auffallend ist vornehmlich die von diesem Kranken selbst geschilderte Empfindlichkeit seiner Natur, bei aller übrigen Indifferenz gegen den anfänglichen Gedanken des Todes, und die strengste Entsagung fast aller Genüsse des Lebens. Er sagt:

„Wer nur schnell, nicht einmal laut, redete, brachte meinen Puls gleich in Unordnung. Der bloße Anblick von mehr als höchstens drei Personen in meiner Kammer erhizte mich. Diese, so hochgespannte Empfindlichkeit hatte noch eine andere Fol-

Folge. Jeder Keim von Trieb, jeder Ueberreſt eines alten bedurfte nur die geringſte Veranlaſſung,
um die ganze Seele zu ſeinem Eigenthum zu machen. — Die flüchtigen Regungen, welche ſonſt
zuweilen durch die Seele fliegen, und ehe ſie wahrgenommen werden, verſchwinden; verwandelten
ſich bei mir in bleibende, ausgemachte Bilder; die
unbemerkte, gefällige und mißfällige Empfindung
an etwas hielt nun an, und ſchien die Stelle eines
feſten Begehrens und Verabſcheuens einnehmen zu
wollen; denn alles, was gereizt ward, war in der
gleichgültigen Lage der Seele Herr.“

„Dies gab zum Theil ſchreckliche Phänomene.
Der Gedanke, den ich verfluchte, ward Bild, an-
nehmliches Bild. Das heftige Mißfallen an dieſem entdeckten böſen Zuge, und oft gar die Unfähigkeit, ihn nur ſo weit zu dämpfen, daß er nicht wirklicher Wunſch ward, und bei allem dieſen, Kraft-
loſigkeit ſich zu ermannen, die Zügel der Einbildungskraft zu ergreifen, — das alles verſezte die
Seele in — nicht Traurigkeit, — ſondern Unmuth und Verdrießlichkeit. — Ich würde mich
unendlich ſchämen, wenn zu ſolcher Zeit ein
Menſch meine Seele hätte ſehen können.“

Offenbar lag der Grund dieſer ganzen Empfindlichkeit in den geſchwächten, oder auch zu ſehr ge=
ſpannten Nerven des Kranken, welche bei einem
Schwindſüchtigen bis zu einem erſtaunlichen Grade

der

der Reizbarkeit angezogen werden können. Der
Kranke fühlt dann alles lebhafter und heftiger; sonst
ihm gleichgültige leise Sensationen, werden jezt gewaltige Erschütterungen, und das sonst unbemerkte
Vorübergehen einer Begierde, wird, zumal wenn
die Seele, wie hier der Fall ist, nicht durch viele
neue Ideen zerstreut wird, nun ein fast unbezwing-
licher Wunsch, die Begierde zu erfüllen, zumal da
bei Nervenkranken die Einbildungskraft meisten-
theils eine sehr große, fast überspannte Lebhaftigkeit
gewinnt. Außer diesen allgemeinen Gründen zur
Erklärung jenes Phänomens, und den sehr durchdachten Anmerkungen des Herrn Einsenders darüber, muß auch noch die Jugend des Kranken hier
in Erwägung gezogen werden, der in seinem 30sten
Jahre starb. Alle Bilder seiner Phantasie, alle
unerlaubte Regungen und Wünsche mußten schon
dadurch bringender, stärker, heftiger werden, und
die Reize der Sinnlichkeit sich auch wohl dadurch
zudrängen, daß die lebhafte Einbildungskraft sie als
nun bald nicht mehr vorhanden vorzeichnete.

„Da der Ausbruch jedes Triebes und jeder
Gesinnung sich stärker auszeichnete, fährt er fort:
so hätte dies bei dem Guten eben sowohl statt finden müssen. Lagen also in meiner Seele eben so
viel gute, als böse Triebe schlafend: so mußten sich
beide unter diesen Umständen gleich häufig entdecken;
das war aber der Fall gar nicht. Es ist wahr, zuweilen überströmte ein gutes Gefühl die Seele eben
so

so gänzlich, als ein böses; aber das Gute hatte weder den Grad der Edelmuth, welchen das Böse von Niederträchtigkeit besaß, noch hatte ich so oft Ursache, mich desselben Gedankens der Tugend zu freuen."

Dieser zum Theil abstracter Gedanke lag diesmal gewiß ziemlich ausser dem Gebiet der sinnlich gespannten Seele des Kranken. Das Gute beschäftigt überhaupt unsre Einbildungskraft nicht so sehr, als das Schlechte, das moralisch Böse; theils, weil dieses lange nicht so einförmig, wie jenes ist; theils, weil von diesem von Jugend auf unzählige Beispiele auf uns stärker gewirkt haben; theils auch, weil ein versteckter, oder sehr offenbarer Trieb zur Sinnlichkeit in allen menschlichen Seelen, in der tugendhaftesten selbst, liegt, und wenn er durch Nervenschwäche gereizt wird, den Gedanken an Tugend vollends nicht zur Reife kommen läßt. Sehr viel kam bei den unmoralischen Gefühlen des Kranken auch darauf an, welche Bilder im Anfange seiner Krankheit und in ihrem Fortgange, theils von aussen durch Menschen, lecture, Gespräche, zufällig rege gemacht wurden, und die Masse sinnlicher Wünsche vergrössern halfen; theils von innen durch eine natürliche Ideenfolge angeregt wurden, deren Geschichte uns den besten Aufschluß des ganzen Phänomens gegeben haben würde. Am leichtesten würde freilich der Aberglaube sich das Ding durch Versuchungen eines bösen Geistes erklären. —

A 4

„Zur

„Zur Genesung, heißt es weiter, war alle
Hoffnung verschwunden, und das Bild des nahen
gewissen Todes schwebte mir vor. Hier kamen
einige verwickelte Phänomene zum Vorschein.
Wenn ich die Frage aufwarf: ob ich lieber jetzt sterben, oder meinen siechen Körper noch ein halbes Jahr
hinschleppen wollte? — so wählte ich gleich mit
Empressement das Leztere.“

„Die Todesfurcht schien also ganz die Oberhand zu haben. Analysirte ich aber diese Wahl
weiter, so fand ich, daß meine Seele nicht den
Tod heut, und den Tod nach einem Jahr ver-
glichen hatte; sondern es ging so zu: Sie dachte
sich einen Schwindsüchtigen, freilich mit vielen Un-
bequemlichkeiten dem Grabe entgegenschleichend;
der aber doch noch ein wenig reden, ein wenig gehen, ein wenig sich bewegen konnte. Ich hingegen
lag ohne Hand oder Fuß zu regen, ohne ein Wort reden zu dürfen, in der unbequemsten Stellung, die
mir an manchen Orten empfindliche Schmerzen
machte; mein Athem drängte sich durch die be-
klemmte Brust, und in dieser Verfassung sollte ich
die Ankunft des Todes erwarten. Da war das
Bild dessen, der doch ein wenig mehr Freiheit hatte,
als ich, offenbar angenehmer.“

„Die Zukunft nach dem Tode wirkte gar nicht
auf mich. Kein lebhafter Gedanke von Ewigkeit,
Sünde, Strafe, — nichts davon. Ein unab-
sehl-

sehliches Blachfeld, das ich nicht kannte, auf dem
ich nicht wußte, wo ich war, war alles, was ich mir
von der Zukunft dachte. (Vielleicht war der Verfasser dieses Bekenntnisses durch sein Philosophiren,
schon an diese Art, über die Zukunft zu denken, gewöhnt.) Das Bild war nicht anziehend, aber
auch nicht widrig. Was dem Unangenehmen das
Uebergewicht gab, war das Schauervolle, was
Ungewißheit immer mit sich führt; und hieraus
entstand dann natürlich der Wunsch, lieber noch
auf dieser Seite des Styx das gegenüber liegende
Ufer etwas zu betrachten, als gleich überzuschiffen. "

Ein sehr natürliches Gefühl der menschlichen
Seele! Es gehört eine Art Betäubung dieses Gefühls dazu, wenn uns der Gedanke von einer unge-
wissen Zukunft nicht beunruhigen soll; eine Betäubung, die bei den meisten Sterbenden durch die
lebhaften Vorstellungen einer himmlischen Glückseligkeit, oder auch durch die Abnahme der Verstandes-
kräfte hervorgebracht wird, die uns endlich gemeiniglich über alle Zweifel in Absicht der Zukunft hin-
wegsezt, und uns einen Trost gewährt, den uns bei
einem strengen Nachdenken die Vernunft nicht ganz
gegeben haben würde.

Hand-

Handlung ohne Bewußtseyn der Triebfedern, oder die Macht der dunklen Ideen.

In unzähligen Fällen handeln wir nach innern Triebfedern unsrer Seele, ganz mechanisch, ohne daß wir diese Triebfedern selbst anzugeben wissen; zum deutlichen Beweise, daß nicht immer vor der Handlung eines vernünftigen Wesens eine klare Vorstellung vorhergehen müsse. Aber darin mögen wir uns wohl oft irren, daß wir jener mechanischen Handlungsart gewisse dunkle Ideen unterschieben, die gar nicht vorhanden waren, deren Daseyn uns aber ausser allem Zweifel schien, weil sie durch einen hinterher folgenden Zufall gleichsam verificirt wurden. Grade dies ist der Fall mit den meisten Ahndungen. Es schwebt uns eine gewisse dunkle Idee von irgend einem kommenden Uebel vor — (oft war es freilich wohl nur eine Geburt der Hypochondrie, oder der Einbildungskraft überhaupt), wir haben keine Ruhe vor dem Bilde, es begleitet uns überall hin, und hinterher kommt dann auch wirklich ein Unglück, worauf sich nun jenes dunkle Gefühl bezogen haben muß, es mag einen Zusammenhang damit haben, oder nicht. Hat man sich sogar vermöge jenes Gefühls das Unglük, welches nachher kam, aus Vermuthungsgründen ziemlich deutlich vorgestellt: so scheint kein Schluß gewöhnlicher zu seyn als der, daß es uns geahndet habe.

Herr

Herr Doctor Wedekind erzählt im 2ten Stück
des 3ten Bandes der Seelenkunde S. 80 ff., unter obigem Titel ein dergleichen Beispiel von der Gewalt dunkler Ideen, das, es mag nun erklärt werden, wie man will, sehr lesenswürdig bleibt. Der
Herr Doctor Wedekind sieht sich genöthigt zu ver-
reisen. Er muß seine Patienten einem andern an-
vertrauen, worunter ihm eine Predigerfrau grade
nicht am gefährlichsten zu seyn scheint, aber ihm
doch, ohne daß er sich's angeben kann, was ihm
so bedenklich an ihr vorkommt, sehr im Sinne
liegt. Er reist dennoch ab, und ist kaum eine halbe
Stunde von seinem Wohnorte Diepholz entfernt,
als er sich wegen seiner Reise die größten Vorwürfe
zu machen anfängt, weil er sich den Tod seiner Patientinn und Freundinn unablässig vorstellt. „So
war ich nun im heftigsten Seelenkampfe beinah
zwei Meilen weggeritten, sagt er, als sich meiner
Brust eine so große Beklemmung bemächtigte, und
mein Herz so heftig zu schlagen anfing, daß ich nicht
weiter reiten konnte. Fast unwillkürlich wandte
ich mein Pferd um, und jagte, so geschwind es laufen konnte, nach Diepholz zurück." Er sieht
seine kranke Freundinn, um welcher willen er zurückgekehrt ist, am Fenster stehen, und ihr war's nicht
möglich, wegen seiner Rückkehr sich des Lachens zu
enthalten. —

Nun reist er wieder davon, aber seine vorige
Unruhe beginnt von neuem. Seine Freunde,
die

er besucht, suchen ihn auf alle Art zu zerstreuen; allein umsonst. Er hat keine Ruhe und Rast; reist wieder aus eben der Ursach zurück, und geht über Rinteln. Hier erfährt er, daß seine Freundinn wirklich gestorben sey, u. s. w.

Das Uebrige mag man am angeführten Orte selbst weiter nachlesen, sonderlich, was von dem Abscheiden der Patientinn und ihrem versteckten körperlichen Uebel gesagt wird, wovon der Arzt nie etwas bei ihren Lebenstagen erfahren hatte.

Aber sollte ich nicht vielleicht eine dunkle Idee von einem solchen Fehler gehabt haben können? fragt der Herr Verfäßer. Von etwas, woran man noch nie einmal gedacht hat, kann man auch keine dunkle Idee haben; aber ein gewisses bedenkliches Uebel konnte der Arzt wohl gemuthmaßt haben, und diese Muthmaßung war hinreichend, dem Herrn Verfaßer des obigen Aufsatzes, wenn sonderlich eine hypochondrische Laune, und vielleicht ein ängstliches Temperament dazu kam, alle jene beschriebene Unruhe zu verursachen. Die Seele heftet sich in dergleichen Situationen an irgend eine starke Idee an, die sie antrifft oder auch aufsucht, und sie wird von ihr in einem Strudel von unangenehmen Empfindungen umhergetrieben, wenn die Disposition des Körpers grade zu heitern Seelengefühlen verstimmt ist. Auffallend für die menschliche Einbilbildungskraft bleibt es hinterher immer, wenn das gefürchtete Uebel', gesezt daß auch nur wenige Gründe zur Furcht da waren, zufällig eintrift. Die Fragen, welche der Herr Verfasser am Ende seines lehrreichen Aufsatzes über die Freiheit der menschlichen Handlungen aufwirft, verdienen beherzigt zu werden. Wie viele mögen mit ihm herüber einerlei Meinung haben!

Eben derselbe hat noch einen medicinischen Bericht beigefügt, worin er erzält, daß ein Fräulein von May aus Furcht vor einem Brechpulver, das sie einnehmen müssen, wahnsinnig wird. Seite 87, ff.

Die Würkungen der Furcht über die menschliche Seele sind von sehr manigfaltiger Art, und sie ist eine der heftigsten und betäubendsten Leidenschaften des Gemüths. Viele verlieren dadurch auf einmal ihre ganze Besonnenheit, ihr Nachdenken stockt, alle ihre Empfindungen erstarren, und sie ist gleichsam das für den Geist, was ein heftiger Schlagfluß für den Körper ist. Die lebhaftesten Köpfe gerathen durch sie in Verwirrung, und es zeigt eine große Seele an, welche sich nicht von ihr bemeistern läßt. Andre Menschen macht sie kühn und beherzt, und dies ist eine ihrer sonderbarsten Würkungen.

Ich

Ich habe, sagt Montagne *) im Capitel von
der Furcht, viele Leute gesehen, die vor Furcht
unsinnig geworden sind. Auch bei den richtigsten
Gemüthern verursacht sie, so lange ihr Anfall dauert,
schreckliche Verirrungen. Ich rede nicht blos von
dem Pöbel, welchem sie bald seine aus den Gräbern
hervorkommenden und in ihr Schweistuch einge=
hüllten Vorfahren, bald Wührwölfe, Kobolte und
andre Ungeheure vorstellt; wie oft hat sie nicht so=
gar den Soldaten, wo sie doch am wenigsten Plaz
finden sollte, eine Heerde Schaafe in eine Ge=
schwader Kürassiere, Rohr und Schilf in Gehar=
nischte und Lanzenknechte, unsere Freunde in unsre
Feinde u. s. w. verwandelt — bald macht sie uns
Flügel an die Fersen, bald nagelt sie uns die Füße
an. — „Ich meines Theils, sezt er sehr naiv
hinzu, fürchte mich vor nichts so sehr, als vor
der Furcht.“

Je lebhafter unsre Einbildungskraft, und je
geschickter sie ist, den gefürchteten Gegenstand zu
vergrößern, je weniger Fassungskraft und innere
Stärke der Seele uns eigen ist, und je leichter
unsre Nerven erschüttert werden können, je mehr
pflegen wir auch von jener Leidenschaft beunruhigt zu
werden. Jeder Mensch sollte an sich mit allen
Kräf=

*) Montagne's Versuche enthalten die lehrreichsten Bei=
träge zur Psychologie, sind aber bisher von unsern
Psychologen viel zu wenig genuzt worden.   P.

Kräften der Vernunft arbeiten, diese Furie der menschlichen Seele zu bekämpfen, weil sie so leicht die ganze Thätigkeit der Denkkraft und unsrer Willensfreiheit aufhält, und uns durch ein niedriges Betragen, unzählig oft unter die Würde unsrer Natur herabsezt. Ich würde, um das menschliche Herz von dieser betäubenden und schändlichen Krankheit der Furcht zu heilen, vornehmlich folgende Mittel vorschlagen. 1) Man suche das gefürchtete Uebel genau nach allen seinen Seiten kennen zu lernen, und es hierbei auch von seiner weniger furchtbaren Seite zu betrachten. Schon das Nachdenken, das bei sich selbst Raisonniren über ein kommendes Uebel, flößt uns Muth ein, indem es unsre Seele zerstreuet und von dem Punkte wegziehet, den sie so gern mit starren Empfindungen allein betrachten möchte. 2) Uebe man sich selbst dann, wenn uns nichts Böses bevorsteht, in Untersuchungen: wie wir uns in dieser und jener unglücklichen Lage, die uns überraschen sollte, benehmen würden, und als vernünftige Menschen benehmen müßten. 3) Hüte man sich ja vor allen Schwächungen und Verzärtelungen des Körpers. Ein gesunder Körper giebt der Seele Kraft und Muth, ein kranker macht uns furchtsam. 4) Man gewöhne sich immer mehr durch Nachdenken über die Menschen und unsre Schicksale, und durch die Gewalt über unsre Einbildungskraft an die so nöthige Gegenwart des Geistes, und lasse den ersten Eindruck eines furchtbaren Ge-

gen-

genſtandes nicht zu tief eindringen. 5) Meidet
die Geſellſchaft und den Umgang mit furchtſamen
und hypochondriſchen Menſchen, weil ihre Denkungsart uns leichter, als man glaubt, inficirt; —
ſelbſt der häufige Umgang mit dem andern Ge-
ſchlecht, ſagt ein alter Weltweiſe, macht uns furcht-
ſam. Hingegen flößt uns der Umgang mit muthi-
gen und geſezten Leuten auch Muth und Entſchloſſen-
heit ein.

C. F. Pockels.

(Die Fortſetzung künftig.)

Zur

Zur
Seelenkrankheitskunde.

I.

Volksaberglauben.

Erlauben Sie mir, daß ich Ihnen eine Anzeige
von verschiedenen Arten des Volksaberglaubens,
nebst meinen Bemerkungen darüber, zuschicken darf.
Vielleicht können Sie dieselbe für Ihr Magazin zur
Erfahrungsseelenkunde nützen. Fast allgemein in
Ober- und Niedersachsen habe ich bemerkt, daß man
mit den neugebornen Kindern einen sonderbaren
Aberglauben treibt; vornehmlich aber so lange, als
sie noch nicht getauft sind. Wenn gleich der gemeine Mann hie und da nicht mehr an eine un-
mittelbare Besitzung des Teufels bei seinen Kindern
glaubt, und auch an mehrern Oertern vernünftige
Geistliche den Leuten diese entsetzliche Meinung aus
den Köpfen gepredigt haben: so hängt doch immer
noch ihre Phantasie an Hexen und unsichtbaren bösen Geistern, die den ungetauften Kindern Schaden zuzufügen suchen. Man eilt daher nicht nur,
die Kinder bald aus der Gewalt der unsichtbaren
Geister durch die Taufe zu befreien; sondern die
Hebammen, — eine überhaupt sehr abergläubige
Menschengattung — suchen auch durch ein fleiß-

siges Kreuzmachen das ungetaufte Kind vor allerlei
zu befürchtenden Behexungen zu sichern. Gemeiniglich geschieht dieses Kreuzmachen, das offenbar
noch ein albernes Ueberbleibsel aus der katholischen
Kirche ist, beim Einwickeln und Schlafenlegen der
Kinder, wobei die Hebammen noch ein Sprüchel-
chen, z. B. das walt Gott der Vater u. s. w.
herzumurmeln pflegen. Ich habe einige diese
Ceremonie mit der pünktlichsten Genauigkeit beobachten gesehen; eine schalt mich auch sogar einmal
in allem Ernst aus, indem ich beim Hereintragen
eines neugebornen Kindes meine laute Freude über
dasselbe bezeugte, ohne ein "Gott gesegne dich!„ *)
dazuzusetzen. Das einfältige Weib glaubte, daß
man, ohne einen dergleichen Wunsch, ein neugebor-
nes Kind leicht beschreien **) könne; eine Meinung, welcher der gemeine Mann noch sehr auch in
Absicht seines Viehes anhängt: man beschreiet
seine Kühe, seine Pferde, wenn man sie lobt,
und verursacht dadurch, daß sie weniger gedeihen
können.

Außer jenem Aberglauben des Kreuzmachens ***)
über neugeborne Kinder, hält der gemeine Mann
auch

*) oder: Gott behüt's!
**) In Niedersachsen nennt man es berufen.
***) Welches nicht eigentlich mit den Fingern geschieht,
sondern, indem man die Hände kreuzweis überein-
ander schlägt.

auch noch ſehr darauf, — manche vornehme Müt-
ter nicht ausgenommen — daß, ſo lange ein Kind
noch nicht getauft iſt, es ja genau bewacht werbe,
damit ein böſer Geiſt nicht ein andres Kind mit
dem rechten austauſchen könne. Dieſer Aberglaube ſtammt offenbar noch aus den Zeiten her, wo
man den Teufel zu einem ſchadenfrohen Tauſend-
künſtler und Zaubrer machte. An einigen Oertern
geht man ſogar ſo weit, daß man die Stelle in
der Wiege, wenn man das Kind herausgenommen
hat, nicht lebig läſſt, ſondern unterdeſſen ein Stück
Holz, oder einen Beeſen dahin legt, damit der
böſe Feind nicht ſeinen Unfug mit der Wiege treiben könne.

Wie ſehr noch der gemeine Mann an der Meinung vom Behexen der Kinder hängt, können
Sie aus folgender frappanten Anekdote aus einer
angeſehenen niederſächſiſchen Stadt ſehen, die ſich
nicht vor gar langer Zeit daſelbſt zugetragen hat.
Ein armes Lutheriſches Bürgerweib hatte ein
kränkelndes Kind, wovon ſie glaubte, daß ihm
etwas angethan, oder daß es behext ſey. Mit
dieſem Kinde erſchien ſie eines Tages in der dortigen katholiſchen Kirche, worin man ſie noch nie
bemerkt hatte, und wo ſie auch wirklich noch nie
geweſen war. Ein angeſehener Mann, auch ein
Katholik, aber ein aufgeklärter Kopf, der mir
dieſe Geſchichte ſelbſt erzählte, bemerkte ſie, und

B 2   be-

bezeigte ihr sein Erstaunen, was sie mit dem kranken Kinde in der katholischen Kirche wollte. Das Weib ward verlegen; bei weiterm Fragen gestand sie aber endlich, daß sie hierher gekommen sey, um von dem katholischen Priester den Segen über ihr Kind sprechen zu lassen, weil sie gehört, daß ein katholischer Priester dadurch die Krankheit des behexten Kindes wegbannen könne. Einem Katholischen Weibe würde man so etwas nicht verdacht haben, da ihre Religion dergleichen Dinge wirklich lehrt; allein einer lutherischen Bürgerfrau, die in einer der aufgeklärtesten Städte Teutschlands lebt, wo es eine Menge der besten Aerzte giebt, wäre ein solcher Aberglaube kaum zu verzeihen, wenn sich die gerühmte Aufklärung, wovon die meisten nur gar zu hohe Ideale im Kopfe haben, auch auf die niedern Stände der Menschheit erstreckte, wo es überall noch so schrecklich dunkel aussieht.

Um die neugebornen Kinder vor den bösen Geistern zu bewahren, welche man gemeiniglich in der Volkssprache gradehin die Unterirdischen nennt, ist man noch auf viele andre Gaukeleien verfallen, worüber in vielen Familien mit strengster Genauigkeit gehalten wird; z. B. daß man aus dem Hause, worin das neugeborne Kind ist, durchaus nichts verleihet, weil es sonst behext werden könnte; daß, um eben dies zu verhüten, des Vaters Hut auf die Wiege gelegt wird; daß man

die

die Wiege nicht bewegen darf, wenn sich das
Kind nicht darin befindet. *)

An vielen Oertern ist's auch gebräuchlich, daß,
wenn das Kind aus der Kirche nach der Taufe
heimgetragen wird, man es sogleich einige Minuten in den Brodschrank legt, damit es nicht näschig
werden soll. Eine andere Albernheit dieser Art erfuhr ich noch kürzlich in einem Dorfe ohnweit Mer-
seburg. Ich hatte einer Kindtaufe in der Dorf-
kirche mit beigewohnt, und ging mit dem Prediger
nach Hause. Weit vor uns voraus erblickte ich die
Jungfer Gevatterinn, welche nach dortiger Sitte
das Kind trug, und ungewöhnlich schnell damit
lief. Dieser Umstand fiel mir auf, und ich fragte
den Prediger um die Ursache des schnellen laufens
mit dem Kinde. „Es ist ein ziemlich ausgebrei-
teter Aberglaube, erwiederte er, daß das Kind
nicht gut gehen lernt, wenn die Gevatterinn damit
nicht schnell nach Hause eilt. Ich habe den Leuten
oft den Ungrund ihres Aberglaubens gezeigt; aber
es hält ausserordentlich schwer, dergleichen Volksmeinungen, die um so viel stärker würken, weil

B 3   sie

*) Beides leztere geschieht eigentlich deswegen, weil man
  glaubt, daß das erstere den Schlaf des Kindes beför-
  dere, das leztere ihm aber seine Ruhe nehme; daher
  auch jener andere Aberglaube, daß sich ein Frember,
  der in eine Kinderstube kommt, durchaus niedersezen
  muß, weil er sonst dem Kinde den Schlaf mitnimmt.

sie von den Vorfahren angenommen sind, auszurotten."

Mit den Wöchnerinnen selbst wird eben ein so starker Aberglaube getrieben. Einige Behandlungsarten derselben sind von der Art, daß man sie nicht einmal sagen darf, ohne die Gesetze der Schamhaftigkeit zu beleidigen; sie alle haben aber wieder ihren Grund, wie aller Aberglaube, in dem Glauben an böse Geister, und in uralten heidnischen Volksvorurtheilen, dergleichen wir mitten in der Christenheit noch sehr viele haben. Viele Weiber tragen in der Wochenstube einige Stunden des Tages die Mützen ihrer Männer. Noch andere haben den Glauben, daß sie sich ihre Wochenzeit über nicht am Fenster sehen lassen dürften, ein Glaube, der vielleicht gute physische Ursachen zum Grunde hat, damit sie sich etwa durch auffallende Gegenstände nicht erschrecken möchten; aber unerklärbar ist mir hierbei noch ein andrer Umstand, daß nämlich viele Wöchnerinnen glauben, sich einen unbekannten Vorübergehenden, wenn sie auch am Fenster stünden, als einen Dieb, Mörder, u. dergl. vorstellen zu müssen. Daß dies würklich ein Aberglaube vieler Wöchnerinnen ist, ist mir von der glaubwürdigsten Frau betheuert worden.

Ueberhaupt ist der Ursprung so vieler abergläubischen Meinungen durchaus unbekannt. Oft kann die unbedeutendste Kleinigkeit Veranlassung dazu ge-

gegeben haben, oft war auch wohl nur der bloſſe Zufall, der auf eine gewiſſe Einbildung erfolgte, der Grund davon. Der Unwiſſende findet überall Gegenſtände, deren phyſiſche Verhältuiſſe er nicht überſchauen kann, er nimmt alſo gleich ſeine Zuflucht zu gewiſſen verborgenen Kräften, und perſoſ, nificirt ſie, ſo gut er kann; oder ſo wie ſie ſeine Vorfahren ſchon zu perſonificiren ſuchten. Er hat wenig Neigung dazu, das Ding ſich natürlich zu erklären, weil das Wunderbare ſeiner ſinnlichen Phantaſie ſchmeichelhafter iſt, und er von Jugend auf den Kopf von unſichtbaren Geiſtern voll hat. Gemeiniglich verhält ſich der gemeine Mann auch nur bloß mechaniſch bei ſeinem Aberglauben. Er weiß es ſelbſt nicht immer, warum er ſo handelt; ſondern er handelt ſo, weil er es ſo zu ſehen gewohnt iſt. Ich habe oft gemeine Leute gefragt: Warum glaubt ihr dies und das? und ſie konnten mir nichts anders antworten, als — — Wir glauben's nun einmal ſo! Man wird gemeinen Leuten den Aberglauben jeder Art nicht eher aus den Köpfen bringen, bis man ihnen einen deutlichen Unterricht in der Naturlehre zu geben anfängt, wie nun auch ſchon an mehrern Orten zur Ehre der Menſchheit geſchieht.

Mancher Aberglaube ſcheint in der That aus einer guten natürlichen Abſicht entſtanden zu ſeyn. So warnt man junge Kinder, ja nicht zu nahe an Flüſſe und Teiche zu gehen, weil ſie ſonſt der

Nix

Nix *) holen könne. Man will dadurch offenbar junge unerfahrne Kinder warnen, sich nicht, an dergleichen Oerter zu wagen, so wie man auch in mehrern Gegenden von Obersachsen an einen gewissen Kornengel glaubt, der, nach der Volksmeinung, die Kinder nach sich ziehen soll, wenn sie sich einem Kornfelde nähern. Die Idee in Absicht der Nixen scheint mir in dem alten heidnischen Aberglauben, da man an Fluß- und Wasser-Götter glaubte, ihren Grund zu haben, so wie überhaupt es fast keine Art des heidnischen Aberglaubens gab, welcher nicht noch jezt hie und da unter gemeinen leuten, obgleich in einer veränderten Gestalt, fortwürken sollte. Das Christenthum hat ihn nicht ausrotten können, sondern nur einen Mantel darüber gehängt.

Ehe ich in meiner Anzeige von den verschiedenen noch herrschenden Arten des Volksaberglaubens fortfahre, muß ich Ihnen eine meiner Ideen über das sogenannte Beschreien oder Berufen der Kinder mittheilen. Dieser abergläubische Gebrauch ist offenbar Griechischen und Römischen Ursprungs; und wahrscheinlich noch älter. Unter den Heerden von Göt-

---

*) Der gemeine Mann stellt sich ihn als ein kleines Männchen mit rotem Haar, oder einer roten Mütze vor; in Niedersachsen als Frauenzimmer, welches sehr wahrscheinlich sich auf den aus dem Alterthum hergeholten Glauben an Sirenen gründet.

Göttern, die jene alten Völker sich nach und nach
erträumt hatten, gab es nach ihrer Meinung auch
viele boshafte und neidische Gottheiten, die immer
lauerten, wo sie den Menschen etwas zu leide thun
könnten.   Vermöge ihrer heimtückischen Natur
suchten sie vornehmlich denjenigen zu schaden, die
vor andern glücklich und geehrt waren.   Man be-
fürchtete daher, sie auf dasjenige aufmerksam zu
machen, was man mit lauter Stimme rühmte,
und um dem Dinge zuvorzukommen, bediente man
sich denn eines besondern Ausdrucks, welcher dem
Teutschen: Gott behüt es! nahe kam. Der latei-
ner hatte sein Præfiscine! und der Grieche sein
αβαναϛως! Hierzu kam nun noch der alte Volksglaube, daß nicht alle Stunden des Tages gleich
wären; sondern daß verschiedene für den Menschen
sehr gefährlich werden könnten, man wollte daher
durch jene Ausdrücke zugleich sagen: Gott gebe,
daß ich's zu einer guten Stunde geredet habe! Aller
dergleichen Aberglaube ist zu den Christen bei ihrer
Vermischung mit Römischen und Orientalischen Völkern übergegangen, und die Priester haben sonderlich in mittlern Zeiten alles gethan, um das Volk
dabei zu erhalten, weil sie, wie bekannt, von der
Blindheit desselben ihre Vortheile zogen.

Der Ursprung des Aberglaubens überhaupt, wir
mögen ihn nun entweder bei ganzen Völkern, oder
einzelnen Menschen betrachten, hat überall und
allemal seine natürlichen Ursachen.   Die mensch-

B 5

liche

liche Einbildungskraft sucht sich nach dem Vorrathe
der wenigen vorhandenen Ideen in dem Gehirn des
ungebildeten Menschenverstandes, Erscheinungen in
der Natur durch unsichtbare Wesen zu erklären,
und, so weit auch der Begriff eines Geistes ausser
der Sphäre eines noch unangebauten Verstandes
liegt, sich doch gewisse Kräfte zu personificiren, wovon jene Naturphänomene Würkungen seyn sollen.
Denn, daß jede Würkung eine Ursach haben müsse,
auf diesen Satz wird auch der ungebildetste Men-
schenverstand alle Augenblicke so sehr hingerissen,
daß er ihm bald zum Aiom wird, so gut er
es für den Philosophen ist. Ausserordentliche
Würkungen werden also ausserordentlichen Wesen
zugeschrieben, die sich aber der menschliche Verstand wohl nie als Geister im metaphysischen Sinn
gedacht haben würde, wenn hinterher nicht von
speculativen Köpfen ein Unterschied zwischen körperlichen und unkörperlichen Wesen festgesetzt worden
wäre, den man von dem Menschen selbst abstrahirte.
Ob dieser Unterschied reel sey, darüber haben sich
die Philosophen alle Jahrhunderte gestritten, und
werden sich, — zum Beweis, daß der Begriff
eines Geistes noch nicht genau bestimmt ist, —
und vielleicht ausser den Gränzen der menschlichen
Vernunft liegt, noch ferner darüben streiten.

2. Der

2.

Der Einsiedler im Stadtgetümmel.

Der edle und tugendhafte Heinrich Wilby Esq. war aus lincolnshire gebürtig, und Erbe eines ansehnlichen Rittergutes, welches jährlich über tausend Pfund eintrug. Er hatte seine Studien auf der Universität sowohl, als in einem der juristischen Kollegien, vollendet, und war mehrere Jahre nach einander auf Reisen in fremden ländern. Nach seiner Rückkehr lebte dieser sehr gebildete junge Edelmann auf seinem väterlichen landgute, war überaus gastfrey, hielt viel Umgang mit seines Gleichen, une hatte eine schöne wohlerzogene Tochter, die, mit seiner völligen Genehmigung, an Sir Christopher Hilliard in Yorkshire verheirathet wurde. Er war jezt vierzig Jahr alt. Die Reichen achteten ihn; die Armen beteten für ihn; und von Jedermann ward er geehrt und geliebt; als einstmals einer von seinen jüngern Brüdern, mit dem er nicht recht einig war, ihm auf freien Felde begegnete, und ein Pistol auf ihn losdrückte, welches aber glücklicherweise versagte. Er glaubte, das sey bloß geschehen, um ihm ein Schrecken einzujagen, und entwaffnete den Niederträchtigen ganz kaltblütig. Sorglos steckte er das Pistol in seine Tasche, und ging in tiefen Gedanken nach Hause. Als er hier aber das Gewehr näher untersuchte, und

Kugeln

Kugeln darin fand, machte diese Entdeckung auf
seine Seele solch einen starken Eindruck, daß er auf
der Stelle den ausserordentlichen Entschluß faßte,
sich völlig von der Welt zu entfernen; und in diesem Entschlusse beharrte er auch bis an's Ende seines Lebens.

Er wählte sich ein sehr hübsches Haus unten
in Grubstreet, (einer Strasse in London,) schaffte
fast alle seine Leute ab, ließ das Haus nach seinen
Ideen einrichten, und wählte davon drei Zimmer
für sich: das eine zum Speisezimmer, das zweite
zur Wohnstube, und das dritte zum Studirzimmer.
Da sie eins in's andre gingen, so pflegte er, wenn
sein Essen von einer alten Dienstmagd auf den Tisch
gesezt wurde, sich so lange in sein Wohnzimmer zu
begeben; und wenn man hier sein Bette machte,
ging er so lange in sein Studirzimmer, bis alles fer-
tig war. Aus diesen Zimmern kam er von der Zeit
an, da er sie bezog, nie wieder heraus, bis er vierzig Jahre hernach auf den Schultern der Leichenträ-
ger herausgebracht wurde. Auch bekamen in dieser ganzen Zeit weder sein Schwiegersohn, seine
Tochter, sein Enkel, Bruder, seine Schwester,
noch irgend einer seiner Verwandten, jung oder alt,
reich oder arm, kurz kein Mensch ihn wieder zu sehen, ausser jene alte Dienstmagd, die Elisabeth
hieß. Sie allein machte sein Kaminfeuer, machte
sein Bett, brachte ihm zu essen, und reinigte seine
Zimmer. Auch sie sah ihn nur äusserst selten, nur
im-

immer im höchsten Nothfall, und starb nicht länger als sechs Tage vor ihm.

In der ganzen Zeit seiner Einsperrung kostete er nie weder Fisch noch Fleisch. Sein gewöhnlichstes Essen war Hafergrütze. Dann und wann hatte er des Sommers einen Sallat von ausgesuchten kühlenden Kräutern, und, als ein Leckerbissen, wenn er sich an einem Festtage etwas zu gute thun wollte, aß er den gelben Dotter von einem Hühnerei; aber nichts von dem Weissen. Was er an Brodt aß, schnitt er aus der Mitte heraus; die Kruste aber genoß er nie. Sein beständiges Getränk war Vierschillingsbier, und nichts anders; denn er kostete niemals Wein, noch gebrannte Wasser. Dann und wann, wenn er es seinem Magen für dienlich hielt, aß er eine Art von Zuckerwerk; zuweilen trank er auch etwas Kuhmilch, die ihm seine Dienstmagd, noch heiß vom Melken, holen mußte. Bei dem allen hielt er seinen Bedienten einen reichlichen Tisch, und bewirthete jeden Fremden oder Pächter sehr gut, der in seinem Hause etwas zu thun hatte.

Alle Bücher, die neu herauskamen, wurden ihm gekauft und gebracht; Streitschriften aber legte er beständig auf die Seite, und las sie niemals.

Weihnachten, Ostern, und an andern Festtagen, ließ er in seinem Zimmer eine große Tafel decken, mit allem besezt, was die Jahrszeit vermochte,

auch

auch mit vielen Weinen; welches alles von seiner
Dienstmagd aufgetragen wurde. Nach einem
Dankgebete für Gottes Wohlthaten, pflegte er
dann eine reine Serviette anzustecken, ein Paar
weisse Holländische Handschuh anzuziehen, die ihm
bis an die Ellbogen reichten; dann schnitt er ein
Gericht nach dem andern vor, und schickte einen
Teller an einen armen Nachbar, und den zweiten
an einen andern, bis der Tisch ganz leer war.
Darauf betete er wieder, legte seine Serviette zu-
sammen, und ließ das Tischtuch wieder wegnehmen.
Dies pflegte er an dergleichen Tagen Mittags und
Abends zu thun, ohne von irgend einem Gerichte
selbst einen Bissen zu kosten.

Wenn arme Leute unverschämt vor seiner Thür
bettelten und wehklagten, so wurde ihnen, eben
deswegen, nicht sogleich etwas gereicht. Wenn er
aber aus seinem Zimmer, welches nach der Straße
hinausging, irgend einen Kranken, Schwachen,
oder lahmen ausfindig machte, so schickte er alsbald
zu ihnen, um sie zu trösten und zu unterstützen;
und schenkte ihnen nicht etwa nur eine Kleinigkeit
für dasmal, sondern so viel, daß sie sich viele Tage
nachher noch davon erquicken konnten.

Ausserdem pflegte er sich zu erkundigen, und
darauf zu merken, welche von seinen Nachbaren
fleissig in ihrem Beruf und Gewerbe waren, und
welche von ihnen eine grosse Last von Kindern hatten;

ten; vornehmlich auch, ob ihr Fleiß und ihr Er-
werb auch zum Unterhalt der Ihrigen hinreiche.
Und dergleichen Leuten schickte er reichliche, und ihren Bedürfnissen angemessene Unterstützung.

Er starb in diesem seinem Hause in der Grub-
straße, nachdem er sich ganzer vierundvierzig Jahre
einsiedlerisch eingesperrt hatte, den 29. October 1636,
vierundachtzig Jahr alt. Bei seinem Tode war
sein Haar und sein Bart so lang und dicht gewachsen, daß er einem Einsiedler aus der Wildniß ähnlicher sah, als einem Einwohner der größten Städte
in der Welt.

─────────

3.

Einwirkung eines äussern Gegenstandes auf die Verwirrung unsrer Ideen.

Wir pflegen uns entfernte Bekannte, die wir aber
noch nicht persönlich kennen gelernt haben, unter einer gewissen Gestalt, Figur, Leibeslänge, und unter gewissen Gesichtszügen zu denken, die ihnen unsere Phantasie andichtet, weil wir überhaupt uns
nichts ohne ein sinnliches Zeichen vorstellen können.
Unsere Einbildungskraft verfährt hierbei allemal
nach gewissen Gründen, warum sie sich den Ent-
fernten grade unter dieser und keiner andern Gestalt
denkt,

denkt, ob wir uns gleich dieser Gründe nicht immer
bewußt sind. Hat man uns schon eine Beschreibung und Vergleichung der unbekannten Person gemacht: so stellt man sie sich auch ungefähr wie den
mit ihr verglichenen Gegenstand vor, aber doch
nicht ganz so; sondern wir leihen ihr Züge, die sie
von jenem in etwas unterscheiden, und aus einem
Gemisch von mehrern, von andern ähnlichen Gegenständen hergenommenen, Kennzeichen bestehen; hat
man uns aber noch gar keine körperliche Beschreibung von der unbekannten Person gemacht: so bil-
det sich unsere Phantasie von irgend einem oder
mehrern Umständen, die wir von der Person wissen,
ein eigenes Bild, welches freilich selten zutrifft.
Dieses Bild kann bisweilen eine solche Lebhaftigkeit
und Festigkeit in uns erhalten, daß es uns gar nicht
möglich ist, uns die Person anders, als nach dieser
Phantasie vorzustellen; daher die öftere Verwirrung, worin sich Leute befinden, die sich zum ersten-
male sehen, wovon ich hier ein ausgemachtes Beispiel liefere.

Der Staatsminister *** aus ** machte vor
einigen Jahren durch einige Provinzen des Staats
eine Reise, um verschiedene bei dem Justiz- und Fi-
nanzwesen eingeschlichene Misbräuche zu untersuchen. Wohin er kam, wurde er mit aller Ehre,
die seinem Stande gebührte, empfangen, und in
verschiedenen Städten wurde er mit feierlichen Reden von Seiten des Magistrats bewillkommt. Eine
sol-

solche Rede sollte ihm auch zu *** von dem dor=
tigen Bürgermeister gehalten werden, welches ein
ausserordentlich geschickter, und sonst sehr beredter
Mann war. Der Minister, ein kleiner, hagerer
Mann, der sein eigenes Haar trug, trat in den
Saal des Rathhauses, und der Herr Bürgermei=
ster auf seinen Rednerplatz. Mit einer sichtbaren
Verwirrung fing der gute Mann seine Rede an,
stockte, räusperte sich, und blieb endlich stecken,
ohne ein einziges Wort weiter vorbringen zu können.
Der Minister schien unwillig über den Redner zu
seyn, und die ganze Versammlung schied aus einander.

Der Minister wurde zu einem Mittagsschmause
eingeladen, der ganze Magistrat, die Honoratioren
der Stadt waren gegenwärtig, und der Minister
kam neben dem Bürgermeister zu sitzen, dessen Rede
ein so klägliches Ende genommen hatte. Beide
liessen sich in ein Gespräch ein, und der Minister
sahe nun, daß der leztere ein vortreflicher Kopf war,
der sich sehr gut auszudrücken wußte, und sehr weit=
läuftige Kenntnisse verrieth. „Aber wie ist es
möglich, fing der Minister endlich an, daß ein
Mann von Ihrer Lebhaftigkeit, von Ihrer Suade
in seiner Rede stecken bleiben konnte?“ „Ich will
es Ew. Excellenz erklären, erwiederte der Bürger=
meister: — „Ich hatte Ew. Excellenz nie gesehen.
Ich stellte Sie mir als einen Mann mit einem gros=
sen dicken Bauche, einer langen Wolkenparücke,

einem mit dickem Golde besezten Kleibe, und einer
kühnen Miene vor. Ich fand dies alles bei Ihrem wirklichen Anblicke nicht; und dies allein, daß
ich einen ganz andern Mann vor mir stehen sahe,
als ich mir bisher imaginirt hatte, brachte mich
aus aller Fassung."

4.

Fortgesezte Nachricht von einer Geister-seherinn.

(Siehe 4ten Bandes 1stes Stück, Seite 122 ff.)

Nachfolgende Berichte von einer sonderbaren Geisterseherinn sind ein abermaliger Beweis, welch eine
erstaunliche Gewalt eine erhizte und verschrobene
Phantasie über uns, und vornehmlich über schwärmerische Weiber, bekommen kann; denn kein Vernünftiger wird die Erzählungen der Madam Beuter für etwas anders, als lebhafte, im Wachen
gehabte, Traumbilder halten, so sehr sie auch das
alles deutlich und wirklich gesehen und gehört zu haben vorgiebt. Es ist bekannt, daß Ideen der Phantasie durch mancherlei Umstände, sonderlich durch
eine lebhafte Bewegung des Bluts und Gehirns
eine solche Stärke und Helligkeit bekommen können,
die die Lebhaftigkeit sinnlicher Eindrücke noch weit
über-

übertrifft und ganz verdunkeln kann. Gesellt sich dazu nun noch irgend eine andre religiöse Grille, Bilder und Gefühle von einer geträumten himmlischen Entzückung; ist die Seele von feurigen Gedanken an Gott und den Erlöser, oder von schrecklichen Vorstellungen an einen Teufel eingenommen: so kann die Phantasie mit dem armen Menschen machen, was sie will, so sieht er Dinge, die nie existirt haben, und nie existiren werden, hört Stimmen und Worte, die nie ausgesprochen worden sind, macht Spatzierfahrten durch den Himmel, — so wie ihn der Enthusiast irgend einmal aus einem Gemälde, oder in einer Predigt, oder in einem mystischen Erbauungsbuche abgeschildert gefunden hat. Die weibliche Seele, die ihre Natur auch im Traume nicht verläugnen kann, erblickt männliche Gestalten, Engel u. dergl., wird von ihnen holdselig angeredet, und die Gottheit kommt wohl gar selbst, bei der Phantastinn ihren Besuch abzulegen. Alles dies ist der erhizten Einbildungskraft so leicht, läßt sich so äusserst natürlich aus ihren Gesetzen, die auch bei den stärksten Verwirrungen der Phantasie noch zum Grunde liegen, erklären, daß ich nicht begreifen kann, wie es möglich ist, dergleichen natürliche Phänomene der Seele für übernatürliche Wirkungen einer höhern Offenbarung zu halten; nicht begreifen kann, warum dergleichen Offenbarungen ohne sehr wichtige grosse Zwecke da seyn sollen, ich will nicht sagen: ob überhaupt da seyn

kön-

können. Der vornehmste Grund von solchen abergläubischen und schwärmerischen Meinungen liegt
theils in der so grossen Neigung des Menschen zum
Wunderbaren; theils auch, und vornehmlich darin, daß wir unsere Kinder damit von Jugend auf
unterhalten, und ihnen die Lesung gewisser Bücher
zur Pflicht machen, worin dergleichen Erscheinungen Gottes, der Engel und Teufel fast auf allen
Seiten vorkommen. Man wird vergeblich wider
den Aberglauben und die Schwärmerei predigen, so
lange dergleichen geistervolle Schriften nicht behut-
samer der Jugend überreicht, und deutlicher, als
gemeiniglich geschieht, erklärt werden. — „Was
diesem und jenem Mann in vorigen Zeiten geschahe,
kann auch sich mir besonders nähern!“ Was ist
natürlicher, als daß solche Gedanken bei einer nur
etwas lebhaften, durch Religionsempfindelei verschrobenen, Phantasie in uns entstehen können! Was
natürlicher, da diese Gedanken die menschliche Eitelkeit so sehr nähren, uns über andere Menschen
erheben, und ein gewisses behagliches Gefühl von
Glückseligkeit erzeugen, das allen Schwärmern bei
ihren Phantasien so eigen ist!

P.

Madam Beüter, welche sich jetzt zu Lindau
am Bodensee aufhält, nachdem sie vorher in Augsburg

burg gewohnt hat, glaubt schon seit mehrern Jahren her, himmlische Erscheinungen zu haben, und
glaubt sie so steif und fest, daß sie auf keine Art davon abgebracht werden kann. Sie hat nicht nur
eigene Berichte darüber aufgesezt, sondern verschiedene der gehabten Erscheinungen, so weit sich ihr Ta-
lent im Malen erstreckte, sehr vielfarbig abgezeich-
net, davon ich die Zeichnungen selbst in Händen gehabt habe.

Das erste Gemälde stellt eine Stube vor, die
durch einen himmlischen Glanz erleuchtet wird.
Die Geisterseherinn liegt im Bette. Zu ihrer linken sizt ein himmlisches Wesen in einem blauen
Kleide, zur Rechten steht ein Engel mit ausgebreiteten Flügeln, und neben dem Engel ein Teufel (so
wie man beide Herren sehr oft in mystischen Ku-
pfern zusammen gemacht findet) in schrecklicher Gestalt. Aus dem Munde des Engels gehen die
Worte: Herr, laß es genug seyn! Unter das Gemälde hat sie mit eigener Hand geschrieben: „Diß
gesicht ist geschehen und gesehen worden von mir Eu-
phersyna Beitherin in Lindau im Monat December Morgens um ½ 5 Uhr 1771, als die Nacht noch
stark finster war, wurde es um diese Zeit, auf einmahl heller Tag, zu meiner Verwunderung saß zugleich eine Himmlische Persohn gegen meine linke
Seite, an meiner rechten ein Engel Gottes, in
der Höhe gegenüber eine Klarheit. Diese ließe sich
4 Mahl sehen, zwischen ihrer abwechslung empfand

C 3 ich

ich aufferordentliche ſchmerzen am Rücken vom ſa⸗
than, dieſer ließe ſich zulezt auch ſehen, in meinen
großen ſchmerz ſagte der Engel zu der Klarheit 3
Mahl, Herr laß es genug ſeyn, er ließ ſich erbit⸗
ten und machte ein Ende die Perſonen verſchwan⸗
den, der Tag wurde zur Nacht wie vorhin, alles
dauerte eine halbe Stund. Gott der allmächtige
iſt von dieſem allen auch mein Zeige."

Das zweite Gemälde betrifft eine Erſcheinung,
welche Madam Beuter vom offenen Himmel gehabt
zu haben behauptet. Die Träumereien von einem
offenen Himmel findet man faſt bei allen lebhaften
Schwärmern und Schwärmerinnen. Je unbe⸗
ſtimmter überhaupt die Jdee von einem Himmel iſt,
und bleiben wird, je mehr Feld gewinnt die menſch⸗
liche Phantaſie zu hunderterlei albernen Grillen,
wozu ſie allen nur erwünſchten Stoff in der Bibel
findet. Das Gemälde ſelbſt ſtellt den Himmel vor,
über den ſich aus der Wohnung Gottes ein licht⸗
ſtrahl über viele tauſend Menſchen ergießt. Un⸗
ter dieſer Wohnung erſcheinen drei Engel, und füh⸗
ren in ihrer Mitte eine Frauensperſon von göttlicher
Schönheit. Die weitere Beſchreibung dieſes Ge⸗
mäldes kann man in den von ihr ſelbſt aufgeſezten
Nachrichten Seit. 127, 4ten Bandes 1ſtes Stück der
Seelenkunde, nachleſen. Unter dies Gemälde hat
ſie wiederum mit eigener Hand geſchrieben, daß ſie
wahr und wahrhaftig, alles dies, ſo wie ſie es be⸗
ſchrieben, geſehen habe.

Ueber⸗

Ueberhaupt ist dieses schwärmerische Weib von
nichts so sehr überzeugt, als von der Wahrheit ihrer Träumereien. Daß sie den tiefsten Eindruck
auf ihre Seele gemacht haben, der auch wohl schwer-
lich je wird wieder ausgelöscht werden können, zeigen ihre Erzählungen der kleinsten Umstände ihrer
Visionen nach so langen Jahren. Einige Worte,
die Gott mit ihr gesprochen haben soll, um sich von
ihrem Manne zu trennen, und die so lauten: Gehe
aus von ihm, denn ich will ihn verderben, hat
sie sogar mit goldenen Buchstaben auf ein Stück
Sammet gestickt.

Zu mehrerer Erkenntniß und Beurtheilung der
ganzen Sache will ich das Wichtigste hierher gehörige, aus zweien Briefen des verdienstvollen Herrn
Pfarrer Müller zum heil. Kreuz in Augsburg, aus-
zugsweise hersetzen.

„Die viele Mühe, die sich Madam Beuter
bei Zeichnung ihrer Visionen gegeben, die Zuver-
sicht, mit der sie spricht, diese Worte gehört zu haben, so daß sie lieber tausend leben ließe, als sich
eine Sylbe davon wegdisputiren, zeigen doch wirklich, daß ihre Erscheinungen und gehörte Stimmen
den tiefsten Eindruck auf ihre Seele gemacht haben
müssen. Eins von ihren Gemälden habe ich schon seit
Jahr und Tag in Händen, und doch kann sie noch
Jedem auf's genauste alles pünktlich sagen, was
darauf steht. Wie ich überhaupt erstaunen muß,

C 4   daß

daß sie, ohne zu variiren, auf das allerpünktlichste
noch mit einerlei Worten erzählen kann, was sie
vor mehr als 20 Jahren vor Erscheinungen gehabt."

Noch muß ich erinnern:
Madam trinkt viel Kaffe, ist von starker Person,
vollblütig, hat in ihrer Ehe sehr misvergnügt gelebt; was ihr etwa halb schlafend mag (ich schreibe
mit Fleiß mag, weil etwas Zuversichtliches ich und
viele andre gern aus der Seelenkunde lesen möchten,
nämlich was Ew... von dieser ganzen Sache, so wie
Sie davon benachrichtigt worden sind, halten) geträumt haben, hält sie vor wirklich gesehen und gehört. *) Freilich ein Lavater, der gleich überall
lauter Wunder sieht, der einen Maler, welcher ihn
ganz und gar nicht getroffen, plötzlich mit tausend
Küssen soll umarmt haben, als jener sich entschuldigte — „er finde vor itzo freilich keine Aehnlichkeit,
allein so und um kein Pünktlein anders werde er als
ein Verklärter einmal im Himmel aussehen, — ein
La-

*) Ich habe meine Meinung über Madam Brater
schon oben gesagt. Daß sie ihre Träumereien für etwas wirklich Gesehenes und Gehörtes hält, beweist
nichts, da mir hundert Beispiele bekannt sind, daß
lebhafte und vollblütige Leute ihre Träume für Wahrheit hielten, und, wegen der Lebhaftigkeit gewisser
Vorstellungen, jene vom Wachen nicht unterscheiden
konnten, und — doch hatten sie offenbar geträumt.

P:

Lavater würde also freilich hier lauter Wunder sehen; allein leere und blos allein Einbildung mag
doch auch alles nicht seyn. Die Einwirkung der
Seele in den Körper und umgekehrt ist sehr man-
nigfaltig. NB. Madam B. hat noch in Lindau
beständig fort Erscheinuugen.

Auf einen von mir an den würdigen Herrn
Pfarrer Müller über diese Sache geschriebenen
Brief, worin ich die Visionen der Madam Beuter
für nichts anders als für Geburten der Einbildungskraft erklärte, und ich mich nach mancherlei Umstän=
den des sonderbaren Weibes genauer erkundigte,
erhielt ich folgende Antwort:

„Ihre Urtheile, daß bei Madam B. alles Einbildung sey, unterschreibe ich, doch mit der
Einschränkung, — woher kommt es doch, daß
sie alles nach 10 bis 30 Jahren noch so pünktlich genau weiß, und keine Absicht zu blenden,
oder zu betrügen haben kann; *) noch bis
heute

C 5

*) Nicht alle Schwärmer und Geisterseher haben grade
die Absicht zu betrügen, — wollen sie betrügen: so
sind sie Schurken; aber es giebt gewisse gutmü-
thige Leute jener Art, welche keine andere Absicht
haben, als das, was sie wirklich glauben, auch bei
andern geltend zu machen. Sie sind Betrogene,
und hintergehen andere, ohne daß sie es wissen.
Freilich ist's wohl nicht zu läugnen, daß die Neigung,
von sich etwas Sonderbares zu sagen, der Werth,
den

heute darauf stirbt, alles pünktlich unter den
beschriebenen Umständen gesehen und gehört zu
haben? Was mögen wohl da die Geschäfte
der Seele gewesen seyn? Wie mag sie wohl gewirkt haben, daß solche gewaltige Eindrücke
blieben, und ihr nicht zu benehmen sind —
selbst durch die vernünftigsten Vorstellungen
nicht, daß sie mit einer gewissen Seelenwonne
und mit völliger (vermeinter) Ueberzeugung
davon spricht, oder schreibt. — Glauben sie
ja nicht, daß Schwärmerei oder Aberglauben
über meine Gottlob! gesunde Seele etwas vermögen. Doch, da wir einmal im Untersuchen
sind, so wollen wir nicht müde werden. Nun
diene ich Ihnen auf Ihre Fragen, Madam
Beuter betreffend:

a) Sie ist nicht katholisch, und ist meine Beicht-
tochter gewesen.

b) Ihr Leben war jeder Zeit gewiß recht regel-
mäßig. Von Kindheit an lebte sie unterm
Druck. Sie muß eine gute Erziehung gehabt
haben, und hat ihrem Stande gemäß Welt.
Ihr

den sie auf ihre mystischen Grillen legen, das Staunen und Horchen der Leichtgläubigen bei ihren Erzählungen, und eine Dosis vom Aberglauben, sie mit
antreibt, ihre Träumereien für lauter Wahrheit aus-
zugeben.   P.

Ihr Mann war ein sehr bekannter Mathema-
tiker, und anfänglich Rechenmeister, hielt
aber von der Religion sehr wenig. Sie
sprach Teutsch nicht im Schwäbischen Ton,
sondern ganz Hochteutsch. Von Nerven-
schäche merkt' ich in dem Umgange von vier
Jahren nichts an ihr. Möchten aber ihre
Nerven nicht überspannt seyn?

c) Kinder hat sie nicht. Ihr Mann, als er sie
nahm, war alt, und sie ist sehr korpulent;
scheint mir auch etwas zu schnell gegen einen
langsamen Beischläfer. Jezt ist sie in Lindau am Bodensee mit einem Mann versorgt,
von dessen gegenseitiger Liebe sie ganz eingenommen ist. — Gespukt hat es bei ihr
die Zeit noch immer."

Es sind mir mehrere Bescheide von Geistlichen über die Visionen der Madam Beuter zuge-
sandt worden, davon ich aber nur einen von einem
rechtschaffenen und gelehrten Augsburger Prediger
hersetzen will, welcher im Ganzen die Sache aus
dem rechten Gesichtspunkte angesehen hat, obgleich
nicht alle Leser seine theologischen Ideen unterschrei-
ben dürften.

P.

Ueber

Ueber die Erscheinungen d. Fr. B.

Es kommt hierbei meines Erachtens erstlich auf die Frage an:

Sind die Erzählungen gegründet, oder eine blosse Erdichtung?

Möglich ist's an sich selbst, daß Jemand so etwas sehe und höre, als hier erzählt wird, es sey entweder durch äussere Einwirkung Gottes selbst, oder eines Geistes, und widerspricht das weder unsrer Natur, noch den Kräften eines endlichen oder unendlichen Geistes, wie die Geschichte der alten Offenbarungen Gottes sattsam darthut. Oder es kann Jemand wirklich sehen und hören durch blosse Wirkung seiner zu lebhaften Einbildungskraft, durch eine solche Stärke der Idearum sensualium und Bewegung in den Nerven, über welche der Geist des Menschen nicht mehr Gewalt hat, daß er wirklich innere Wirkungen mit äussern verwechselt, wie bei den Phantasien in der Fieberhitze, wie bei den Maniacis aller Art, wie uns wohl auch in Träumen begegnet.

Die Wirklichkeit eines jeden solchen Ereignisses, daß man dies und jenes gesehen oder gehört habe, ist res facti, läßt sich, im Fall ihrer innern Möglichkeit, aus keinen Gründen a priori entscheiden, durch kein Raisonnement verwerfen oder beweisen;

son-

ſondern allein durch Prüfung des davon vorliegenden Zeugniſſes entſcheiden. Dabei fragt ſich denn:
a) Hat der Zeuge, auf deſſen Ausſage das *Factum*
beruht, die Gaben, die Zeit und Gelegenheit, was
er ausſagt, richtig zu beobachten?   b) Iſt er unbefangen von irgend einer Meinung, die ihn veran-
laſſen könnte, mehr oder weniger zu ſehen und zu
hören, als wirklich vorgeht? c) Hat er im Affect,
oder ohne Affect beobachtet?   d) Hat er ſo viel
Rechtſchaffenheit und guten Willen, die Sache zu
ſagen, wie ſie iſt? e) Iſt er dabei völlig für ſich
unintereſſirt; und hat er, ſo wie bei ſeiner Beobachtung ſelbſt, alſo bei dem Zeugniß, was er giebt,
nichts zu gewinnen, oder zu verlieren? f) Iſt er
ſtark, tugendhaft genug, auch mit Verluſt die
Wahrheit zu ſagen?   g) Darf er, kann er ohne
Hinderniß ſagen, was er denkt?

Ich kenne die Perſon gänzlich nicht; ſehe aber
aus den Erzählungen ſelbſt, daß ſie nichts weniger
als unbefangen iſt. Bei der Erſcheinung des Vaters war ſchon zuvor ausgemacht, daß der Hr. D.
und *Praeſes* in Straßburg recht habe, der ihm
eine ſichtbare Geſtalt giebt. Auch iſt ſie nicht unintereſſirt: denn ſie war des Lebens mit ihrem Mann
überdrüſſig, wollte ihn verlaſſen, und nun kommt
die Stimme: Gehe aus von ihm! Man merkt
auch ſichtbar, daß ſich Niemand ſo leicht unterſte-
hen dürfe die vorgegebene *Facta* zu läugnen, ohne
ihren innigſten Unwillen aufzureizen; ein Kennzeichen

chen einer tiefgewurzelten Rechthaberei. Ja sie ist
geneigt, dergleichen Personen alle Gottseligkeit abzu-
sprechen, ihnen Bosheit anzudichten: wie schlimm!
Zu dem kommt, daß sie die Gelehrten nichts will
wissen lassen — ohe jam satis! Da wäre also noch viel zu fragen, ob die Offenbarungen wirklich geschehen, oder erdichtet sind?

Zweitens aber, posito: alles sey geschehen
wie es erzählt ist, was ist von diesen
Offenbarungen zu halten? Sind sie
Wirkungen von aussen, oder Geschöpfe
der Einbildungskraft und einer regelwi-
drigen Circulation?

Sie sollen nach dem Vorgeben d. Fr. B. gött-
lich gewirkte Erscheinungen und Offenbarungen seyn.
Das sind sie nicht, das können sie schlechterdings
nicht seyn. Einmal wissen wir aus der Vernunft und
Schrift von dergleichen Offenbarungen keinen Ver-
muthungs- und Erwartungsgrund; nirgend ein
Versprechen derselben, eine Anweisung, wie wir
uns dabei verhalten, keine, wie wir uns nach Maaß-
gabe derselben bestimmen sollen. Gott hat sich uns
offenbart durch seine Werke, und durch die eingeführ-
ten Gesetze der physischen Natur; er hat sich offenbart
durch die heil. Schrift. Ist er unveränderlich, so
bleibt er bei seiner einmal erklärten Meinung und
Anweisung, und kann sich durch neue Offenbarun-

gen

gen nicht widersprechen. Auch wäre es seiner Weisheit zuwider, was schon bekannt ist, noch einmal
ausserordentlich zu offenbaren. Sollte dies leztere ja
geschehen: so müßten grosse Zwecke vorhanden seyn,
die sich ohne das nicht erreichen liessen, und erreicht
werden müßten. Jezt wollen wir die vorliegenden
Erscheinungen ein wenig durchgehen:

1) Das Kind von vier Jahren hört eine Stimme: Thue die Bibel auf den Tisch! *) Was soll
doch diese Offenbarung? Liebe zu der Bibel wirken?
Ueberflüssig — das Kind hat ja Christliche Aeltern
und Christlichen Unterricht. Da wird es Gottes
Offenbarungen hören, und die Wahrheit wird mit
ihrer eignen efficacia wirken. Die alte Offenbarung sagt: Die Wahrheiten des Heils seyn, was
ein guter Saame ist, zur Wiedergeburt des Herzens. 1. Pet. 1, 23.

2) Was soll das Licht durch die Stubenkam-
mer? Es spricht nichts. Wer hat denn gesagt,
daß dies Gottes Wirkung sei? Woher weiß man
das? Die Aeltern sagten: NB. ausser der
Christkindleinszeit sehe man nichts: also doch in
der Christkindleinszeit. So kamen also die Begriffe
von göttlicher Erscheinung aus der älterlichen Erziehung **).

3) Je-

*) Siehe 4ten B. 1stes St. Seite 122.
**) Ein Umstand, der hier sehr in Betrachtung kommt.

3) Jesus erscheint sichtbar 1770, und redet eine
Menge; die Fr. B. weiß nicht was? und er ver-
schwindet. Zu was soll diese Erscheinung? Wieder
kein Zweck, kein Nutzen. Das N. T. vertröstet die
Gläubigen, was das Sehen des Herrn Jesu anbe-
trifft, auf die lezte Erscheinung. 1. Pet. 1, 7. 8.
1. Joh. 3, 2. Es versichert, Jesus sey bis dahin
verborgen in Gott. Coloss. 3, 3. Hier widerspricht abermals die Offenbarung der Fr. B. der alten Offenbarung, und ist also — Traum!

4) Die Erscheinung im Traum 1771 ist schon
verdächtig, denn der Herr ist dabei, und der erscheint nicht. Vid. anteced. Das licht an der
Decke kann Traum seyn. Der Schmerz ist eine
Nervensache, die hundert Menschen erfahren, welche durch Gram und Verdruß, oder durch starke
Arbeiten ermattet sind. Und was hatte diese Offenbarung für einen Zweck? Ist was noch nicht
Offenbartes gesagt? „Halt an! halt ein! halt aus:”
dies steht lange in der Bibel, und ist oft wiederholt
in den Trostbüchern ipsissimis verbis. Der
Teufel — O all die einfältigen Bilder von ihm!
Die rechte Offenbarung sagt: er sey ein Geist, und
der hat nicht Figur und Form. Ein allereinziges
mal hat er Menschengestalt bei der wundervollen
Versuchung Christi. Ein Engeln mit Flügeln!
— Die ganze Erscheinung habe ich in alten Kran-
kenbüchern oft gefunden, eben so abgebildet wie hier.

5) Eben

5.) Eben so die, von den Wohnungen Gottes. Einer, nur Einer hat sie gesehen, der wahre Offenbarung hatte. Der eben erzählt 2. Cor. 12, 4. er habe gehört αρρητα ρηματα, α ʉκ εξον ανϑρωπω λαλησαι. Hatte die Frau B. eine ausserordentliche Erlaubniß die ihrige zu sagen? Paulus, der Apostel, darf uns den Himmel nicht beschreiben. Es ist also Gottes Wille, wir sollen ihn nicht kennen für jetzt. Also auch falsch, daß er d. Fr. B. gezeigt worden; oder was sie sah, ist nicht der Himmel. Die Sache sieh: abermal einem bekannten Kupferstich aus irgend einem himmlischen Brautschatz, Liebeskuß, geistlichen Perlenschnur ꝛc. gleich.

6) Anno 1776 sieht die Frau den Vater. Die alte ächte Offenbarung Gottes spricht von ihm 1. Tim. 6, 16. Welchen kein Mensch gesehen hat, noch sehen kann. Es kann ihn also auch F. B. nicht gesehen haben, oder was sie sah, ist nicht der König aller Könige, der Herr aller Herren. Moses wollte auch einmal ihn gerne sehen: da bekam er zur Antwort: (Exod. 33, 20.) Mein Angesicht kann Niemand sehen. Die Jünger wollten's auch, und der Herr sprach: Wer mich siehet, der siehet den Vater.

7) Die Erscheinung mit dem Donner 1778, ist wieder recht ungöttlich. Ist denn die Drohung: Ich will ihn verderben — eingetroffen? Ist

er auf solche Art verderbt worden, daß dabei die Frau
B. in Gefahr ihres eignen Lebens war, und also aus seiner Gegenwart fliehen mußte? Alles nichts. Wie,
Gott soll einer Frau sagen: Verlaß deinen Mann,
der in der rechten Offenbarung befohlen hat: Es
soll das Niemand scheiden, was Gott zusammenge-
fügt hat, den Ehebruch ausgenommen? Gott soll
seine Gerichte über einen Menschen offenbaren, soll
selbst deklariren: Er ist verworfen, und uns also
verführen, Andre zu verdammen? da er doch gesagt
hat in seinem Worte: Richtet nicht, verdammet
nicht. Gott ist nicht ein Versucher zum Bösen.

8) Die Stimmen alle, wegen der am Halsweh
kranken Freundinn, offenbaren nichts, was nicht jeder verständige Arzt zum voraus aus dem Buche der
Natur auch gewußt hätte, und halfen nichts, waren
blos müssige Unterredungen. Zudem war die
Bitte falsch: Herr, mache sie gesund; sie hätte sollen bedingt seyn, nach seinem Willen. Eins be-
fremdet mich dabei. Bei dem zweiten Anfall des
Schadens am Zäpflein hat die Stimme wirklich eine
Wahrheit gesagt, welche die Fr. B. nicht verstand,
und noch nicht versteht, sehr wahr: Warte des Leibes 2c. Denn, aller Erzählung nach, hatte die
gute Freundinn morbum venereum. Die
Warnung aber steht schon in der heil. Schrift, und
ist überflüssig.

9) Die

9) Die Bitte um Gnade für die Verstorbne
ist Christlich. Die Antwort des allerhöchsten Gottes ganz unwürdig. Er wird wohl über sein Gericht uns um nichts und abermal nichts Belehrungen geben.

10) Die Bußerweckung des seligen Hrn. B.
durch eine Stimme war ihm wohl, ihrer Vorschrift
nach, längst bekannt; steht auf allen Blättern der
Schrift; ist überflüssig.

11) Das Zeigen der Hölle ist unnöthig. Gott
hat uns hinlängliche Belehrungen gegeben. Und
zu was sollte das helfen?

12) Die Offenbarung der neuen Verheura-
thung — was entdeckt sie? Daß die Fr. B. nicht
zum Viehstall geboren ist? Das wußte sie zuvor.
Wer der von Gott für sie bestimmte zweite Mann
ist? Aber war sonst kein Mittel da, dies zu erfahren, als ein Wunder? Ich glaube, wer den Hrn.
W. kennt, konnte ihr das alles von ihm sagen.
Man konnte ihn selbst fragen. Aber, wie es ihr
in Zukunft gehen werde, wer, als Gottes Offenbarung, wußte das? Freilich, sonst Niemand; doch
ist ja diese Sache noch nicht erfüllt, noch ist es nicht
ausgemacht, ob es so gehe. Zudem entdeckt uns
der Herr unsre künftigen Schicksale für gewöhnlich
nicht; warum hier eine Ausnahme? Wir haben
kein Versprechen Gottes zu dergleichen Anleitungen,

D 2 auch

auch keins zur Erwartung des prophetischen Geistes.
Die Propheten waren nur in den ersten Gemeinden,
seit der Zeit nicht mehr; eine sehr geringe Wahrscheinlichkeit ist also auch für diese Offenbarung da.

Nach Erwägung aller dieser Punkte kann man
kühn sagen, die erzählten Gesichte sind keine göttliche
Offenbarungen. Und was sonst? Die Fr. B.
hat doch wirklich gesehen und gehört. Nun ja,
ponamus hoc: so war alles ein Product der
gereizten und gewöhnten Einbildungskraft. Die
gute Fr. hat von Jugend auf, wie z. E. in der Kindheit vom Christkindlein gehört, und daß man da
Licht und Helle sieht. Sie muß zu einer Familie
gehören, die an solche Dinge glaubt, hat etwa dergleichen Geschichten erzählen hören (it. das Schreiben ihres Schwagers); muß Gemälde und Ku-
pferstiche von solcher Art gesehen, und Bücher gebraucht haben, in denen nach älterer Art mehrere
Wahrheiten des Evangelii durch Gedenksprüche vor-
getragen werden. Sie hat vielleicht auch Scrivers
Seelenschatz gelesen, und viele Gespräche der Seele
mit Jesu, die man im vergangenen Jahrhundert
und den ersten decenniis des jetzigen vorzüglich
liebte. Daher ihre Gesichte, daher ihre Stimmen, quoad materiam. Nun kömmt ihre persönliche Beschaffenheit, ihr Kummer, ihre schlimme
Ehe hinzu. Erst mit der Theurung 1770 fängt
die Geschichte ihrer Offenbarungen an, und nach
den

den widrigen Zuschriften ihres Mannes ist der meiste
Theil geschehen nach 1771. Aber nagender, fressen-
der Kummer verdirbt uns gern die Verdauungs-
kräfte, wird die Ursache scharfer Säfte, leicht gereizter Nerven, erhebt eben dadurch die Einbildungskraft über ihre Schranken. Man denkt über
seinen Zustand, man macht Entwürfe, man tröstet
sich, und gewöhnt sich dann immer mehr und mehr
zum Selbstgespräch; man schüttet seinen Unmuth
aus, man habert, man streitet mit Widerwärtigen,
als hätte man sie vor sich. Man nimmt auch wohl
seine Zuflucht zum Gebet. Ist's ein Wunder,
wenn man auch davon träumt? Wenn vi legis
imaginationis et reminiscentiae ähnliche
Ideen, die man gelesen und gehört hat, sich an die
gegenwärtigen anknüpfen, als wären sie ganz neu?
Man darf dann vollends ein empfindliches Nervensystem haben, so werden aus eignen Gedanken
Stimmen, aus einer aufgebrachten Circulation,
Schläge und Donner und Geräusch, und Gott weiß,
was noch. Man frage Hypochondristen, Melan-
cholische, Fieberpatienten. In einem so von
allen Seiten turbirten Zustand der Denk- und Vorstellungskraft äussert sich nicht selten die facultas
divinandi, und trifft nicht selten ziemlich richtig,
ohne Darzwischenkunft einer höhern Offenbarung.
Ist man schon gewohnt, jeden Gedanken als etwas
ausser sich existirendes zu betrachten, so hört man
wirkliche Worte; und ist der Mensch unwissend in

D 3   den

ben Kenntniſſen ſeines Geiſtes und ſeiner Seelen-
krankheiten, ſo läßt er ſich's nun nicht nehmen;
denn der Erfolg macht's klar. Zudem leidet Fr.
B. an der Sucht des Phariſäers, der ſich ſelbſt ver-
maß, daß er fromm wäre, und verachtete die andern; ſie hält es für ein Zeichen des Gnadenſtan-
des, Antworten und Erſcheinungen zu haben, und
hat wohl noch mehr falſche Begriffe in Sachen des
Glaubens. Lauter Data, aus denen ſich ihre Geſichte und Stimmen ohne Offenbarung begreifen laſſen.

Die dritte Frage: Wie iſt ſie paſtoraliſch zu behandeln? ein andresmal.

5.

Beitrag zur Geſchichte der Viſionen und der Ausſchweifungen der menſchlichen Ein- bildungskraft.

Die Geſchichte einzelner Schwärmer, die Darſtellung ihrer einzelnen Plane und Vorſtellungen, und
der Gang ihrer Gedanken und Phantaſieen liefert uns
zur Seelenlehre die intereſſanteſten Beiträge. Eine
philoſophiſche Geſchichte der Religionsſchwär-
mer fehlt uns noch. Man hat zwar mehrere Hiſto-
rien und Biographien über dergleichen Leute, aber
keine ſolche Darſtellungen ihrer Ideen, woraus man
viel

viel lernen könnte, woraus die Art und Weise der Entstehungsart ihrer neuen schwärmerischen Begriffe begreiflich würde.

Unter allen Schwärmern älterer und neuerer Zeiten scheint mir Mahomet der sonderbarste, der auffallendste zu seyn. Der Glaube an seine Visionen dauert noch immer unter einem der größten Völker dieser Erde fort, und vielleicht ist es den Lesern des Magazins nicht unangenehm, eine kurze Darstellung seiner Visionen in diesem Journal zu finden, so wie es überhaupt den Werth dieser Zeitschrift vermehren würde, wenn darin mehrere Beiträge über die Schwärmereien vergangener Jahrhunderte, und nicht blos unserer Zeiten, aufgenommen werden sollten.

Die Visionen des Mahomets, die ich aus Castilhon Essai sur les erreurs & les superstitions anciennes & modernes entlehnt habe, sind gewiß äusserst lächerlich und abgeschmackt; aber grade dieses lächerliche und Abgeschmackte war der Grund, daß sie einen so grossen und bleibenden Eindruck auf die Araber machten. Aus alten und neuen Berichten über dieses Volk, ist es bekannt genug, wie es sich von je her durch eine glühende Phantasie, durch einen warmen Religionsenthusiasmus, und durch eine ausserordentliche Liebe zu fabelhaften Erzählungen ausgezeichnet habe. Die Araber konnten nicht glauben, daß ein Mensch solch

D 4　　　　　　ein

ein langes Gewebe von Fabeln und starken Bildern
durch seine bloße Phantasie hervorbringen könne,
wenn er nicht das alles wirklich erlebt hätte, wovon
er eine so sonderbare Erzählung der Welt mittheilte,
und in der Erzählung selbst, wie man aus dem folgenden sehen wird, lag ein so starker Grund, daran
zu glauben, daß sie ohne die größte ihnen vorgespie-
gelte Gefahr nicht leicht das Gegentheil annehmen
konnten. Mahomet kannte die Menschen zu gut,
als daß er nicht ihre schwachen Seiten genutzt haben sollte, so wie sie alle Sectenstifter in allen
Zeiten zu nutzen gewußt haben.

Daß die Mahometaner noch bis diesem Augenblick an die phantastischen Erzählungen ihres Propheten mit solcher Steifigkeit glauben, daß sie jedem, der unter ihnen daran zweifeln wollte, dem
ewigen Fluche übergeben, ist um so weniger wunderbar, da viel aufgeklärtere Secten noch so vielen
Unsinn bei ihrem Religionssystem annehmen, und
sich davon nicht abbringen lassen. Vornehmlich
aber sind es folgende Gründe, welche die Mahometaner an den Glauben an die albernen Visionen
ihres Propheten fesseln. —

Der erste Grund, welcher bei allen Secten und
bei allen Menschen so erstaunlich viel Gewicht hat,
ist der, weil sie jene Erzählungen von ihren Vätern
erhalten haben, diese wieder von ihren Vätern, u.
s. w., bis man in einer genealogischen Folge dieses

Aber-

Aberglaubens auf die Leute selbst kommt, welche die
ganze fabelhafte Geschichte aus dem Munde des
Propheten unmittelbar erhalten zu haben vorgaben.
Eine solche Erzählung, welche sich von Geschlecht
auf Geschlecht fortpflanzte, und noch dazu in einem
Buche aufgezeichnet war, dessen Inhalt, so albern
er auch immer seyn mag, als eine von der Gottheit
selbst aufgezeichnete Schrift betrachtet wird, mußte
bei einem ohnehin blinden Volke den stärksten Eindruck machen. Alles, was uns von unsern Aeltern und Vorfahren erzählt wird, hat etwas ehr-
würdiges für unsre Einbildung an sich; vornehmlich weil uns dergleichen Dinge schon frühzeitig in
unsrer Jugend erzählt werden, und mit den Jahren
in uns gleichsam anrosten.

Der zweite Grund, welcher eben so leicht die
Menschen zur Leichtgläubigkeit verführt, liegt unstreitig darin, daß die Visionen des Mahomet,
ihres Unsinns ohnerachtet (so wie die Götterlehren
und Theogonien der Alten), sehr unterhaltend sind,
und die menschliche Einbildungskraft, diese unru-
higste aller Seelenfähigkeiten, auf eine angenehme
Art beschäftigen. Die meisten Religionssysteme
alter und neuer Zeiten haben nicht sowohl dadurch
sich eine Menge Verehrer erworben, weil sie Wahrheiten der Vernunft auf eine deutliche und bestimmte
Art zu unsrer Glückseligkeit darstellen; sondern weil
sie gewisse Lehren vortragen, die sich an unsere Ein-

bil-

bildungskraft anschliessen, und die Neigung zum
Wunderbaren in uns nähren. Es ist um das äussere Ansehn der meisten — wo nicht aller Christlichen Religionslehren selbst gethan, sobald die Aufklärung einmal so weit gehen sollte, daß alles Wunderbare davon abgesondert werden müßte. —

Der Mensch, vornehmlich wenn er noch nicht
an ein ernsthaftes Nachdenken gewöhnt ist — und
wie viel sind daran gewöhnt? — opfert gern die
Wahrheit sinnlichen phantastischen Bildern auf, und
er scheut sich, diese Bilder zu beleuchten, weil er sich
durch eine nähere Untersuchung nicht gern um das
Vergnügen bringen läßt, welches sie ihm gewähren.
Durch eine lange Gewohnheit an diese Bilder wird
seine Vernunft hierbei endlich so abgestumpft, daß er
wahrlich nicht einmal mehr mit Ernst darüber nachdenken kann. Die Gewohnheit verwandelt den
Unsinn in Wahrheit. — Doch hier sind die Visionen Mahomets selbst.

„Es war Nacht, so lauten seine Worte, und
ich lag zwischen den beiden Hügeln von Alsafar und
Merva unter freiem Himmel, als ich den Engel
Gabriel, von einem andern Geiste des Himmels
begleitet, auf mich zukommen sah. Beide unsterb-
liche Wesen beugten sich über meinen Körper herab.
Das eine spaltete mir sogleich die Brust, das andere

tere aber zog mein Herz heraus, drückte es in seinen Händen zusammen, daß die Erbsünde in einem schwarzen Tropfen herausfloß, und legte es dann wieder an seine vorige Stelle. Diese Operation verursachte mir nicht den mindesten Schmerz.

Gleich darauf breitete Gabriel seine hundertundvierzig Paar Flügel, die gleich der Sonne glänzten, aus einander, und führte die Stute Al=Borac zu mir, welche weisser als Milch ist, und eine Menschengestalt und Pferdekinnbacken hat. Ihre Augen funkelten, wie die Sterne, und die Strahlen, welche herausfuhren, waren viel wärmer und durchbringender, als die des Gestirns des Tages, wenn es am heftigsten brennt. Die Stute breitete ihre zwei grossen Adlersflügel aus einander, ich näherte mich, und sie wollte mich umbringen. Aber Gabriel sprach zu ihr: Sey ruhig, o Borac! und gehorche dem Propheten Mahomet. Der Prophet Mahomet, erwiederte Borac, wird mich nicht besteigen dürfen, wenn du von ihm nicht erhältst, daß er mich am Tage der Auferstehung in's Paradies eingehen läßt! Beruhige dich, Borac, war meine Antwort, du sollst mit in's Paradies eingehen!

Borac ward darauf sehr ruhig. Ich schwang mich auf seinen Rücken, und schneller als der Bliz flog es dahin. Ein Augenblick, und ich sahe mich an dem geheiligten Thore des Tempels zu Jerusalem,

lem, wo ich Moſes, Abraham und Jeſus antraf.
Auf einmal ließ ſich eine Lichtleiter vor uns herab,
und durch Hülfe derſelben ſtiegen wir, ich und Gabriel, bis zum erſten Himmel hinauf. Der Engel
klopfte an das Thor, indem er meinen Namen ausrief, und das Thor, welches gröſſer als die ganze
Erde iſt, drehte ſich um ſeine Angeln. Dieſer
Himmel iſt von gediegenem Silber, und die Sterne
ſind darin in ſchönen Bogen an ſtarken goldenen
Ketten aufgehangen. In jedem dieſer Sterne hält
ein Engel Schildwache, damit der Teufel nicht die
Himmel erſteigen kann.

Ein abgelebter Greis kam mir in dieſem Himmel entgegen, und wollte mich umarmen, indem
er mich den gröſten ſeiner Söhne nannte. Es war
Adam; aber ich hatte nicht Zeit, ihm zu antworten. Meine Aufmerkſamkeit war auf eine Menge
Engel von allen Geſtalten und Farben geheftet. Einige glichen den Pferden, andere den Wölfen, u. ſ. w.

Mitten aus dieſen Engeln erhob ſich ein Hahn
von einer blendendern Weiſſe als der Schnee, und
von einer ſo erſtaunlichen Gröſſe, daß ſein Haupt
den zweiten Himmel berührte, der doch vom erſtern
ſo weit entfernt iſt, daß der ſchnellſte Reiſende dieſen Zwiſchenraum erſt in fünfhundert Jahren durchlaufen würde. Ich verrieth über alle dieſe Dinge,
beſonders über die Engel in Thiergeſtalt, mein Erſtaunen; aber Gabriel ſagte mir, daß dieſe Engel
bei

bei Gott die Fürbitter für alle ähnlich gebildete Geschöpfe der Erde wären; daß der grosse Hahn der Engel der Hähne sei, und daß sein Hauptgeschäft darin bestehe, alle Morgen durch sein Krähen und seine Lobgesänge Gott zu belustigen.

Wir verliessen darauf den Hahn, Adam und die Engel in Thiergestalt, kamen zur Lichtleiter zurück, und begaben uns in den zweiten Himmel, welcher von dem erstern so weit entfernt ist, daß man von einem zum andern fünfhundert Jahre reisen müßte Dieser Himmel ist von einer harten und polirten Eisenart. Ich fand den Noah daselbst, welcher mich umarmte, auch den Johannes und Jesus, welche mich den größten und vortreflichsten Menschen nannten. Wir hielten uns hier gar nicht auf, sondern gelangten von einer Stufe zur andern in den dritten Himmel, welcher von dem zweiten weiter, als dieser von dem ersten entfernt ist.

Man muß wenigstens Prophet seyn, um den blendenden Glanz dieses Himmels, welcher aus lauter köstlichen Steinen besteht, zu ertragen. Unter den unsterblichen Wesen, welche ihn bewohnen, bemerkte ich einen Engel, dessen Gestalt über alle Vergleichung ging. Er hatte 10000 Ordnungen von Engeln unter seiner Aufsicht, und jeder besaß mehr Kraft, als 10000 Bataillone zum Schlagen fertiger Männer. Dieser grosse Engel nennt sich den Getreuen Gottes. Seine Gestalt ist so ungeheuer

heuer groß, daß der Raum zwischen seinen beiden
Augen wenigstens eine Ausdehnung von 70000 Tagereisen ausmacht. Vor diesem Engel befindet sich
ein ungeheures Schreibpult, worauf er unaufhörlich schreibt und ausstreicht. Gabriel sagte mir,
daß der Getreue Gottes zugleich der Engel des Todes, und unaufhörlich mit Aufzeichnung der Namen der künftig Gebornen, mit Berechnung ihrer
Lebenstage und mit Auslöschung derselben aus seinem
Buche beschäftigt sey, je nachdem er bemerkt, daß
sie nach seiner Rechnung, das bestimmte Lebensziel
erreicht haben.

Es war Zeit weiter zu gehen; Gabriel benach-
richtigte mich hiervon, und wir stiegen mit einer un-
beschreiblichen Geschwindigkeit auf der Lichtleiter
zum vierten Himmel hinein. Hier fand ich den
Enoch, welcher vor Freuden ganz auſſer sich war,
als er mich erblickte. Dieser Himmel ist von einem
feinen Silber, und viel durchsichtiger als Glas. Er
ist der Aufenthalt einer unzählbaren Menge engli-
scher Wesen. Eins von denselben, obgleich kleiner,
als der Engel des Todes, stößt doch mit seinem
Haupte an den obersten Himmel, das heißt, es
hatte aufrecht stehend eine Höhe von fünfhundert
Tagereisen. Das Amt dieses Engels ist sehr traurig und ermüdend, indem er einzig damit beschäftigt ist, über die Sünden der Menschen zu weinen,
und die Leiden vorher zu verkündigen, welche sie sich
zuziehen werden. Dieses Wehklagen beunruhigte
mein

mein Herz zu sehr, um es länger anhören zu können, und wir begaben uns schnell zu dem Thore des
fünften Himmels, das sich sogleich aufthat.

Aaron kam uns entgegen, und stellte mich seinem Bruder Moses vor, der sich meinem Gebete
empfahl. Dieser Himmel ist ganz von gediegenem
Golde; aber die Engel, die ihn bewohnen, sind
nicht so freudigen Muths, als die der andern Himmel, und sie haben Ursach dazu. Denn eben hier
werden die Behältnisse der göttlichen Rache, das
verzehrende und ewige Feuer des göttlichen Zorns,
die Strafen verstockter Sünder, und vornehmlich
die Qualen für die Araber aufbewahrt, welche den
Ismaelismus nicht annehmen wollen. Dieses
beunruhigende Schauspiel machte, daß ich meine
Reise beschleunigte, und nunmehr von meinem englischen Führer begleitet, den sechsten Himmel bestieg.
Hier traf ich den Moses noch einmal an, welcher,
als er mich erblickte, zu weinen anfing, weil, wie er
sagte, ich mehr Araber in's Paradies führen würde,
als je Juden hinein gekommen wären. Ich tröstete,
so viel ich konnte, den Vater der Israeliten, und
langte zu meinem grossen Erstaunen mit einem
schnellern Fluge, als menschliche Gedanken, im siebenten und lezten Himmel an. Dies sollte das End-
ziel meiner Reise seyn.

Ich bin nicht im Stande, getreue Gläubige,
euch einen Begriff von dem unaussprechlichen Glanze
der

der Materie zu geben, woraus dieser Himmel gebildet ist.   Es mag zureichend sind, euch zu sagen,
daß er von göttlichem lichte gemacht ist.   Das erste
der dortigen Wesen, das mir auffiel, übertrifft an
Grösse die Erde.   Es hat 70000 Köpfe, jeder Kopf
hat 70000 Gesichte, jedes Gesicht 70000 Mäuler,
jedes Maul 70000 Zungen, welche unaufhörlich
und zu gleicher Zeit 70000 verschiedene Sprachen
reden, welcher sich dieses ungeheure Wesen ununter-
brochen zum lobe der Gottheit bedient.

Ich betrachtete still dieses unermeßliche himmlische Geschöpfe, als ich fühlte, daß ich schnell in
die Höhe gehoben wurde.   Ich durchstrich einen
ungeheuren Raum, und fand mich endlich neben
dem unsterblichen Sedra sitzen.   Dieser schöne, zur
Rechten des Gottheistrons, gepflanzte Baum dient
den Engeln selbst zu einer Scheidewand.   Unter
seinen Zweigen, welche den Raum zwischen dem
Sonnenteller und der Erdkugel an Ausdehnung
übertreffen, befindet sich eine erstaunliche Menge Engel, welche grösser, als die Menge Sand aller
Meeere, aller Ströme und Flüsse ist.   Diese für
ein sterbliches Auge unendliche Anzahl himmlischer
Geister, ruht unter den Blättern des Sedra, welcher sie mit seinem Schatten bedeckt.   Auf seinen
Aesten sitzen Vögel, welche die erhabnen Stellen
des göttlichen Korans betrachten.   Die Früchte
dieses herrlichen Baums gleichen den Handbecken
von

von Hajir, und seine Blätter den Ohren des Elephanten. Seine Früchte sind süsser als Milch. Eine einzige würde zureichen, alle Geschöpfe Gottes seit der Schöpfung der Zeit bis zum Untergange aller Dinge zu ernähren.

Aus dem Fusse dieses wunderbaren Sedra quellen vier grosse Flüsse hervor. Zwei erglessen sich stromweise in die Ebenen des Paradieses, die beiden andern giessen sich auf die Erde hinab, und bilden den Nil und den Euphrat, deren Quellen vor mir kein Mensch gewußt hat.

Hier verließ mich Gabriel, weil ihm in die Oerter zu gehen nicht erlaubt ist, wohin ich dringen sollte.

Israfil nahm seine Stelle bei mir ein, und führte mich in das göttliche Wohnhaus des Almamur, oder des Besuchten; ein Name, welcher ihm deswegen gegeben ist, weil er täglich von 70000 Engeln der ersten Klasse besucht wird.

Dieses Gebäude gleicht in allen seinen Theilen ganz genau dem Tempel zu Mekka, und wenn es in einer lothrechten Linie vom siebenten Himmel, wo es sich befindet, auf die Erde herabfiele: so würde es nothwendiger Weise grade auf den Tempel zu Mekka herabstürzen.

Kaum hatte ich meinen Fuß in das Haus des Almamur gesetzt, als ein Engel mir drei Becher

brachte. Der eine war voll Wein, der zweite voll
Milch, und der dritte voll Honig. Ich nahm den
voll Milch, und trank. — Auf einmal ließ eine
Stimme, so stark wie zehn Donnerwetter, folgende
Worte erschallen: „O Mahomet, du hast sehr
wohl gethan; hättest du den Wein gewählt, so
wäre deine Nation verderbt worden, und alle ihre
Unternehmungen würden gescheitert seyn!"

Welch ein Schauspiel, meine Gläubigen! welch
ein Schauspiel aber verblendete nun meine Augen!
Immer den Israfil vor mir, durchstrich ich schneller
als ein Gedanke zwei Lichtmeere und eine schwarze
unendlich lange Bahn, und es war mir, als ob ich
von dem Throne und der unmittelbaren Gegenwart
Gottes angezogen würde. Furcht und Schrecken
bemeisterten sich meiner; eine Stimme, brausen-
der als Meereswogen, rief mir zu: „O Mahomet!
Weiter! nähere dich dem himmlischen Throne!"
Ich gehorchte. An der Seite des göttlichen Throns
las ich den Namen Gottes und den meinigen also
geschrieben: „Es giebt keinen andern Gott, als
Gott, und Mahomet ist sein Prophet!

In dem nämlichen Augenblick, als ich diese ge-
heiligte Inschrift las, breitete Gott seine Arme aus
einander, legte seine rechte Hand auf meine Brust,
und seine linke auf meine Schulter. Ich fühlte in
meinem ganzen Körper eine durchdringende Kälte,
die selbst das Mark meiner Knochen gefrieren machte;
aber

aber in eben der Zeit breitete sich in meiner Seele
ein unbeschreibliches und den Menschen unbekanntes
süsses Gefühl aus, wovon ich ganz berauscht ward.

Diesen mächtigen Empfindungen folgte eine
sehr vertrauliche und lange Unterredung zwischen
Gott und mir, in welcher er mir, nachdem er mir
die Gesetze des Alkorans dictirt hatte, ausdrücklich
den Befehl gab, daß ich euch ermuntern sollte, durch
Waffen, Blut und Gewalt, die heilige Religion zu
vertheidigen, welche ich gegründet habe, und daß
ihr glücklich gewesen wäret, sie kennen zu lernen.

Gott hörte hier zu reden auf, und ich dachte
auf meinen Rückweg zur Erde, um meine Schüler
zu heiligen. Ich fand den Engel Gabriel auf der
Stelle, wo ich ihn gelassen hatte, und wir kamen durch
die sieben Himmel zurück, wo wir bey jedem Schritt
durch die Chöre und Begrüssungen himmlischer Geister, die mein Lob sangen, aufgehalten wurden.

Als ich nach Jerusalem zurück kam, zog sich
die Luftleiter wieder in's Gewölbe des Himmels hinauf. Al=Borac erwartete mich, ich bestieg sie,
es war noch Nacht und stockfinster. Al-Borac
ließ mich von der Lufthöhe herab Armenien und
Abherhijan sehen, und brachte mich in ihrem zweiten Fluge wieder hierher.

Als ich meinen Fuß wieder zur Erde sezte,
wandte ich mich zum Gabriel. „Ich fürchte sehr,

E 2   sprach

sprach ich, daß mich mein Volk als einen Be-
trüger betrachten, und daß es die Erzählung von
meiner Reise durch den Himmel nicht glauben
wird!" —

„Beruhige dich," antwortete mir darauf Gabriel, „dein Volk ist verbunden, alles das zu glauben, was aus deinem Munde kommen wird, und
dein getreuer Zeuge Abubecre, dein Wezir Ali,
dein muthiger und heiliger Ali, werden in jedem Fall
deine Aussprüche unterstützen, und jeden Umstand
dieser grossen Begebenheit rechtfertigen."

Zur
Seelennaturkunde.

I.

Schreiben an den Herausgeber des 5ten Bandes des Magazins zur Erfahrungsseelenkunde.

Ihre Widerlegung des Ahndungsvermögens im
im 1sten und 2ten Stück des 5ten Bandes des
Magazins zur Erfahrungsseelenkunde hat meinen
Glauben an jenes Ahndungsvermögen zwar geschwächt, aber noch nicht ganz vertilgt. Sie haben die Sache von einer philosophischen Seite betrachtet, und Ihre angeführten Gründe gegen die
Ahndungen, die Sie aus der Natur der menschlichen Seele hergeleitet haben, können nach meiner
Meinung nicht bündiger seyn, insofern sie sich auf
die uns bisher bekannte Erkenntniß einer intellectuellen Substanz beziehen. Nach der gegenwärtigen uns bekannten Einrichtung unsrer Empfindungs-
und Denkkraft lassen sich freilich Vorgefühle künftiger Begebenheiten, die an sich ganz zufällig sind,
und die man nicht einmal zu vermuthen Grund hat,
nicht erklären; aber dadurch haben Sie noch nicht bewiesen, daß es nicht noch mancherlei in uns liegende
schlummernde Erkenntnißkräfte geben kann, die
bisweilen nur in den Licht- und Bewußtseyns-

E 3 kreis

kreis der Seele hervortreten, und uns alsbann die
bangen oder freudigen Gefühle abnöthigen, die mit
den Ahndungen gewöhnlich verbunden zu seyn pflegen. Ich wage es freilich nicht, das Maaß und
die Verhältnisse jener schlummernden Erkenntnißkräfte zu bestimmen, da es uns jezt überhaupt noch
nicht möglich ist, alles genau anzugeben, was zur
innern Möglichkeit, oder zum Daseyn eines geistigen Wesens gehört; aber die größten Köpfe kamen
doch bei Untersuchung des menschlichen Verstandes
und seiner Gränzen immer auf dergleichen dunkle
Erkenntnißspuren, und wagten es in diesem Betracht
nicht, die Ahndungen gradezu zu läugnen. Daß
keine geistige Wesen ausser uns, in uns Ahndungen hervorbringen können, darin gebe ich Ihnen
völlig Recht, und sie haben das Gegentheil auf eine
sehr lichtvolle Art bewiesen; obgleich mancher Theo-
loge mit Ihnen nicht zufrieden seyn wird, daß sie
die neuen durch die Gottheit in uns bewirkten Gefühle und Ideen, und also zu gleicher Zeit viel andre
Sachen bestritten haben, deren Ansehn von dem
wirklichen Daseyn jener Gefühle nothwendig
abhängt.

Ich habe in dem Nachlasse meines Vaters, welcher nichts weniger als ein leichtgläubiger, sondern ein
sehr aufgeklärter und wahrheitsliebender Mann war,
eine Menge von ihm aufgezeichneter Ahndungen gefunden, die er theils selbst erlebt, theils sich zu seiner Zeit zugetragen haben. Ich weiß gewiß, daß
er

er alles genau prüfte, ehe er etwas niederschrieb;
und seine Zeugnisse sind um so unpartheiischer, da
er ein heimlicher Sceptiker war, und nach einer ge=
sunden Philosophie diejenigen Ursachen der Dinge
für so gut als nichts hielt, wenn sie nicht zum Vor=
schein kamen.   Dem ohnerachtet wirkten die son=
derbaren Beispiele von Ahndungen so sehr auf ihn,
daß er sie endlich nicht mehr zu läugnen wagte, und
auch einen Aufsatz über die Möglichkeit der Ahndun=
gen aufsezte, den ich aber nachher unter seinen
Schriften nicht habe finden können.   Hier sind fol=
gende von ihm aufgezeichnete Beispiele, die es wohl
verdienen, daß sie in Ihr interessantes Magazin
aufgenommen werden.   Voran geht noch eine kurze
Anmerkung, die er aus einer andern unangezeigten
Schrift ausgezogen zu haben scheint.“   Es ist,
heißt es, etwas in uns, daß uns gewiß weder der
Priester noch die Amme (wie die Freigeister sagen)
eingeben können. — — — Es strahlt auf uns
gleich dem Blitze, wenn wir es am wenigsten ver=
muthen.   In einem Augenblicke trifft und verläßt
es uns. — — Die schleunigen Vorboten meine
ich, die plözlichen Ahndungen, die uns gewisse Dinge
vorher verkündigen.   Viel tausend Menschen haben
dergleichen im höhern oder geringern Grade empfun=
den, und empfinden sie noch täglich.   Ja, wenn wir
am wenigsten daran denken, wenn wir sogar fröli=
chen Muthes sind, wird uns bisweilen ein Strahl
dieses himmlischen Lichts treffen, und uns entdecken,

was geschehen soll. — Oft wissen wir selber nicht, daß sich dergleichen geäussert, bis die vorher verkündete Begebenheit sich wirklich zuträgt. Dann erneuert sich das Andenken daran, und straft uns gleichsam, daß wir nicht aufmerksam dabei gewesen sind.

1) 1734 am 13ten November ging ein angesehener Bürger aus Bremerwörde mit noch etlichen guten Freunden aus, eine nahe liegende Pulvermühle zu besehen. Sie waren insgesammt fröhlich und guten Muths, und redeten eben mit einander von der wahren Freundschaft, als jener Mann auf einmal in seiner Rede zu stocken anfing, und sich die tiefste Schwermuth in seinem Gesichte abdruckte. Er suchte zwar dieselbe zu verbergen, aber mit jedem Schritte nahm seine innere Herzensangst zu. Man untersuchte genau, ob einer unter ihnen etwas Feuerfangendes bei sich haben möchte; allein es wurde nichts gefunden, und man war nun bis an die Thüre der Pulvermühle gekommen. „Hier wurde, dies ist das eigne Geständniß des Mannes, meine Angst unendlich. Ich schwizte am ganzen Leibe, es war, als wenn der Himmel auf mir läge, als ich über die Thürschwelle geschritten war. Nun konnte ich mich nicht länger halten, ich bat die ganze Gesellschaft um Gotteswillen, sich mit mir in möglichster Geschwindigkeit zu retiriren. Einige wunderten sich über mein Begehren, andre lachten mich als einen furchtsamen Menschen aus; indessen
blieb

blieb ich bei meinen dringenden Bitten, und die Gesellschaft folgte mir auch aus Gefälligkeit nach. Noch scherzte man über meinen Mangel an Courage, und wir waren noch nicht 1000 Schritt von der Mühle weg, als — sie in die Luft sprang."

2) Im Jahr 1749 fuhr ich mit mehrern Passagiers von N — nach S — auf der Post. Wir waren alle, und der Postillon selbst, gegen Abend eingeschlafen. Die sich selbst überlassenen Pferde waren aus dem Wege gekommen, und hatten den Postwagen nach dem hohen Ufer eines Sees hingelenkt. Eins von den Pferden kletterte schon an dem abschüssigen Ufer hin, so daß es sich kaum mehr halten konnte, zugleich hatte der Wagen auch schon eine solche schiefe Richtung gegen den See bekommen, daß wir gewiß in wenigen Augenblicken hinabgestürzt seyn würden. Ich schlief ziemlich fest, und es kam mir im Traume vor, als ob mich jemand mit Gewalt rüttelte, daß ich doch geschwind aufwachen möchte. Ich erwachte dadurch auch wirklich, und sah die Gefahr, worin wir alle waren. Ich griff sogleich nach dem Zügel, hielt die Pferde an, und rettete mich und die ganze Gesellschaft durch den im Traum erhaltenen Wink von einem nahen und fürchterlichen Tode.

3) Einer meiner Freunde, ein junger liebenswürdiger Mann, der in Jena studirte, wollte von hier nach Halle reiten. Die Nacht vorher träumte

E 5.   Km,

ihm, daß er die Gegend bei der Skepischen Fähre
erblickte, und von einem Menschen, der wie ein
Jäger gekleidet war, durch den Kopf geschossen
würde. Als mein Freund an die Fähre kam, er=
zählte er seinen Begleitern den Traum, welche ihn
verlachten. Sie kamen insgesammt glücklich über
die Saale hinüber, hielten sich einige Tage in Halle
auf, und kehrten vergnügt nach Jena zurück. Sie
mußten wieder über die Fähre. Mein Freund blieb
zu Pferde sitzen, und hinter ihm stieg ein Jäger mit
einer Flinte hinein. Dieser sahe eine Elster über's
Wasser fliegen, und sagte: Ich will doch sehen, ob
ich dich im Fluge wegbüchsen kann. Mein Freund
erinnerte ihn, daß er erst absteigen wolle, weil sein
Pferd etwas schüchtern sey; allein er schoß zu, ehe
jener noch ausgeredet hatte, und sogleich sprang das
Pferd meines Freundes in den Fluß hinein. Er
hätte gewiß ertrinken müssen, wenn nicht der Jäger,
der ein guter Schwimmer war, sogleich seine Klei=
der von sich geworfen, in's Wasser gesprungen wäre,
und ihn herausgezogen hätte.

4) Sehr sonderbar ist vornehmlich folgender
Zufall. Ein junger Gelehrter hatte seine Aeltern
im Mecklenburgischen besucht, und war im Begriff,
auf der Post zurück zu reisen, als ihm zwei Offiziere
ihren bequemen Wagen anboten, indem sie mit ihm
fast den nämlichen Weg zu nehmen gesonnen waren.
Jener nahm ihr Anerbieten mit Freuden an, und
man bestimmte Ort und Stunde, wenn sie zusam=

men

men abreisen wollten. Sie wollten eben in den Wagen steigen, als die Offiziere eine sichtbare Veränderung an dem mitreisenden Gelehrten wahrnahmen. Sie fragten ihn: Ob ihm etwas fehle, und was ihn etwa zugestoßen wäre? Ich weiß nicht, wie mir wird, war seine Antwort, ich empfinde am ganzen Leibe ein gewaltiges Schaudern, — ich kann nicht mitreisen, es ist, als ob eine unsichtbare Hand mich von Ihnen wegzöge. Die Offiziere lachten über den wunderlichen Mann, baten ihn, sich zu beruhigen, und nur getrost in den Wagen zu steigen; seine Grille würde sich schon verlieren. Alles Bitten und Vorstellen war umsonst. Der junge Gelehrte nahm Abschied von ihnen, und mit dem Augenblick verlor sich seine ganze innere Aengstlichkeit. Weil die Post noch nicht abgefahren war, eilte er dahin, und fuhr nun kaum eine halbe Stunde darauf mit der Post davon, die den nämlichen Weg nahm, den die Offiziere genommen hatten, welche nun schon weit voraus waren. Die Post mußte über die Elbe bei B.... und kaum war sie mit unserm Gelehrten angelangt, als man eine Menge Menschen an dem jenseitigen Ufer erblickte, die mit den Händen bald auf die, bald auf eine andre Stelle des Flusses wiesen. — — Eine halbe Stunde vorher waren die Offiziere auch über die Elbe auf der Fähre gefahren. Die Pferde waren scheu geworden, hatten sich mit der Kutsche in's Wasser gestürzt, und die beiden Offiziere waren ohne Rettung ertrunken.

Ich

Ich habe Ihnen diesmal nur diese vier sonderbaren Zufälle mittheilen wollen, weil sie mir das
Daseyn einer in uns liegenden Ahndungskraft deutlich zu zeigen scheinen. Sie werden freilich fragen:
ob die erzählten Facta auch pünktlich wahr sind, ob
nichts hinzugesezt, hinzugedichtet sey, wie es bei sehr
vielen Ahndungen der Fall ist, und wie sie auch in
Ihren Regeln, wonach man jebe sogenannte Ahndung prüfen müsse, richtig bemerkt haben. Ich
wiederhole Ihnen noch einmal, daß sie von meinem
seligen Vater auf's genaueste untersucht und aufge-
schrieben worden sind: also als Facta sind sie gewiß. — Aber nun werden Sie mir noch nicht zu-
gestehen, daß jene erzählten Vorgefühle wirkliche
Ahndungen gewesen sind, und von dieser Seite
würde ich Ihre Einwürfe am meisten fürchten. Es
geschieht unendlich oft, werden Sie sagen, daß uns
ein gewisses ängstliches Gefühl überrascht, das wir
uns leicht erklären könnten, wenn wir die innere
Stimmung unsrer körperlichen Maschine immer genau untersuchen könnten, daß wir uns etwas Künftiges erträumen, einbilden, und daß wir hinterher
eine Ahndung gehabt zu haben glauben, wenn eine
solche Einbildung einmal in Erfüllung ging. Oder
Sie werden sich durch den Zufall das Ding zu erklären suchen, und kein Mensch wird Sie hiebei ganz
widerlegen können, weil es eine unendlich verschiedene Concurrenz so vieler Dinge täglich giebt, und
eins auf das andre folgt, ohne daß eins aus dem

an-

andern immer herzuleiten wäre. Nach Ihrer Theorie würde das genaufte Vorhersehen der kleinsten Umstände und das pünktlichste Eintreffen
derselben sich immer noch aus einem möglichen
Zufall erklären laffen, weil in der Erkenntniß-
kraft der Seele kein hinreichender Grund eines wirklichen Vorhersehens liegt. Indeffen
werden doch immer die Ahndungen ihren Kredit behalten; theils, weil die wenigsten Menschen die
philosophischen Beweise gegen ihr Dasehn zu faffen
im Stande sind, und von der Liebe zum Wunderbaren getrieben werden; theils auch, weil wir uns
von wirklichen Gefühlen leichter als von abstracten
Beweisen einnehmen laffen, und bei einem so unbekannten Dinge, als die menschliche Seele ist, ein
Recht zu haben glauben, in ihr noch manche unent-
wickelte Kraft anzunehmen. *)

2. Ein

*) Das kann man allerdings, weil uns nicht nur die
Erfahrung lehrt, daß sich nach und nach in den Menschen mehrere, vorher noch nicht zum Vorschein gekommene Kräfte der Seele entwickeln; sondern weil
sich auch schon aus dem Begriff einer endlichen
Substanz dergleichen intensive und extensive Entwik-
kelungen ergeben; jene, indem ein geistiges Wesen
durch innere Modifikationen der Denk- und Wollens-
kraft neue Vollkommenheiten gewinnen kann; diese, indem es durch neue Lagen und Situationen in neuen Organen sowohl, als durch eine veränderte äuffere Stellung gegen das Universum überhaupt, ganz neue, vorher
noch

2.

Ein Schreiben an den Herrn Prof. Moritz.

Mein Herr!

Das Vergnügen, mit dem ich viele interessante Aufsätze in Ihrem Journal gelesen, erregt in mir den Wunsch, nachfolgende beide, auf Erfahrung gegründete, Vorfälle durch dasselbe dem Publico mitgetheilt zu sehen, warum ich Dieselben ergebenst bitte.

I.

noch nicht gehabte Begriffe und Empfindungen erlangen kann. Allein aus allen solchen Entwickelungen, so viel Grade und Verschiedenheiten wir auch dabei voraussehen können, läßt sich keine solche Erhöhung unsrer Denkkraft herleiten, vermöge welcher sie etwas an sich Zufälliges vorher zu sehen im Stande wäre. Ein endliches geistiges Wesen ist vermöge seiner innern Natur an eine gewisse bestimmte Norm des Denkens gebunden, danach muß es sich nothwendiger Weise bei Erlangung und Zusammenreihung aller seiner Begriffe richten, davon darf es nicht abweichen, wenn seine innere Möglichkeit nicht aufgehoben werden soll. Diese Norm steht mit den Erscheinungen und Erfahrungen aus der wirklichen Welt in der genausten Verbindung, und in diesen Erscheinungen und Erfahrungen liegt ein objectiver Grund, worin sich eine geistige Kraft nichts als existirend denken kann, was mit jenen Erfahrungen

I.

Meine nunmehro selige Mutter lag im November vorigen Jahres äußerst elend an der Aus-
zehrung darnieder, zu welcher Zeit ich mich bei ihrer Schwester, der Obristen v. B. auf ihrem Gute
M.,

gen streitet, und woraus sich kein hinreichender Grund
einer Vorstellungsart ergiebt. Wir können aber
nichts erfahren, was nicht ist, was nicht auf unsre
Sinnen wirkt, nichts vorher sehen, was wir nicht
vermöge der bestimmten Denkform durch Vernunft-
schlüsse herausgebracht haben, weil wir sonst Begriffe
haben könnten, die in der Art und Weise, wie wir
Vorstellungen bekommen müssen, gar nicht gegründet wären. Dies hieße aber die Seele des Menschen zum seltsamsten Dinge von der Welt machen,
und in sie etwas hineinschieben, was gar nicht zu
ihrem Wesen gehörte. Von dieser Seite betrachtet,
gehören die Ahndungen wirklich zu Wunderwerken,
— und wer kann die annehmen, wenn das System
einer von Ewigkeit vorhandenen nothwendigen Harmonie der Dinge, in so fern sie sich auf die höchste-
und vollkommenste Vorstellungskraft der Gottheit
gründet, seine Richtigkeit hat; und wenn, so wie
überall, so auch in unsrer Seele alles nach wesentli-
chen Regeln und Gesetzen der Natur erfolgt. Will
man ja noch Ahndungen annehmen: so könnte
man sie auf eine viel natürlichere Art als gewöhnlich erklären. — Man könnte nämlich sagen: daß
wir in der nothwendigen Verbindung der Dinge, in
welcher wir stehen, und wonach sich unsre Ideen
entwickeln und verbinden, manchmal durch gewisse
Umstände

M., sieben Meilen von ihr entfernt, aufhielte.
Die lezten Nachrichten, die ich von ihrem Befinden
erhalten, hatten inzwischen auf's neue mich eine
Besserung hoffen lassen. Sehr vergnügt hierüber
fuhr ich einige Tage darauf mit meiner Tante und
ihrer Familie nach einer nicht weit von dort entlege-
nen Stadt in Gesellschaft, und der Wagen ward
zurückgeschickt. Wie wir nach Mitternacht zu Hause
fahren wollten, war der Wagen noch nicht wieder
angekommen; und da wir nicht länger warten wollten: so suchte ich in der Stadt Wagen und Pferde
zu erhalten, um uns zurück zu bringen. Endlich
kam der Wagen, und wir fuhren bei einer eingetre-
tenen

Umstände veranlaßt würden, an etwas künftiges zu
denken, und daß dieses Künftige nun auch in Erfüllung gehen müßte, weil es der natürliche Lauf der
Dinge so haben wollte. In so fern gehörten die
Ahndungen mit in die Reihe von Begebenheiten
der Welt, und zwar eben so nothwendig, als die
nachherige Erfüllung derselben, — oder besser als
die nothwendige Folge von Begebenheiten, die auch
ohne die Ahndung existirt haben würde. Es wäre
demnach auch kein andrer Zusammenhang zwischen
der Ahndung und der Erfüllung derselben, als der,
daß ich zu einer gewissen Zeit auf etwas Künftiges
aufmerksam gemacht wurde, was nothwendiger Weise
geschehen mußte. — Wer wollte das aber wirkliches
Vorhersehen nennen? Giebt es nicht auch unzählige Fälle, wo wir etwas vorher zu sehen glauben
— was nicht eintrifft?

Ueber-

tenen ftrengen Kälte zu Hauſe. Sowohl unterwegs als nach unſrer Zuhauſekunft, waren unſre Unterhaltungen von Gegenſtänden aus der Geſellſchaft, und von dem erwähnten unangenehmen Ausbleiben des Wagens. Meine Seele, nur bloß mit dieſen Gedanken beſchäftigt, dachte damals ſo wenig an meine kranke Mutter, wie den ganzen Tag über, als ich durch die verſchiedenen Gegenſtände und Vorfälle ſehr zerſtreut worden war. Es war gleich
nach

Ueberdem kann man noch das gegen die Ahndungen einwenden, daß ſie ſehr ſelten wirklich beſtimmte Begriffe von einer beſtimmten künftigen Begebenheit ſind; ſondern nur auf dunkeln Gefühlen beruhen, die eine vielfache Erklärung zulaſſen. Es wird einem bange um's Herz, man empfindet ein heftiges Schaudern, es iſt einem, als ob uns eine unſichtbare Hand zöge, u. ſ. w. Alles dies kann nicht nur vom Körper herrühren, ſondern der Ahnende weiß nun auch nicht eigentlich, wovor er ſich fürchtet, was ihm bevorſteht, ob ihn ſein Genius vor der erbärmlichſten Kleinigkeit, oder vor einer ungeheuren Gefahr warnt. Das bange und dunkle Gefühl läßt ſich auf alles Unangenehme deuten; und weil denn doch nicht leicht ein Menſch lebt, dem nicht oft etwas Unangenehmes begegnet: ſo wird dann gleich aus dem bangen Vorgefühl eine Ahndung gemacht; und als ſolche erzählt. Freilich ſteht den Ahndungen nun auch die groſſe Trüglichkeit des hiſtoriſchen Glaubens entgegen. — Doch davon ein andermal.

P.

nach Ein Uhr in der Nacht, wie ich mich zu Bette
legte. Ich war ziemlich erfroren, und hatte mich
im Bette eingewickelt, als ich in dem Nebenzimmer
einen kleinen Hund winseln hörte, der von ungefähr
eingesperrt war. Unentschlüssig, ob ich aufstehen
und ihn hereinlassen, oder ob ich warten sollte, bis es
ein Anderer hörte, oder ich Jemanden hierzu abru-
fen könnte, kam einer von den Bedienten auf die
Hausdiele, den ich deshalb rief, der es aber nicht
hörte; kurz, ich war schon entschlossen, aufzustehen,
als ich die Thüre öffnen hörte, und der Hund in
Freiheit gesezt ward. Wie dies kaum geschehen
war, und ich, wie ich mich genau erinnere, in dem
Augenblick an das Kartenspiel dachte, was ich in
der Gesellschaft gespielt hatte, über dessen Ausgang
ich Reflexion machte: so hörte ich im Zimmer ein
Klopfen, als wenn Jemand mit einem Finger auf
die Leisten der Panelung klopft, obgleich keine Panelung im Zimmer war, und dies Klopfen ging im
ganzen Zimmer herum, und war abwechselnd mit
einem Geräusche verbunden, das dem ganz ähnlich
war, wenn man die eine platte Hand unter der andren
stark wegstreicht. — Meine Lage im Bette dabei
war mit dem Gesichte gegen die Wand. Ohne daß
ich im mindesten dadurch beunruhiget ward, oder
nur entfernt den Gedanken hatte, daß dies ein unnatürliches Geräusch, oder gar Vorbedeutungen
von meiner kranken Mutter seyn könnten, an die
ich auch den Augenblick gar nicht dachte, glaubte
ich,

ich, es wären Ratten oder Mäuse, und wunderte
mich über die große Menge, die im Zimmer seyn
müßte, welche ich doch niemals vorher bemerkt hat=
te, ob ich gleich schon einige Wochen darin logirt
hatte. Von diesem Gedanken eingenommen, klopfte
es, mit dem bemerkten Geräusch begleitet, an der
Wand, dicht vor meinem Gesicht, so daß ich glaub=
te, weil ich in dem Wahn der Ratten und Mäuse
stand, daß mir solche in's Gesicht springen würden.
Ich kehrte mich daher im Bette nach der andern
Seite hin, und ward darauf in einer Entfernung
von einem Schritte von meinem Bette, eine weiße
Dunstfigur gewahr, die in einer gebückten Stellung
stund (wie auch damals die Stellung meiner kran=
ken Mutter war), mir den Rücken zugekehrt hatte,
und mich mit bei Seite gedrehtem Kopf ansahe.
Ich erkannte sie sogleich für die Gestalt meiner
Mutter, und rief in Bestürzung: Herr Jesus,
Mutter! Sie schien dies zu hören, und drehte den
Kopf in dem Augenblick weiter, mit einem wehmü=
thigen Blick, zu mir herum, und ich erkannte deut=
lich ein violet Band, das sie auf der Nachthaube
hatte. Ich fuhr aus dem Bette heraus, stand auf
den Füßen, und sie war noch da; in eben dem Au=
genblick aber floh sie einige Schritte von mir weg,
ich sah auf der Stelle, wo sie verschwand, einen
Feuerstrahl, der vorne spiß, hinten breit und etwa
anderthalb Ellen lang war, entstehen, welcher sich
in einem Dunst, wie eine Wolke, auflöste, immer

dünner

dünner durch seine Ausdehnung ward, bis er gänzlich verschwand. Es war Mondenschein, so daß
ich im Zimmer alles unterscheiden konnte. Ich
war im Begrif, mich wieder zu Bette zu legen, um
keine Unruhe im Hause zu machen, aber es überfiel
mich ein so heftiger Schauder, daß ich es für rath-
samer hielt, Hülfe zu suchen. Ich hielt es für ausgemacht gewiß, daß meine damals kranke Mutter
in dem Augenblick der Erscheinung gestorben sey,
bis ich einen Tag nachher durch einen Wagen von
dort her, der den Arzt, der hier von einer entfern-
ten Stadt ankam, abholen sollte, vom Gegentheil
überzeugt wurde. Meine Tante fuhr zwei Tage
nach diesem Vorfall mit dem Arzt zu meiner Mutter, und ich blieb, um mich einigermaßen von diesem Schreck wieder zu erholen und aufzumuntern,
noch dort. Auf Befragen des Arztes in Gegenwart meiner Tante, wie sie sich seit seiner Abwesen-
heit befunden, hat sie alle Zufälle, und die Zeit derselben, genau angeführt, hauptsächlich aber die Nacht,
wo ich diese Erscheinung hatte, und die Stunde zwischen ein und zwei Uhr, bemerkt, wo sie äusserst elend
gewesen ist, und gewiß geglaubt hätte, zu sterben.
Sie hat hierbei ausdrücklich, in Gegenwart des
Arztes, ihre Schwester gefragt: ob sie nicht ihr oder
mir erschienen sey; sie hätte so sehnlich und stark in
den Augenblicken an uns, und besonders an mich,
gedacht, und gewünscht, daß ich da seyn mögte,
um, wenn sie stürbe, ein Beistand meines Vaters

Sie

und meiner Geschwister zu seyn. Auch hat sie damals ein violet Band, wie ich es gesehen, um ihre
Nachthaube gehabt, und die Wärter haben mir
hoch und theuer versichert: daß sie in der Nacht,
und um die Zeit, als ich sie gesehen, wie todt gelegen, daß sie keinen Athemzug von ihr gehört, und
daher auch schon wirklich geglaubt hätten, daß sie
todt wäre, bis sich nach mehrern Minuten solcher
wieder eingestellt hätte. Jenes habe ich aus dem
eigenen Munde meiner Tante und des Arztes. Sie
starb am 20sten Januar dieses Jahres, mithin erst
gegen sieben Wochen nach dieser Erscheinung. Dies
ist, mein Herr! der Verlauf meiner Geschichte,
wobei ich Ihnen die Wahrheit bei Allem, was mir
lieb und heilig ist, betheure. Ich bin nicht der
Mann, der leichtgläubig oder für dergleichen Geschichten eingenommen ist, und daher habe ich bei
mir selbst die genaueste Untersuchung angestellt: ob
hiezu ein Betrug der Sinne, ein lebhaftes Bild der
Imagination *) oder sonst irgend etwas könnte beigetragen haben. Allein ich habe dergleichen nicht
bei mir, nur wahrscheinlich, entdecken können. Ich
hätte zu Abend wenig gegessen, und gar keinen

F 3   Wein

*) und ein Betrug der Sinne — sonderlich beim Mon-
denschein, der schon so viel Geistererscheinungen veranlaßt hat — ein lebhaftes Bild der Imagination,
war es doch wohl, und nichts anders.

       P.

getrunken, ich hatte den ganzen Tag über nicht an
meine Mutter gedacht, ich war nicht im Schlafe,
nicht krank, hatte den vollkommenen Gebrauch
meiner Sinne, und die Geschichte selbst und die
Harmonie aller dabei concurrirenden Umstände he-
ben, wie ich glaube, alle Einwendungen, die man
hingegen machen könnte. Aber welcher Philosoph
erklärt mir diese Geschichte nach seinen einfachen und
zusammengesezten Begriffen von Geist und Körper?
Er wird sagen: wie kann der Geist, an den Banden des Körpers gefesselt, ihn verlassen, in einer
Entfernung von sieben Meilen in seiner Gestalt erscheinen, und in wenigen Minuten wieder in ihn zu-
rückkehren? Er wird den Kopf schütteln und das
Blatt umschlagen. Ich bin nicht böse darüber;
aber das würde ich ihm nicht verzeihn können, wenn
er mir, da ich mich nie eines Betrugs der Sinne,
des Gesichts und Gehörs in einer solchen Nähe erinnern kann, auch bei gesunden Organen nicht möglich
ist, ich auch damals in keinem Zustande war, worin
solches nur hätte möglich seyn können, wo ich wegen des Winseln des Hundes, und weil ich ziemlich erfroren war, in den Paar Minuten, die ich
erst im Bette lag, noch nicht eingeschlafen seyn konnte, auch wahrhaftig, wie ich mir bewußt bin, nicht
eingeschlafen war, wo keine Bilder der Imagination
vor meiner Seele und Augen schweben konnten, da
ich nicht allein in dem Augenblick nicht an meine

Mutter

Mutter dachte, sondern auch den Tag über nicht an
sie gedacht hatte, wo das Mondenlicht mich alles
genau im Zimmer unterscheiden ließ, wenn er mir,
sage ich, mit seiner hier gewiß übelangebrachten
Scharfsinnigkeit beweisen wollte, daß ich das nicht
gehört und gesehn hätte, was ich doch eben so gewiß
versichert bin, gehört und gesehn zu haben, als ich
nach einer Stunde überzeugt seyn werde, hier an
dieser Stelle geschrieben und das Dintenfaß vor mir
gesehn zu haben.   Was würde er sagen, wenn er
sich anders des vernünftigen Gebrauchs seiner Sinne bewußt ist, wenn ich ihm morgen mit vielen
Gründen der Wahrscheinlichkeit (denn mit Gewißheit können wir von dieser Materie wenig behaupten,) beweisen wollte, daß er heute nicht mit mir
gesprochen hat, da er doch gewiß weiß, daß er mit
mir geredet hat? Doch ich lasse mich in keinen Streit
hierüber ein, weil meine Absicht nur ist, Geschichten
aus der Erfahrung zu erzählen, deren Wahrheit
wenigstens für mich gewisser ist, als die Richtigkeit
der Grundsätze alter und neuerer Philosophen über
diese Materie.

II.

Im Herbste 1775 trat auf dem Landgute meines Vaters die Ruhr ein, und da auch einer von
meinen Brüdern, ein Knabe von neun Jahren, da-

von

von befallen ward: so wurde ich, in einem Alter
von vierzehn in's funfzehnte Jahr, mit noch zweien
von meinen Geschwistern zu dem Prediger im Dorfe
geschickt, um da so lange zu bleiben, bis auf dem
Hofe alles wieder gesund seyn würde. Mein Bruder, der mich insonderheit innigst liebte, starb an
dieser Krankheit, uns ward aber sein Tod verheim-
licht, und ich erfuhr auch in der That nichts davon.
Sieben Tage nach seinem Absterben, als an welchem Tage er des Abends beigesetzt wurde, kam,
um etwa drei Uhr Nachmittags, mein Vater nach
dem Hause des Predigers, um uns zu besuchen.
Unsre erste Frage war nach unserm geliebten Bruder. Der Vater versicherte uns, daß er sich recht
wohl befände, und wir ihn gewiß wieder sehn würden; eben dies versicherte uns auch gleich nachher
unser Gärtner, in den ich viel Zutrauen setzte, mit
den höchsten Betheurungen. Was man wünscht,
glaubt man leicht und gerne, und dies war auch
mit mir der Fall, ohne daß ich nur den Argwohn
gehabt hätte, daß man dies von seinem Zustande
in der Ewigkeit verstehe, in dem wir ihn einst wieder sehn würden. Mein Vater verließ uns bald
nachher, und mit einem Herzen voll Freude und
Ueberzeugung, daß mein Bruder wieder besser wäre,
lief ich, um die Kinder des Predigers aufzusuchen,
und ihnen diese angenehme Nachricht zu erzählen.
Mit diesem Frohsinn trat ich auch in das Zimmer,
worin ich mit meinen Geschwistern logirte, an wel-

chem

hem eine Kammer lag, die aber keinen Ausgang
hatte. Indem ich hereinkam, ward ich eine weiße
Dunstfigur gewahr, die die Größe meines Bruders
hatte, vor dem Spiegel stand, und die Hände am
Kopf in die Höhe hielt. Hierbei muß ich bemerken,
daß er die Art hatte, wenn er frisirt war, sich vor
dem Spiegel mit beiden Händen zugleich die Locken
nach seinem Belieben zu stellen, und auch in eben
dieser Stellung fand ich ihn in der Stube vor dem
Spiegel. In dem Augenblick aber auch, da ich
hereintrat, ließ er die Hände sinken, kehrte mir den
Rücken zu, und schwebte vor mir der Kammerthüre
zu, die etwa eines Fingers breit offen stand. Gott
allein weiß es, wie es kam, daß ich mich in dem
Augenblick nicht erschrack, ich weiß auch nicht, was
ich dachte; aber ich verfolgte diese Gestalt bis an
die Thüre, wo sie sich durch die kleine Oeffnung der
Thüre wand, als wenn der Rauch sich irgendwo
durchzieht und die Figur der Oeffnung annimmt.
Ob es zwar ein stark neblichter Herbsttag war, so
war doch das ganze Zimmer so helle und erleuchtet,
als wenn an einem schönen Sommertage die brennende Sonne darein scheinet, und dieser Dunstkör-
per (anders kann ich ihn nicht nennen und beschreiben, denn es war, als wenn eine weiße Lichtwolke
vor mir schwebte,) warf an der entgegengesetzten
Seite von mir einen so starken dunklen Schatten,
wie ein jeder Körper beim starken Sonnenlichte
wirft, der sich auf meinem Bette, was da an der

Wand

Wand stand, der länge nach zog, und von dem
noch etwas zu sehen war, wie der Lichtkörper selbst
schon durch die Thüre war, bis er sich völlig nach-
zog, und darauf auch die Sonnenhelle im Zimmer
verschwand. Ich ging auf zwei Schritte hinter
drein, ohne jedoch der Figur näher zu kommen,
wie ich war, und ohne, wie ich mich genau erinnere,
in dem Augenblick dieser Erscheinung an meinen
Bruder zu denken, weil ich nicht anders glaubte und
wußte, als daß er lebte und gesund wäre. Wie
ich an die Kammerthüre kam, durch deren geringen
Oeffnung sich jene Figur durchzog, so stieß ich sie
auf, und ward die leere Kammer gewahr, die keinen
Ausgang hatte Nun überfiel mich aber auch ein
so heftiger Schauder und eine so zitternde Angst,
daß ich nicht schnell genug aus diesem Zimmer kommen konnte. Mein erster Gang war in den Garten,
um da meinem beklommenen, angstvollen Herzen
durch einen Strom von Thränen Luft und Erleich-
terung zu verschaffen; dann erzählte ich, was mir
begegnet sey, woraus ich den für mich überzeugend
gewissen Schluß machte, daß diese Erscheinung mein
Bruder gewesen, der gestorben sey, der zwar in der
Ewigkeit lebte, aber nicht mehr hier für uns. Dies
war denn auch die Ursache, warum man uns die
Wahrheit seines Todes nicht länger verheelte. Will
man hier auch Einwürfe von Schlafen bei Tage im
Gehen, von Präoccupation, die vielmehr gerade
vom Gegentheil da war, für Bilder der Imagination

tben u. ſ. f. machen, um die Wahrheit dieſer Geſchichte in Zweifel zu ziehen? Sind die hier wohl
gedenkbar? Unmöglich, mein Herr! kann ich Ihnen die Freude ſchildern, mit der ich durch dieſe Erfahrung von dem wichtigſten Gegenſtande unſerer
Religion, von dem Glück unſrer Beſtimmung, von
dem großen Werthe unſrer ſelbſt, ich meine von der
Unſterblichkeit unſrer Seele und unſrem Leben unmittelbar nach dem Tode, noch mehr und aufs voll-
kommenſte überzeugt bin. Wollte Gott! alle Menſchen hätten hiervon eine eben ſo ſtarke Ueberzeugung,
und die Welt wäre beſſer.

Ich habe die Ehre, mich hochachtungsvoll zu
nennen

Ew. Wohlgebohren

M— im M—ſchen,
den 20ten Decemb. 1787.

ergebener Diener
C. C. F. von F—,
Legationsrath.

Anmerkung.

Ueber vorſtehenden Brief des Herrn Legationsrath von
F— an Herrn Prof. Moritz, werde ich mich in einem
der nächſtfolgenden Stücke der Erfahrungsſeelenkunde
näher erklären. Ueberhaupt aber wünſchte ich, daß
man bei Mittheilung dergleichen ſonderbarer Phänomene der menſchlichen Einbildungskraft gänzlich
Nachricht gäbe, welchen Einfluß auf die gehabten Vorſtellungen

stellungen Erziehung, Leidenschaften, Volksmeinungen, Neigung zur Schwärmerey, körperliche und andere Localumstände haben mögten; denn eben deswegen wird es schwer, manche erzählte sonderbare Facta zu erklären, weil man nicht von allen Veranlaßungen dazu, vom innern und äußern, und den jedesmaligen Gemüthslagen des Selbstbeobachters genug unterrichtet ist. Doch vorher erzählte Erscheinungen sind leicht zu erklären. **P.**

3.

Beurtheilung einiger Fälle von vermeinten Ahndungen.

Es giebt wohl wenige Menschen, die nicht wenigstens einmal eine Ahndung in ihrem Leben gehabt zu haben glauben sollten. Sehr viele — und nicht bloß Frauenzimmer — meinen bei jeder wichtigen (oft auch sehr unwichtigen) Veränderung ihrer Schicksale, oder auch der Schicksale ihrer Freunde und Verwandten, ein gewisses vorhersagendes Gefühl in sich wahrzunehmen, und wissen auch davon hunderterlei artige, zum Theil grausenvolle, Histörchen mit der ernsthaftesten Miene der Ueberzeugung zu erzählen, — so sehr sie auch ihrer Quelle, der Ammen und Kinderstube, ähnlich sehen mögen. Je mehr man die Meinung dieser Ahndungsjäger zu wider-

wiberlegen sucht, je breister berufen sie sich immer
auf ihr Gefühl — als ob es das untrüglichste Ding
von der Welt sey — und den eingetroffenen Erfolg,
ohne zu untersuchen, was Einbildung und Zufall
dazu beigetragen hat, und wie schwer sich überhaupt
ein Ahndungsvermögen mit der Natur unsrer Seele
und der bekannten Art ihrer Ideenentwickelung vereinigen läßt. Jener Glaube findet um so viel leichter Beifall, — weil ihn der Großvater und die
Großmutter gehabt haben, weil er das Gemüth vermöge des Wunderbaren erschüttert, weil er der Einbildungskraft jedesmal eine neue Schwungkraft
giebt, weil er von vernünftigen Leuten vertheidigt
wird, und weil man ihn, wie mehr dergleichen Dinge, für unschädlich hält. Allein jeder Irrthum ist
wenigstens insofern schädlich, als an seiner Stelle
keine Wahrheit steht, — und jener Glaube an ein
nicht vorhandenes Gespenst ist es um so mehr, da
er so viele Menschen mit einer unnöthigen Furcht
anfällt, sie leicht zu abergläubigen Grillen, und zu
dem Wahn eines unmittelbaren Einflusses höherer
geistiger Wesen auf unsre Vorstellungen verleitet,
und so manche andre locale Uebel stiftet. Leute, denen die Aufklärung des menschlichen Verstandes am
Herzen liegt, und was sollte uns allen mehr am
Herzen liegen! sollten daher Beispiele von vermeinten Ahndungen nicht in öffentlichen Blättern, ohne
genaue psychologische Untersuchungen jener Fälle,
bekannt machen.

Im

Im 7ten Stück des beliebten Journals von und für Teutschland (1787) sind ein Paar Ahndungsgeschichtchen erzählt, S. 93. ff., deren Untersuchung den Lesern dieses Magazins vielleicht nicht unangenehm seyn dürfte, da bisher darin so viel über Ahndungen und Ahndungsvermögen vorgekommen, und dieses Feld der Psychologie von den Herren Herausgebern neuerlich mehr wie jemals bearbeitet worden ist. Die erste Geschichte, für deren Authenticität, so wie für die der folgenden, der anonymische Einsender oder die Einsenderin mit allem einstehen will, was ihm oder ihr lieb ist, lautet also:

„Ein in meinen Diensten stehendes Mädgen erwachte vor einigen Tagen mit einem beklemmten Herzen, und äusserte sich beim Theetrinken gegen seine Mitbedienten dahin, wie es äusserst niedergeschlagen sey — wie es nichts mehr wünsche, als sich in der Einsamkeit satt weinen zu können, und wie es fürchte, daß es heute unangenehme Nachrichten erhalten mögte. Nach Verlauf einer Stunde kommt ein Jude, der mit Waaren im Lande umherwandelt, und bringt dem Mädgen von einer, einige Meilen von hier wohnenden, Schwester einen Gruß. Nach einiger Hin- und Wiederrede fragt er: „ob es wohl wisse, daß ein junger Mensch „der die Kinder der Schwester unterrichte, sehr „krank sey?“ — „Das nicht,“ antwortete das Mäd-

Mädgen; „aber krank, sehr krank? So ist er wohl
„schon todt.“ „So ist's,“ antwortete der Jude,
und geht, und das Mädgen, das ten Informator,
einen jungen vierundzwanzigjährigen dem Anschein
nach völlig gesunden Mann, vor einigen Wo=
chen noch gesehen, und vielleicht nicht ohne Rüh=
rung gesehen, seitdem aber nicht das mindeste von
ihm gehört hatte, erfährt von dem zurückgerufenen
Unglücksboten, daß ihr Freund vom Schlagfluß
gerührt und nach einem achttägigen Lager gestor=
ben sey.“

Das wäre also die erste Erzählung, die frei=
lich noch eine bessere Form einer Ahndung haben
würde, wenn's dem Mädgen gefällig gewesen wäre,
grade an dem Tage eine Ahndung zu haben, als ihr
Freund gestorben ist; doch die Ahndung sollte sich
ja nur auf die Hiobspost des Juden beziehen. Das
Factum mag wohl seine ganze Richtigkeit haben;
aber man muß mehr als leichtgläubig seyn, wenn
man die vorhergegangene Traurigkeit des Mädgens
geradezu für nichts anders als eine Ahndung über
irgend eine nahe bevorstehende traurige Nachricht
halten will. — Welch ein unlogischer Schluß:
weil jemand eine Traurigkeit empfindet, und des=
wegen etwas Unangenehmes erwartet, ohne zu
wissen, was das Unangenehme seyn wird: so muß
die Traurigkeit eine nothwendige Vorbedeutung des
Uebels seyn“ — Wie unendlich viel Ursachen kann
eine

eine gewiſſe ſchwermüthige Laune des Gemüths haben, und wie leicht pflegen wir dann etwas Böſes
zu argwohnen, wenn es in unſrer Seele finſter aus-
ſieht, wie man an jedem Hypochondriſten ſehen
kann. Was iſt ohnedas gewöhnlicher, als daß
ein junges Mädgen mit einem beklemmten Herzen
erwacht, eine unwillführliche Neigung zum Weinen
empfindet, und bei der beſorglichen Gemüthsart des
andern Geſchlechts dann allerley bevorſtehende unangenehme Zufälle ſogleich zu muthmaßen anfängt.
Wenn dies Ahndung heißt, ſo haben die Menſchen
alle Augenblicke Ahndungen. Daß zufälliger
Weiſe unter den unzähligen Uebeln, womit das
menſchliche Leben umgeben iſt, auch einmal eins in
Erfüllung geht, daß nun grade von ungefähr der
Jude kommen mußte, und die Nachricht von dem
Tode des jungen Gelehrten überbrachte, (wäre ein
anderer unangenehmer Zufall geſchehen: ſo würde
man wieder auf den die Traurigkeit des Mädgens
bezogen haben,) kann doch wohl als kein richtiger
Beweis von einer geſchehenen Ahndung angeſehen
werden, zumal da jene üble und finſtre Laune gewiß
aus körperlichen Empfindungen herrühren mogte,
die ſo oft uns eine heimliche Wehmuth einflößen;
— aber nichts weiter zu bedeuten haben, als daß
ſie — bald wieder vorübergehn werden. Weil
ängſtliche Leute alle Augenblicke unangenehme Zufälle
argwohnen: ſo haben daher auch dieſe gemeiniglich
die meiſten Ahndungen, und bei einer beſtändigen
Furcht-

Furchtsamkeit vor Uebeln mag man dann hinterher
so manches geahndet zu haben wähnen, wenn es
nach dem natürlichen Laufe der Dinge sich natürlich
zuzutragen pflegte:

Die andre Erzählung hält eben so wenig eine
genaue Prüfung aus. „Hier ist sie:

„Vor einigen Wochen geht der Graf v. O—,
ein sehr aufgeklärter und einsichtsvoller Minister,
in's Bad. Als er nach Hause reisen will, trägt
er einem Verwandten, der etwas früher abgeht,
auf, ihm in einem Gasthofe ein Paar Zimmer, aber
durchaus nicht die nämlichen, die ihm bei seiner
Hinreise angewiesen worden, zu bestellen. Die
Frage, was er gegen diese Zimmer einzuwenden
habe, beantwortet der Graf dahin: wie er etwas
gegen selbige habe, das er sich selbst nicht erklären
könne. Der Verwandte begnügt sich mit dieser
Antwort; richtet den ihm mitgegebenen Auftrag
aus, und bezieht die Zimmer selbst, die sich sein
Oheim verbeten hat. Nach einigen Tagen aber wird
er in selbigen krank, und als der Graf ankommt,
erfährt er, daß sein Vetter in denselben gestorben
und bereits begraben sey." —

Daß der Graf einen Widerwillen gegen die
vorerwähnten Zimmer hatte, konnte ja aus mehrern Ursachen, als aus einer Art Vorgefühl von
dem Tode seines Vetters, herrühren. Wer auf den

oft so sonderbaren Wechsel unsrer Empfindungen und Launen Acht giebt, wird sehr leicht bemerken, daß uns eine gewisse Sache, ein Haus, eine Gegend, durchaus nicht gefällt, ob wir gleich die Ursache davon nicht deutlich anzugeben wissen. Wahrscheinlich entstehn dergleichen Empfindungen aus einer dunkeln Schlußfolge der menschlichen Seele, indem sie den gegenwärtigen unangenehmen Gegenstand mit einem andern unangenehmen Object schnell vergleicht, und das Resultat der Vergleichung zu einer unbehaglichen, widerspenstigen Empfindung umschafft; oder sie betrachtet das Object in einer finstern, übellaunigen Gemüthsstimmung überhaupt. Eins von beiden könnte in diesem erzählten Phänomen mit dem Grafen der Fall seyn. Daß der Vetter stirbt, in den nämlichen Zimmern stirbt, die dem Graf nicht gefallen wollten, war ein Zufall. Es bleibt doch wohl nach psychologischen Erfahrungsgesetzen ausgemacht, daß ohne eine wenigstens dunkle Vorstellung von etwas Unangenehmen, die Seele keinen Widerwillen dagegen fassen kann.

P.

Zur

Nachtrag.

Auszug aus dem Leben H. Cardans.

In psychologischer Rücksicht.

Hieronymus Cardan, ein Mailändischer Arzt,
gehört unstreitig zu den sonderbarsten und seltsamsten Menschen, die es je gegeben hat. Bayle
rechnet ihn zu den größten Männern seiner Zeit,
und seine große Menge, zum Theil mit vielem Scharf-
sinn ausgearbeiteten, Werke *) zeigen offenbar, daß
er ein Mann von einer sehr ausgebreiteten Gelehrsamkeit und ein großer, sinnreicher Kopf gewesen sey;
ob es gleich fast unerklärbar scheint, wie eben dieser
Mann von einer Menge der sonderbarsten Grillen
und der paradoxesten Meinungen so sehr eingenommen seyn konnte, daß er sie mit dem vollkommensten Ernst lebenslang vertheidigte. Er hat sein eigenes Leben, die ganz sonderbaren Schicksale, die
er erlebt, sein ganz eigenes und bizarres Temperament, seine Tugenden und Fehler, und die mannigfaltigen schwärmerischen Grillen seiner Einbildungs-
G 2 kraft.

*) Die 1663 zu Lion herausgekommene Ausgabe seiner
Werke besteht aus zehn dicken Folianten.

kraft mit einer gewiſſenhaften Genauigkeit in einem
beſondern Buche, de Vita propria betitelt, beſchrieben, und dieſes merkwürdige Buch iſt es, aus
welchem ich hier wegen der Sonderbarkeit des Verfaſſers, der bei aller Größe des Geiſtes, bei allem
Scharfſinn des Verſtandes, ſich oft einer Art
Wahnwitz nähert, einen für die Seelenkunde paſ-
ſenden Auszug liefern will. So ſchwer ſich übrigens das ſchlechte, abgebrochene und unleidliche la-
tein, worin ſeine meiſten Werke abgefaßt ſind, über-
ſetzen läßt: ſo glaub' ich doch faſt immer den Sinn
des Verfaſſers richtig getroffen zu haben.

Doch vorher erſt einiges von ſeinem Leben überhaupt, damit man ſeine folgenden Confeſſionen, die
gewiß viel ſonderbarer als die Rouſſeauiſchen ſind,
deſto richtiger verſtehen und überſehen kann.

Hieronymus Cardan war zu Pavia den
24ten des Herbſtmonats 1501 geboren. Man
weiß nicht gewiß, ob ſeine Mutter mit ſeinem Vater verheiratet oder nur ſeine Maitreſſe geweſen iſt;
ſo viel erfuhr nachher Cardan ſelbſt, daß ſie, während ihrer Schwangerſchaft mit ihm, Arzeneien
genommen hatte, um die Frucht abzutreiben, was
aber nicht gelingen wollte. Sie lag drei Tage in
Kindesnöthen, und das Kind, womit ſie ſchwanger
ging, mußte mit Gewalt von ihr geriſſen werden. —

Wahr-

Wahrscheinlich lag in allen diesen Umständen mit
ein früher physiologischer Grund seines äußerst seltsamen und bizarren Charakters. — Als er auf die
Welt kam, war sein Kopf schon mit krausen und
schwarzen Haaren bewachsen. Im vierten Jahre
seines Lebens wurde er nach Mailand gebracht, wo
sein Vater Sachwalter war. Im siebenten Jahre
fiel er in eine gefährliche Krankheit, wobei ihn sein
Vater dem heiligen Hieronymus widmete, und diesmal lieber zu diesem Heiligen, als zu seinem Schutzgeist, den er zu besitzen sich öffentlich rühmte, desgleichen auch hernach Cardan selbst that, seine Zuflucht nehmen wollte. Im zwanzigsten Jahre ging
er, um den Wissenschaften obzuliegen, nach Pavia,
legte sich vornehmlich auf Mathematik, und erklärte
zwei Jahr darauf den Euclid. Anno 1524 ging er
nach Padua, erhielt noch im nämlichen Jahre den
Titel eines Lehrers der freien Künste, und am Ende
des Jahrs 1525 den eines Doctors in der Arznei-
kunde. 1531 verheirathete er sich, da er nach seinem kläglichen Geständnisse die vorhergehenden zehn
Jahre zum Ehestande völlig untauglich gewesen war.
In seinem drei und dreißigsten Jahre ward er Professor der Mathematik in Mailand. 1539 ward
er in das Collegium der Aerzte zu Mailand aufgenommen, und 1543 lehrte er die Medicin in dieser
Stadt öffentlich. Im folgenden Jahre las er Collegia medica zu Pavia; allein er hörte am Ende
des Jahrs damit auf, weil man ihm seine Besol-

dung

bung nicht bezahlte, und ging nach Mailand zurück.
1547 schlug er eine vortheilhafte Bedienung ab, die
ihm der König von Dänemark anbot *). 1551
reiste er nach Schottland, und kam nach Verlauf
von ungefähr zehn Monaten nach Mailand zurück.
Er blieb in dieser Stadt bis er zu Anfange des
Weinmonats 1559 nach Pavia ging, von da er
1562 nach Bononien berufen ward. Er lehrte
hieselbst bis 1570, in welchem Jahre man ihn gefangen setzte, doch wurde er nach einigen Monaten
wieder in sein Haus gebracht, ob er auch gleich hier
einige Zeit Arrest hatte. 1571 ging er von Bononien weg, und begab sich als Privatmann nach
Rom. Er wurde in das Collegium der Aerzte daselbst aufgenommen, und genoß vom Pabst bis an's
Ende seines Lebens eine Pension; er starb daselbst
1575, wie Scaliger glaubte, vor Aerger über ein
Buch, welches er wider den Cardan schrieb. Das
übrige hiervon, wie einige andre literarische Nachrichten über den Cardan, kann man in Bayle's
Wörterbuch, im Artikel: Cardan, nachlesen.
Schon aus diesem kurzen Abrisse des Lebens dieses
Mannes kann man die große Veränderlichkeit sei-
nes Temperaments, worüber er sich unten weiter
ausläßt, ersehen. Aber dies ist nicht die einzige
Sonderbarkeit, die wir an ihm zu bemerken haben.
Seine

*) Religion und Klima Dänemarks waren die Ursachen,
warum er die Bedienung ausschlug.

Seine sonderbare Hypochondrie, seine bizarren Grillen, seine schwärmerische Einbildungskraft, seine
paradoxen Meinungen, seine wunderbaren Schicksale, und seine ganze Denk- und Lebensart stellen
uns ihn als einen der größten Sonderlinge auf, die
es je gegeben hat, und dessen Leben ein in der That
sehr wichtiger Beitrag zur Naturkunde der menschlichen Seele ist. Er mag sich von nun an selbst
schildern.

In der Vorrede zu seiner Lebensbeschreibung
sagt er, daß er nach dem Beispiel des weisesten und
vortreflichsten Mannes, des Antoninus Philo-
sophus, auch sein Leben beschreiben wolle, worüber
er vom Bayle getadelt wird, indem jenes Buch
des Antonins nicht eine Biographie, sondern eine
Sammlung moralischer Grundsätze sey. Cardan
versichert, daß er nichts aus Prahlerei hinzugesetzt,
nichts um seinen Gegenstand zu verschönern geschrieben, sondern allein die Wahrheit immer vor Augen
gehabt habe, weshalb er sich auf damals vorhandene
Zeugen beruft. Er entschuldigt sich am Ende der
Vorrede nochmals dadurch, daß der Versuch, sein
eigenes Leben zu beschreiben, nicht neu sey, sondern
mehrere schon dergleichen vor ihm gethan hätten.

Im ersten Kapitel seiner Biographie selbst, beschreibt er sein Vaterland und seine Vorfahren, was

wir

wir ganz übergehn können, weil es nichts merkwür=
diges für den Psychologen enthält, und weil viel
wichtigere Dinge in jener Biographie vorkommen.
Das zweite Kapitel handelt von seiner Geburt; und
hier lernt man schon einigermaßen den Mann nach
seinen astrologischen Grillen, welche in damaligen
Zeiten einen Theil der mathematischen und physi=
schen gelehrten Kenntnisse ausmachten, kennen. Er
findet in der Constellation der Gestirne, daß er gar
leicht als ein Monstrum hätte geboren werden kön=
nen, welches aber dadurch verhütet worden sey, weil
bei seiner Geburt grade die Sonne, Venus und
Mercur in menschlichen Zeichen gestanden hätten.
Da, fährt er fort, der Jupiter im Aufsteigen, und
Venus die Beherrscherinn des ganzen Zeichens war=
so wurde ich bloß in Absicht meiner männlichen Glie=
der verwahrlost, so daß ich von meinem 21ten bis
in's 31ste Jahr meines Lebens zum ehelichen Umgan=
ge untauglich war, mein Schicksal oft beweinte,
und andere, die glücklicher als ich waren, beneidete.
Aus eben jener Constellation der Himmelszeichen
leitet er seinen niedrigen Stand, seine lispelnde
Sprache, seine schnelle und überraschende Divina=
tionskraft und anbre Prophezeihungsgaben her.
Nach jener Constellation, obgleich aus mir hätte
etwas werden können, heißt es ferner, blieb mir
nichts als eine gewisse Verschlagenheit und Sklave=
rei des Gemüths übrig, ward ich ein Mann, der nach
abgebrochenen und unerlaubten Entschlüssen han=
delte,

deſte, — kurz ein Menſch, dem es an körperlichen
Kräften fehlte, wenig Freunde, ein kleines Erb-
theil, viel Feinde hatte, deren größten Theil ich
weder dem Namen, noch dem Geſichte nach kenne,
der keine Lebensklugheit, ein ſchwaches Gedächtniß,
aber doch eine beßre Vorſichtigkeit beſaß, ſo daß ich
nicht begreifen kann, wie ein Zuſtand, der meiner
Familie und den Vorfahren Schande machte, für
rühmlich und beneidenswerth hat angeſehen werden
können. „Mein Vater, ſagt er im dritten Kapitel,
trug wider die Gewohnheit der Stadt einen Pur-
purrock, ob er gleich eine ſchwarze Parucke beibe-
hielt. Er ſtammelte, war ein Freund verſchiedener
Wiſſenſchaften, roth vom Geſicht, und hatte weiße
Augen, womit er auch des Nachts ſehen konnte.
Die Worte: „omnis ſpiritus laudet Domi-
num, quia ipſe eſt fons omnium virtu-
tum,‟ hatte er immer im Munde. Bei einer
Kopfwunde waren ihm in ſeiner Jugend die Schei-
telknochen weggenommen worden, ſo daß er, ohne
ſein Haupt zu bedecken, nicht lange aushalten konnte. Von ſeinem vierten Jahre an hatten ihm alle
Zähne gefehlt. Er ſtudirte fleißig den Euclid, hatte
krumme Schultern, und einen einzigen vertrauten
Freund, ob ſie gleich beide ganz verſchiedene Studien trieben. — Meine Mutter war zum Jähzorn
geneigt, hatte ein vortreffliches Gedächtniß und einen guten Kopf, war kleiner Statur, fett und an-
dächtig. Beide Aeltern waren von zornigen Tem-

perament,

peramente, und unbeständig in der Liebe gegen ihren
Sohn; doch hatten sie Nachsicht mit mir, so daß
mein Vater erlaubte, ja sogar befahl, daß ich vor
der zweiten Stunde des Tages nicht vom Bette
aufstehen sollte, welches auf mein Leben und Gesundheit einen wohlthätigen Einfluß gehabt hat.

Kap. 4. enthält einen kurzen Abriß seines ganzen Lebens, wie wir ihn gleich anfangs geliefert haben. Cardan bekam schon in den ersten Wochen
seines Lebens einige Pestcarfunkeln; durch ein Bad
in heißem Essig wird er curirt. Seine Aeltern
schlagen ihn in den vier ersten Jahren seines Lebens
oft so sehr, daß er oft in Gefahr zu sterben gerieth.
Von seinem siebenten Jahre an beschließen sie, ihn
sanfter zu behandeln; aber sein Schicksal wird dadurch nicht sehr verbessert: er muß bei seinem schwäch-
lichen Körper, und in dem zarten Alter seinen Vater fast stets begleiten, wodurch der arme Cardan
in neue körperliche Schwächlichkeiten fällt, so daß
man ihn schon einmal als einen Todten beweint. Sein
Vater widmet ihn in einem Gelübde dem heiligen
Hieronymus, und nicht seinem Dämon, den er zu
haben glaubte. Cardan ist kaum wieder besser, so
stürzt er mit einem Hammer eine Treppe herunter,
und zerbricht den obersten linken Stirnknochen, davon er zeitlebens eine Narbe behält: auch von diesem Uebel ist er kaum geheilt, als ein Stein von einem benachbarten hohen Dache ihm auf den Kopf
stürzt.

stürzt. Sein Vater fährt fort, ihn auf eine grau,
same Art überall als einen Sklaven mit sich zu füh,
ren. Ein reicher Vetter will den Cardan zu seinem
Universalerben einsetzen, aber Cardans Vater ver,
hinderts es, indem es unrechtmäßig erworbenes
Gut sey. In seinem fünfundzwanzigsten Jahre
verliert er seinen Vater. Im einunddreissigsten
verheiratet er sich, und erzeugt mit seinem Weibe
zwei Knaben und eine Tochter.

Im fünften Kapitel beschreibt er seine körperliche
Gestalt und übrigen Leibesbeschaffenheiten mit der
pünktlichsten Genauigkeit. Im sechsten redet er von
seinen kläglichen Gesundheitsumständen. Es ist
erstaunlich, mit wie vielen Krankheiten und körper,
lichen Schwachheiten der grosse Mann lebenslang
zu kämpfen hatte. Er war nie ganz gesund *),
und dies mußte nothwendig seiner ganzen Denk,
und Handlungsart etwas Eigenthümliches geben.
Sehr sonderbar, und vielleicht einzig in ihrer Art,
ist folgende hierher gehörige Stelle. „Ich hatte,
sagt er, die Gewohnheit, worüber sich die mei,
sten verwundert haben, daß, wenn ich keine
Ursachen des Schmerzes hatte, ich dergleichen
selbst aufsuchte. Dadurch ging ich gemeinig,
lich den Krankheit erregenden Ursachen entge,
gen,

---

*) So wie sein ganzes Leben überhaupt eine Kette
unglücklicher und sehr sonderbarer Begebenheiten war,

gen, indem ich glaubte, daß das Vergnügen
in dem vorhergestillten Schmerz bestehe, und
daß, wenn derselbe willkürlich sey, er auch
leicht gestillt werden könne, und da ich an
mir wahrnehme, daß ich niemals vom Schmerz
ganz frei seyn kann: so entsteht, wenn dies
einmal geschieht, ein so beschwerlicher Ge-
müthsdrang in mir, der nicht heftiger seyn
kann, so daß der Schmerz, oder eine Ursach
des Schmerzes, vorausgesetzt, daß sie nicht
schändlich und gefahrvoll ist, lange nicht so
schlimm ist, als jener Drang, den ich im
schmerzenlosen Zustande empfinde. Daher
habe ich nun Mittel, mich selbst zu quälen, er-
funden. Ich beisse mich nämlich in die Lip-
pe, ich zerstoße die Finger, kneife mich in die
Haut und in den linken Armmuskel, bis ich zu
weinen anfange, vermöge welcher Mittel ich
noch ohne Schaden fortlebe. Ich habe eine
natürliche Furcht vor hohen Oertern, wenn
sie auch noch so breit sind, und vor solchen, wo
ich wegen der tollen Hundskrankheit Verdacht
habe. Bisweilen habe ich auch an der heroi-
schen Liebe krank gelegen, so daß ich mich selbst
umzubringen gedachte; aber ich vermuthe,
daß dies auch andern begegnet sey, ob sie es
gleich nicht in Büchern aufzeichnen.“

Im siebenten Kapitel redet er von seinen Leibesübungen folgendergestalt. „Vom Anfang an habe
ich

ich alle Arten der Fechtkunst getrieben. Ich focht
mit dem Degen allein, und mit einem länglichen,
runden, grossen oder kleinen Schilde, wie man's
haben wollte, und sprang sehr leicht mit einem Dol-
che und Degen, mit Spieß, Säbel und Mantel
auf ein hölzernes Pferd. Ich verstand unbewaffnet
dem andern einen bloßen Dolch aus der Hand zu
reissen, ich übte mich im laufen und Springen,
worin ich's sehr weit gebracht hatte, und weiter als
im Fechten, weil mir die Natur sehr kleine Arme
gegeben. Im Reiten, Schwimmen und Gewehr-
losbrennen war ich hingegen furchtsam, — so wie
dies letzte überhaupt mein Naturfehler war. — Des
Nachts ging ich selbst wider die Befehle der Fürsten
in den Städten bewaffnet herum, wo ich mich aufhielt. Des Tages trug ich bleierne Soolen von
acht Pfund, und des Nachts einen schwarzen
Schleier über das Gesicht. Viele Tage hindurch
übte ich mich vom frühesten Morgen bis gegen
Abend in den Waffen, trieb dann vom Schweiße
naß Musik, und schwärmte bis an den hellen Morgen öfters herum.“ — —

Das achte Kapitel handelt von seiner Lebensart, in Absicht auf Schlaf, Speise und Trank. Auch
hier beschreibt Cardan alles mit der größten Genauigkeit, welches wir aber füglich übergehn können,
ob gleich auch hier der gelehrte Sonderling überall
hervorschimmert.

Kap. 9.

Kap. 9. Von Verewigung seines Namens.
Hier stellt Cardan die ernsthaftesten Betrachtungen
an, ob es wohl der Mühe werth sey, sich bei der
Nichtigkeit und Vergänglichkeit aller Dinge einen
unsterblichen Namen zu machen. Alle äußre Vorzüge, um sich zu verewigen, fehlen ihm; weder
Reichthümer, noch Gewalt, noch eine feste Gesundheit, nicht Familie und eigene Thätigkeit ließen ihm
eine Hoffnung dazu übrig, — und doch bleibt sein
Verlangen nach einem unsterblichen Namen immer
gleich stark. Er entschließt sich, ein — Schriftsteller zu werden; aber auch der Schriftsteller Ruhm
scheint ihm ein sehr unsicheres, vergängliches Ding
zu seyn, — scheint viel zu viel Aufopferungen zu
erfordern. — Beim Haschen nach Schriftsteller-
Ehre, sagt er vortreflich (was alle Schriftsteller sich
fein merken sollten!), wird dich deine Hoffnung pei-
nigen, deine Aengstlichkeit martern, du wirst von Arbeiten entkräftet werden, und jeden übrigen Reiz
des Lebens verlieren. Er untersucht ferner, was
endlich die Helden der Vorzeit durch ihre mühsamen
und ehrsüchtigen Plane gewonnen haben. — Aus
allem vorhergehenden zieht er nun das Resultat:
Wenn die Seele unsterblich ist, wozu das Gepränge
von Namen; geht sie unter, wozu nützen sie?
Wenn die Zeugung der Geschöpfe einmal aufhört:
so werden jene Namen auch alle ihr Ende erreichen." Es ist also kein Wunder, setzt er hinzu,
daß ich aus einer Art Zwang von Ruhmbegierde
ange-

angefeuert werde, — und doch blieb diese alberne
Begierde in mir zurück. Aeussern Ruhm und Ehre
habe ich demungeachtet nicht sehr begehrt; ja sogar
verachtet. Ich wünschte, daß meine Existenz bekannt sey, nicht was und wie ich grade sey. —
Soviel es erlaubt war, habe ich mir selbst gelebt,
und habe aus Hoffnung künftiger Dinge das Gegenwärtige verachtet." Kurz, der Wunsch zu einer
Art Fortexistenz scheint ihm am Ende doch sehr natürlich zu seyn, da er lobenswürdig bleibt.

Das zehnte Kapitel handelt von der Einrichtung seines Lebens. „Ich habe mein Leben, sagt
er, so eingerichtet, nicht wie ich's gewollt, sondern
wie es mir erlaubt war; habe auch nicht die Lebensart gewählt, die ich wählen sollte, sondern wovon ich glaubte, daß es die bessere seyn würde. Auch
wählte ich nicht eine und die nämliche Art des Lebens, da alles gefahrvoll, listig und unvollkommen
in der Welt ist, sondern welche mir zu jeder Zeit
grade die bequemste schien. Daher ist es dann gekommen, daß man mich für einen unbeständigen,
veränderlichen Mann gehalten hat; denn das ist
ganz natürlich, daß die, welche keine gewisse und
festgesetzte Lebensart beobachten, mehrere Plane ver-
suchen, und verschiedene schiefe Wege einschlagen.
Die eigentliche Absicht meiner Handlungen war,
mich auf irgend eine Art zu verewigen. Reichthümer, Ehrenstellen, Macht und Ansehn waren nicht

mein

mein eigentlicher Wunsch. Auch standen mir hierbei die Schicksale und Zufälle meines Lebens, meine
Nebenbuhler, die Beschaffenheit der Zeit, und meine
Unwissenheit selbst im Wege. Es fehlten mir zu
jenen Dingen alle Hülfsmittel; auch dadurch wurde
ich von ihnen zurückgehalten, daß ich nach meiner
damaligen astrologischen Kenntniß, wie es mir und
andern schien, gewiß nicht das fünfundvierzigste
Jahr meines Lebens erreichen würde. Unterdessen
überließ ich mich füglich den Vergnügungen und der
Nothwendigkeit, indem ich so recht zu leben dachte;
vernachlässigte, wegen der schlechten Hoffnung, die
wirklichen Dinge, verirrte mich in meinen Gedanken, und fehlte öfters in meinen Handlungen, bis
ich endlich in meinem dreiundvierzigsten Jahre, welches das letzte meines Lebens seyn sollte, erst zu leben anfing.“

„Ich ergab mich den Vergnügungen, wanderte
in den schattigten Gegenden ausserhalb den Mauern
der Stadt umher; schmauste zu Mittag, trieb darauf
Musik, fischte neben den Haynen und denen der Stadt
nahe liegenden Wäldern; studirte, schrieb, und kam
dann Abends wieder nach Hause.“ Dieses fröliche
Leben dauerte, nach Cardans eigenem Geständniß,
sechs Jahre lang. Neue Leiden lagern sich um ihn
her. Das Unglück seines ältesten Sohns fängt an,
ihn vorzüglich zu drücken (welcher sein Weib
mit Gift hatte vergeben wollen, und deswegen

gen im Gefängniß hingerichtet wurde). Ge=
wisse Magistratspersonen, sagt er, haben bekannt,
daß sie meinen Sohn deswegen zum Tode verur=
theilt hätten, damit ich in meinem Schmerz um=
kommen, oder meinen Verstand verlieren mögte;
wie wenig ich von dem einen oder dem andern ent=
fernt gewesen bin, und ich an seinem Orte erzählen
will, mögen die Götter wissen; — aber meine Fein=
de erreichten ihre Absicht nicht." Er will für sei=
nen unglücklichen Sohn eine Apologie schreiben;
die Hauptgedanken dazu hat er im gegenwärtigen
Kapitel entworfen, welche sehr deutlich zeigen, wie
ängstlich und zärtlich der unglückliche Vater bemüht
war, seinen Sohn zu retten. Aber vergeblich!
und den Tod desselben rechnet er zu einem der vor=
züglichsten Leiden seines väterlichen Herzens.

Kap. 11. de prudentia enthält einige vor=
trefliche Lebensregeln, und Anweisungen zu einer
practischen Klugheit, worin er sich als einen schlech=
ten Meister bekennt, die aber nicht hierher gehören.

Kap. 12. redet er von seiner heftigen Disputier=
liebe, so daß keiner mit ihm in gelehrten Gezänken
hat auskommen können, welches wir auch übergehn
können.

Viel merkwürdiger und für die Seelenlehre wichti=
ger ist das folgende dreizehnte und vierzehnte Kapi=
tel seiner Lebensbeschreibung. Er schildert darin

seine

seine Sitten, Gemüthsgebrechen, seine Irrthümer, seine Tugenden und Standhaftigkeit ganz in dem Geschmacke eines Montaigne und Rousseau, und läßt uns dadurch tiefe Blicke in die Natur unsrer Empfindungen thun. Er hält uns dadurch einen Spiegel vor, in welchem jeder wenigstens einen Theil seiner Gestalt erblicken kann.

„Ich kenne mich sehr wohl, fährt er nach einer kurzen Einleitung über das Studium seiner selbst, oder das γνῶϑι σεαυτον fort Ich bin von Natur zum Jähzorn geneigt, bin einfältig, der Wollust ergeben. Hieraus sind andere Fehler geflossen. Ich bin grausam, starrsinnig, roh und hart, unvorsichtig, hitzig, und empfinde ein über meine Kräfte steigendes Verlangen zur Rache, und eine Geneigtheit, daß mir das gefällt, was andre verwerfen, daß ich mich wenigstens so ausdrücke, als wenn mir's gefiele. — Die Rache ist süsser als das Leben selbst. — Ich mache keine Ausnahme von dem Satz, daß unsre Natur zu allem Bösen geneigt ist; ob ich gleich die Wahrheit rede, eingedenk genossener Wohlthaten, ein Freund der Gerechtigkeit und der Meinen, ein Verächter des Geldes, begierig auf Ruhm nach dem Tode bin, und alles Mittelmäßige, des Kleinen nicht zu gedenken, zu verachten pflege. — — Von Natur bin ich zu allen Lastern, zu allem Bösen geneigt. Außer meinem Ehrgeiz kenne ich meine Unwissenheit als einer. Aus Hochach-

tung

tung gegen Gott, und weil ich weiß, wie eitel und
vergänglich alles ist, bediene ich mich der gegebenen
Gelegenheiten der Rache mit Vorbedacht nicht.
Ich bin kalten Herzens, furchtsam und habe ein
hitziges Gehirn; bin immer in Gedanken, indem
ich stets über viele äusserst wichtige, und selbst un=
mögliche Dinge nachdenke. Ich kann auch meine
Aufmerksamkeit auf zwei Sachen zu gleicher Zeit
wenden. Die, welche mir eine Schwazhaftigkeit
und ein Uebermaaß in meinen Lobpreisungen Schuld
geben, beschuldigen mich ganz fremder Fehler. Ich
greife keinen an, ich vertheidige mich bloß. Warum
sollte ich mich auch darum bekümmern, da ich so
oft von der Nichtigkeit des Lebens Zeuge gewesen
bin? — Ich habe mir angewöhnt, meinem Gesicht
immer eine andere Gestalt zu geben; daher kann ich
mich anders zeigen, als ich's meine, ob ich gleich
nicht zu heucheln verstehe. Doch ist dies leicht,
wenn es zu der Seelenstimmung, nichts zu hoffen,
etwas beiträgt, welche ich seit funfzehn Jahren auf's
mühsamste zu erlangen gesucht, und endlich erreicht
habe. Dieserwegen gehe ich bisweilen in Lumpen,
bald geschmückt umher, bin bald still, bald ge=
schwätzig, bald frölich, dann wieder traurig. In
meiner Jugend habe ich mich wenig um die Aus=
schmückung meines Kopfes bekümmert, weil ich von
einer Begierde, mich auf wichtigere Dinge zu legen,
beherrscht wurde. In meinem Hause gehe ich vom
Knöchel bis an die Waden mit bloßen Beinen.

Mein

Mein Gang ist ungleich, bald schnell, bald wieder
langsam.   Bin wenig gottesfürchtig, und kann
meine Zunge nicht im Zaum halten, bin auf's höchste zum Zorn geneigt, so daß es mich oft gereut,
und ich einen Abscheu dafür habe." — — —
Nach einer Episode, die ich übergehe, fährt er so
fort: „Ich weiß, daß dies einer meiner größ-
sten und sonderbarsten Fehler ist, daß ich von
nichts lieber rede, als was den Zuhörenden
mißfällt. Mit Wissen und Willen fahre ich
hierin fort, und es ist mir nicht unbekannt, wie
viel Feinde mir diese Eigenschaft zuzieht.   So viel
vermag die Natur durch eine lange Gewohnheit!
Doch vermeide ich jenen Fehler bei meinen Wohl-
thätern und den Großen.   Ich liebe die Einsamkeit
so viel es möglich ist, obgleich Aristoteles diese Lebensart verworfen und gesagt hat, daß ein Einsiedler entweder ein Thier, oder eine Gottheit ist.
Aus Schwachherzigkeit, und zu meinem nicht geringen Schaden, behalte ich das Gesinde bei, von
welchem ich weiß, daß es mir nicht nur unnüz sey,
sondern sogar zu meiner Schande gereicht; ja ich
kann mich nicht einmal von den mir geschenkten
Thieren, als Böcken, Lämmern, Haasen, Kanin-
chen, Störchen trennen, so daß sie mir das ganze
Haus besudeln.   Ich habe wenig, und vornehmlich
keine getreuen, Freunde gehabt.   Ich habe darin
viel und selbst die größten Fehler begangen, indem
ich mich zur rechten und unrechten Zeit in alles mischen

schen wollte, und habe selbst die beleidigt, welche
ich herauszustreichen mir vorgenommen hatte. Im
Urtheilen bin ich zu schnell, und fasse daher übereilte
Rathschläge, und kann bei keinem Geschäfte einen
Aufschub leiden. Da meine Nebenbuhler bemerkt
haben, daß ich nicht leicht zu fangen bin, wenn ich
Zeit habe: so thun sie nichts anders, als daß sie
mich treiben. Ich ertappe sie offenbar, hüte mich
vor ihnen als Nebenbuhlern, und halte sie, was sie
auch wirklich sind, für meine Feinde. — Wenn
ich mir nicht angewöhnt hätte, über eine Sache,
die ich freiwillig that, wenn sie auch schlecht ablief,
keine Reue zu empfinden: so wäre ich der unglück-
lichste Mensch geworden. Die vornehmste Quelle
meiner Leiden waren aber gemeiniglich die höchst
dummen und schändlichen Streiche meiner Söhne,
die Sorglosigkeit der Anverwandten, und ihr Neid
gegen die Ihrigen, ein eigenthümlicher Fehler der
Familie. Von meiner Jugend auf bin ich dem
Schachspiele auf eine unmäßige Art ergeben gewesen, wodurch ich dem Franziscus Sforza, Prin-
zen von Mailand, bekannt wurde, und mir die
Freundschaft vieler Großen zugezogen habe. Da
ich aber jenes Spiel viele und beinahe vierzig Jahre
hindurch beständig trieb: so kann ich nicht sagen,
wieviel mein Hauswesen darunter gelitten hat.
Noch ärger ging es mit dem Würfelspiel, indem ich
meine Söhne selbst darin unterrichtet hatte, und
mein Haus oft den Würfelspielern öffnete.

Im

Im vierzehnten Kapitel, **virtutes et con-**
stantia überschrieben, redet Cardan von seiner Be-
ständigkeit im Glück und Unglück. „Ich habe, fährt
er fort, zur Bewunderung andrer, meine unglücklichen Schicksale geduldig getragen, und bin in meinen glücklichen beständig der nämliche geblieben.
Ich habe in meinem Glück meine Sitten nie geän-
dert, bin nicht härter, ehrgeiziger, ungeduldiger
geworden, habe die Armen nicht verachtet, habe
meine alten Freunde nicht vergessen, habe mir im
Umgange kein größres Ansehn gegeben, und keinen
vornehmern Ton angenommen, habe nie köstlichere
Kleider getragen, als ich zu der Rolle, die ich
spielte, zu tragen genöthigt war. In traurigen
Tagen meines Lebens bin ich aber doch von Natur
nicht so standhaft geblieben, da ich oft Leiden tragen
mußte, die meine Kräfte überstiegen; aber ich habe
durch Kunst die Natur überwunden. Denn bei
den größten Leiden meines Gemüths schlug
ich mit einer Ruthe meine Schienbeine, biß
mich heftig in den linken Arm, fastete, und
machte mir durch Weinen Luft, wenn ich weinen konnte, denn oft konnte ich's nicht; stritte
auch mit Vernunftgründen gegen meine Leiden, indem ich mir immer vorsagte: daß nichts neues unter der Sonne geschehe u. s. w. Oft bin ich auch,
wenn meine Leiden zu groß wurden, durch die Güte
des Himmels, und gleichsam durch ein Wunderwerk davon befreit worden, wie ich unten gesagt
habe.

habe. Bei meinen Handlungen war ich sehr beständig, und vornehmlich bei Ausarbeitung meiner Schriften, so daß ich bei den angenehmsten, mir dargebotenen, Gelegenheiten von meiner Arbeit nicht wegging, sondern dabei sitzen blieb, indem ich wohl wußte, wie viel die Veränderlichkeit seiner Vorsätze meinem Vater geschadet hatte." — —

„Meine Freundschaft habe ich nie abgebrochen, und geschahe es einmal: so habe ich nie etwas verrathen, was unter uns Freunden vorgegangen war, habe auch keinem hinterher Vorwürfe gemacht. Ich rechne es mir als eine Tugend an, daß ich von meiner frühsten Jugend an nie gelogen, meine Armuth, meine so vielen traurigen Schicksale geduldig ertragen habe, und nie mit Recht einer Undankbarkeit beschuldigt werden kann." —

Das Meiste, was Cardan Kap. 15 — 36. erzählt, können wir übergehn. Einiges scheint aber doch in Absicht seines Charakters wichtig genug zu seyn, um hier angeführt zu werden.

Von frühester Jugend an hatte er sich angewöhnt, dies Gebet zu beten: „Herr Gott, schenke mir nach deiner unendlichen Güte ein langes Leben, Weisheit und Gesundheit des Geistes und Leibes." — In keinem Stücke, sagt er Kap. 23, bin ich mir

H 4

mir beſſer vorgekommen, als in Abſicht meiner le
bensregeln wegen der länge meines lebens, und der
Menge meiner leiden. — Erſtlich habe ich Gott
immer für alles, was mir begegnet iſt, gedankt;
zweitens habe ich die Gottheit fleiſſig angerufen;
drittens war es mir nicht genug bei einem Verluſt
den Schaden zu erſetzen, ſondern machte, daß ich
immer noch etwas darüber erhielt; viertens nahm
ich immer auf die Zeit die genaueſte Rückſicht, daß
ich, wenn ich ritte, aß, im Bette lag, wachte, mit an
dern ſprach, ſtets über etwas meditirte; fünftens
verehrte ich die Greiſe ſehr, und war gern bei ihnen;
ſechſtens war ich auf alles aufmerkſam, und glaub
te, daß nichts von ungefähr geſchehen könne; ſie
bentens zog ich das Gewiſſe faſt immer dem Unge
wiſſen vor; achtens beſtand ich auf keiner Sache,
die mir misglückte, und machte lieber Verſuche, als
daß ich mich auf meine Geſchicklichkeit und Kunſt
verließ, was vornehmlich bei Heilung der Kranken
der Fall war.   Im übrigen überließ ich mich dem
Schickſale, und dachte über das Vergangene, wie
die meiſten thun, nicht weiter nach.

Sonderbar iſt folgende Erzählung, die er uns
über die Wahl ſeiner Frau mitgetheilt hat: „Ich
wohnte zu Sacci, ſagt er, und führte das glück
lichſte leben von der Welt, als ich mich einſtmals
des Nachts in einem angenehmen, vollkommen
ſchönen, mit Blumen und Früchten angefüllten
                                          Garten

Garten erblickte. Es wehte eine sanfte Luft, so
daß kein Mahler, kein Dichter, kein menschlicher
Gedanke etwas angenehmeres hätte hervorbringen
können. Ich befand mich am Eingange des Gar-
tens, die Thür stand offen, und gleichfalls eine gegenüber, als ich ein Mädgen in einem weißen
Kleide erblickte. Ich umarmte und küßte sie; aber
beim ersten Kuß riegelte schon der Gärtner die Thür
zu. Ich bat ihn inständigst, daß er sie offen lassen
mögte; aber umsonst. Es kam mir also vor, als
wenn ich, indem ich darüber traurig war, und immer noch an dem Mädgen hing, hinausgeschlossen
wurde. In der nämlichen Nacht wurden wir auf-
geweckt, — indem meines Nachbars Haus brannte. Wenige Tage darauf sah ich ein Mädgen auf
der Straße, welche in ihrem Gesicht und Kleidern
vollkommen dem Mädgen glich, das ich im Traum
gesehn hatte. Ich empfand eine brennende *)
Liebe — — und er heiratet dies Mädgen. — Fast
allen Glauben übersteigen die Gefahren und widrigen Zufälle seines Lebens, deren Erzählung er ein
eigenes Kapitel gewidmet hat. Viermal ist er in
der äussersten Todesgefahr gewesen; zu den größten
Leiden seines Lebens rechnet er — seine Unfähigkeit
zum Heirathen vom einundzwanzigsten bis zum einunddreissigsten Jahre seines Lebens; die grausame

H 5   Hin-

*) Er giebt nicht undeutlich zu verstehen, daß das Feuer
eine Vorbedeutung von seiner Liebe gewesen ist:

Hinrichtung seines Sohns; seine eigene Einkerkerung; die Gottlosigkeit seines dritten Sohns, und die Unfruchtbarkeit seiner Tochter. Die Nachstellungen nach seinem Leben sind in der That äusserst merkwürdig, und ein Beitrag zur Geschichte menschlicher versteckter Bosheit.

„Als ich, sagt er, zu Pavia öffentliche Collegia las, hatte ich eine Magd, einen jungen Menschen, Hercules, zwei Knaben, und wo ich nicht irre, einen Bedienten im Hause. Der eine von den Knaben war mein Hauslaquai und ein Musikus, der andre wurde zum Ausschicken gebraucht. 1562 wollte ich von Pavia weggehn und meine Professur niederlegen. Der Senat nahm dies übel, und suchte mich beizubehalten. Nun waren aber noch zwei Doctoren in Pavia, — einer war sogar mein Schüler gewesen, ein erzlistiger Kerl; der andre lehrte die Arzneikunst, ein einfältiger und, wie ich glaube, nicht böser Mensch. Da beide meine Nebenbuhler waren, so thaten sie alles mögliche, daß ich die Stadt verlassen mögte; da dies aber der Senat nicht zugeben wollte, ob ich gleich um meinen Abschied anhielt: so beschlossen sie, mich heimlicher Weise zu ermorden, und legten ihren Plan auf mein Leben von weitem an. Zuvörderst schrieben sie im Namen meines Schwiegersohns und meiner Tochter einen äusserst schändlichen und schmutzigen Brief, daß sie sich nämlich im Namen des Senats

nats und des ganzen Collegiums ihres Vaters (meiner) schämten, und mich einer öffentlichen Professur unwürdig hielten. Ueber eine so unverschämte
und kühne Beschuldigung meiner eigenen Kinder be-
stürzt, wußte ich nicht, was ich machen, was ich
sagen oder antworten sollte. Wenige Tage darauf
wurde mir ein andrer Brief im Namen des Flora-
vanti gebracht folgendes Inhalts: Er schäme sich
im Namen des Vaterlands, des Collegiums und der
ganzen Gesellschaft der Professoren, indem überall
ausgestreut sey, daß ich mit den Knaben heimlich
zu thun hätte, und gemeiniglich zwei zu gleicher Zeit
mißbrauche. — Dadurch wollte man mich stürzen,
und einen von jenen Doctoren in meine Stelle befördern." Cardan befreit sich von dem abscheulichen
Verdacht einer ihm schuld gegebenen Knabenschän-
derei, aber seine Feinde machen neue Plane zu seiner Ermordung. Als er in der Akademie zu Pavia
soll aufgenommen werden, findet er einen Balken
am Eingange des Hauses so gelegt, daß er leicht
darüber hätte zu Tode fallen können; ein andermal
wird er zu einem Patienten gerufen, und man hat
an der Hausthüre ein Stück Blei angebracht, daß
es über den Cardan herabstürzen muß; noch ein andermal wollen sie ihn vergiften, und suchen vorher
seine Hausleute zu entfernen, damit sie von seinen
Speisen nicht mit vergiftet werden mögten.

Im 37sten Kapitel seiner Lebensbeschreibung erzählt er einige seiner sehr sonderbaren Eigenschaften,
nebst

nebſt einigen Träumen, wovon Carban ſehr viel
hielt, und in welcher Rückſicht er eine gewiſſe Pro-
phezeihungsgabe zu beſitzen glaubte. Das ganze
Kapitel iſt ein merkwürdiger Beitrag zur Stärke
und den Ausſchweifungen der menſchlichen Einbildungskraft, die ſonderlich bei hypochondriſchen Leuten oft die ſonderbarſten Empfindungen und Chi-
mären hervorbringt.

„Auf Befehl meines Vaters, hebt er an, blieb
ich gemeiniglich bis drei Stunden nach Anbruch des
Tages im Bette liegen, und hatte von meinem vierten bis gegen das ſiebente Jahr des Morgens, ehe
ich zur beſtimmten Zeit aufſtehn durfte, ſonderbare
Erſcheinungen, die mir ſehr angenehm waren, und
mich nie vergebens auf ſich warten lieſſen. Ich erblickte nämlich allerlei Bilder gleichſam von luftför-
pern, die aus ganz kleinen Ringen zu beſtehen ſchie-
nen, wie Panzerringe, ob ich gleich damals noch
keinen Panzer geſehn hatte. Sie ſtiegen von der
unterſten rechten Ecke des Bettes in einem Halbcir-
kel in die Höhe, und fielen langſam zur linken Seite
nieder, ſo daß ich ſie nicht mehr ſahe, als z. B.
Bilder von Schlöſſern, Häuſern, Thieren, Pferden, nebſt den Reutern, Pflanzen, Bäumen, mu-
ſikaliſchen Inſtrumenten, Theatern, Menſchenklei-
dern und verſchiedenen andern Kleidern; vornehmlich aber von Trompetern mit ihren Inſtrumenten,
ob ſie gleich keinen Ton von ſich gaben. Auſſerdem
erſchie-

erſchienen mir Soldaten, Völker, Aecker und andre, mir noch auf dieſen Tag verhaßte, Körperge-
ſtalten; ferner Haine, Wälder und andre Dinge,
deren ich mich nicht mehr erinnere, oft auch eine
ganze Menge zugleich vor meinen Augen vorbei ei-
lender Gegenſtände, ohne daß ſie ſich unter einander
vermiſchten. Alle dieſe Dinge waren hell und
durchſichtig, aber doch nicht ſo, als wenn ſie deswegen nicht wirklich vorhanden geweſen wären, auch
nicht ſo dicht, daß ſie das Auge nicht durchſchauen
konnte. Selbſt die ſchattigten Zirkel waren ganz
durchſichtige Räume. Ich fand an dieſem Schau-
ſpiele ein großes Vergnügen, und ſah dieſe Wunderdinge ſtarr an, daher mich meine Tante einmal
fragte: Ob ich etwas ſähe? Ob ich gleich noch ein
junges Kind war, ſo dachte ich doch bei mir ſelbſt,
wenn du Ja ſagſt: ſo mögte ſie böſe werden, und
dir den ganzen Spaas verderben; denn es erſchienen mir auch allerlei Blumen und vierfüſſige Thiere, und Vögel aller Art, ob ihnen gleich, da ſie
bloße luftige Bilder waren, die Farben fehlten.
Da ich nun weder in meiner Jugend, noch in meinem Alter gelogen habe, und meine Tante mich
einmal fragte, was ich ſo ſtarr anſehe: ſo weiß
ich nicht, was ich ihr geantwortet habe; ich glaube
wohl, ich habe gar nichts geantwortet."

„Sehr oft ſah ich im Traume einen Hahn,
vor dem ich mich fürchtete, daß er nicht einmal mit
menſch-

menschlicher Stimme zu reden anfangen mögte,
welches aber doch kurz darauf geschah. Es waren
gemeiniglich Drohworte, deren ich mich aber doch
nicht mehr erinnere. Der Hahn hatte rothe Fe-
dern, einen rothen Kamm und dergleichen Backen-
bart. Ich glaube, daß ich ihn wohl hundertmal
gesehn habe. "

(Die Fortsetzung folgt im nächsten Stück.)

Jn-

Inhalt.

Seite.

Fortsetzung der Revision der drei ersten Bände
dieses Magazins. 1

Zur Seelenkrankheitskunde.

1. Volksaberglauben. 17

2. Der Einsiedler im Stadtgetümmel. 27

3. Einwirkung eines äussern Gegenstandes auf
die Verwirrung unsrer Ideen. 31

4. Fortgesezte Nachricht von einer Geisterseherinn, nebst Auszügen aus zwei Briefen
des Hrn. Pfarrers Müller in Augspurg,
und Bemerkungen über die Erscheinungen
der Madam Beuter, von einem Augspurgischen Geistlichen. 34

5. Beitrag zur Geschichte der Visionen und der
Ausschweifungen menschlicher Einbildungskraft. 44

Zur Seelennaturkunde.

1. Schreiben an den Herausgeber des 5ten
Bandes des Magazins zur Erfahrungsseelenkunde. 69

2. Ein

Inhalt.

Seite

2. Ein Schreiben an den Hrn. Prof. Moritz.
Vom Hrn. Legationsrath v. F.. in M..   78

3. Beurtheilung einiger Fälle von vermeinten
Ahndungen.   92

Nachricht.

Auszug aus dem Leben H. Cardans. In
psychologischer Rücksicht.   99

———————

Magazin
zur
Erfahrungsseelenkunde.

Sechsten Bandes zweites Stück.

Fortſetzung
der
Reviſion des 4ten, 5ten und 6ten Bandes
dieſes Magazins.

Die fortgeſetzten Bände dieſes Magazins enthalten wieder eine Menge, zum Theil ſehr
intereſſanter Aufſätze zur Erfahrungsſeelenlehre,
und verdienen eben ſowohl, wie die drei erſtern,
eine genaue pſychologiſche Beleuchtung; — theils
deswegen, um verſchiedene Gegenſtände der empiri-
ſchen Pſychologie, und ſo manches ſonderbare Phänomen menſchlicher Empfindungen in ein helleres
Licht zu ſetzen; theils auch, und woran jetzt jedem
Schriftſteller ſo viel gelegen ſeyn ſollte, um den immer mehr einreiſſenden Glauben an die Einwürkung
guter oder böſer Geiſter auf das Gemüth und die

Handlungen der Menschen mit Gründen der Vernunft zu widerlegen, und durch Aufdeckung seiner unreinen Quellen zu beschämen.

Einige Aufsätze dieses Magazins, dessen erste und vornehmste Absicht Vernunftaufklärung über die Natur unsrer Seele, ihrer Kräfte und Empfindungen ist, haben zwar selbst das Ansehn, als ob sie wohl eher jenen lächerlichen Geisterglauben befördern, als hindern, und statt der Aufklärung Verfinsterung bewürken könnten; allein sie sind in keiner andern Absicht aufgenommen worden, als vernünftige Leser zum Nachdenken und Forschen über dergleichen Materien zu reizen, und gelegentlich neuen Stoff zur Bearbeitung noch so manches unangebauten Feldes der Psychologie zu liefern.

Ueberhaupt ist bei Fortsetzung dieses Magazins, das den Beifall der aufgeklärtesten Männer gefunden hat, und, zur Freude und Aufmunterung der Herausgeber, von vielen in Ausarbeitung psychologischer Schriften gebraucht worden ist, immer darauf Rücksicht genommen worden, — nicht sowohl eine, etwa einem oder dem andern von den Herausgebern eigene, Theorie der Seelenlehre beim Publikum geltend zu machen; sondern durch eine zweckmässige, vom sel. Mendelsohn angegebene, Zusammenstellung merkwürdiger psychologischer Phänomene, neue und interessante Materialien zum

Nach-

Nachdenken über sich selbst zu liefern, — der Pädagogik, die ohne ein genaues Studium der empi-
rischen und rationalen Seelenkunde, die mißlichste
aller Wissenschaften ist, lehrreiche Winke zu geben,
— dem Aberglauben und der Schwärmerei entgegen zu wirken, — die Heilmittel gegen Krankheiten des Verstandes und der Einbildungskraft aufzufinden und zu untersuchen, — und die Speculation
über die Natur unsres Geistes und seiner transcen-
dentalen Vorstellungen zu zeigen, wie unsicher man
bei jedem Raisonnement über eine immaterielle Substanz, dergleichen unsre Seele seyn soll, verfährt,
wenn man dabei die Theorie der Erfahrung aus
dem Auge verliert, und einer bloß abstracten Vorstellungsart, in den Untersuchungen über Form und
Entwicklung der Denkkraft, folgen will. So leicht
es sich auch aus einer richtigen Vergleichung der uns
bekannten Eigenschaften der Materie mit der Natur des Gedankens und Selbstbewußtseyns fol-
gern läßt, daß der menschlichen Seele eine unverän-
derliche, von Organisation und körperlichem Einfluß unabhängige Denkform, als letzte Bedingung
der Begriffe, eigenthümlich sey, ohne welche sich
nichts a priori erklären ließe: so werden wir doch
bei den Handlungen unsres Geistes alle Augenblicke
an den Einfluß unsrer Sinne, auf die Entstehung
und Fortpflanzung unsrer Ideen und Empfindungen
erinnert, und gegen jene ganz reinen Operationen
der Seele, wenn sie auch als letzte Bedingungen

U 2 des

des Denkens, nach einer abstracten Philosophie
ihre Richtigkeit haben sollten, mißtrauisch gemacht.

Je mehr wir die empirische Psychologie, oder
die eigentliche Naturhistorie der menschlichen Seele
studiren, und dem Ursprunge unsrer Begriffe nach-
zuspüren suchen, je mehr lernen wir es einsehn, was
und wie viel die Erfahrung in jedem Moment der
Denkkraft über die Form, Bildung und Entwickelung der letztern vermag, wie wir ohne jenes Vehi-
kel keiner einzigen Ideenaufnahme fähig sind, wie
die Erfahrung nach und nach einer jeden menschlichen
Seele eine eigenthümliche Dimensionskraft ihrer
Vorstellungen und Empfindungen, und eine nothwendige Richtung giebt, und wie endlich die feinsten
Abstractionen des Denkens selbst, und die moralischen Begriffe von unserm Willen sich vermöge der
Sprache, der Imagination, und der auf Verglei-
chungen beruhenden Schlußkraft auf empirische
Grundsätze beziehen, die in der Natur unsrer Gefühle ihren Grund haben. Das Studium der
menschlichen Seele kann daher der Kenntniß unsrer
Organe, ihrer Einflüsse und Würkungen auf die ganze
Ideenmasse des Menschen, ihrer Krankheiten und
Vollkommenheiten auf keine Weise entbehren, und
dieses Studium kann für jeden nachdenkenden Kopf
äusserst lehrreich und interressant werden, ohne daß
man grade mit Gewißheit angeben kann, was wir
vielleicht nie werden können, ob unsrer Seele das

Den=

Denken als einer immateriellen, oder bloß materiellen Substanz zugeschrieben werden müsse.

Nach dieser kurzen Einleitung will ich nun die verschiedenen Aufsätze in den drei letzten Bänden der Erfahrungsseelenkunde zu revidiren anfangen, welche gewisse Krankheiten und Verirrungen der menschlichen Vorstellungskraft und Imagination betreffen, und zum Theil sehr lehrreiche Winke enthalten, wie man sich vor dergleichen Uebeln sichern und davon befreien könne.

Im 4ten Bande, 1tes Stück S. 70. ff. steht ein lesenswürdiger Aufsatz von einem jungen aufgeklärten Gelehrten, Hrn. Lenz, welcher sich jetzt in Göttingen aufhält, und obigen Aufsatzes wegen mancherlei Verdrüßlichkeiten gehabt haben soll.

Daß übrigens einem jungen Mädgen von neun bis zehn Jahren, deren Eltern pietistisch gesinnt waren, und ihrem Kinde fürchterlich-schreckliche Begriffe von Teufel, Hölle und Verdammniß mogten beigebracht haben, nach einem fröhlich zugebrachten Geburtstage, — wobei das Blut in eine stärkere Bewegung gekommen war, — des Abends beim Zubettegehn der Teufel erscheint, und sie zu verschlingen droht, konnte sehr natürlich zugehn, indem zu der gehabten vermeinten Erscheinung schon alle

Bilder

Bilder und Materialien in der Seele des Kindes
bereit lagen, die vielleicht nur eines stärkern Blut-
stoßes bedurften, um mit aller Helligkeit und lebhaftigkeit eines wirklichen Bildes hervorzutreten.
Dergleichen Bilder mahlt die Seele oft mit einer
unbegreiflichen Schnelligkeit in einem Augenblick
aus, und das schnelle Erscheinen des Imaginations-
bildes fällt uns dann um so viel mehr auf, weil wir
gar nicht daran gearbeitet zu haben scheinen. Bei
einem so jungen Kinde wäre eine so lebhaft imagi-
nirte Vision freilich nicht wohl erklärbar, wenn
man, was schon vorausgesetzt worden ist, nicht
theils mit Gewißheit annehmen könnte, daß die
Eltern ihrem Kinde von dem Teufel so manches
mögen vorgeschwatzt haben; theils auch dem Mädgen allerlei gemahlte Bilder von jenem Gespenste der
Einbildungskraft vorschweben mogten. Vielleicht
konnte auch einer von dem Gesinde oder den Haus-
leuten sich wirklich, aus Scherz, in die Gestalt des
Teufels verkleidet haben, wodurch der heftige Schreck
des Mädgens, und die darauf sich natürlich grün-
dende viertehjährige Krankheit derselben veranlaßt
wurde. Erfahrnen Aerzten sind sonderbare Fälle
genug bekannt, welche traurige, und oft fürchterliche, Würkungen ein plötzliches Schrecken, oder
eine dergleichen gehabte Vision der Einbildungskraft,
sonderlich bei jungen noch nervenschwachen leuten
nach sich ziehn kann. — Uebrigens kann auch vor-
erwähnte Geschichte lehren, wie abgeschmackt und

zugleich

zugleich gefährlich es sey, junge Kinderseelen, wie
fast allgemein noch zur Schande der Pädagogik geschieht, mit jenen höllischen Bildern anzufüllen, und
ihrer Einbildungskraft eine so schiefe und unvernünf-
tige Richtung zu geben. Mögte man doch endlich
einmal, zur Ehre der menschlichen Vernunft, die
Lehre von bösen auf uns würkenden Geistern, denen
so offenbar eine furchtsame und mißgeleitete Imagination ihr Daseyn gegeben hat, ganz aus der Erziehung und dem Religionsunterrichte der Menschen
verbannen, und weit edlere, nußbarere und zweck-
mässigere Begriffe an ihre Stelle setzen! ——

Wenn der Herr Einsender des obigen Aufsatzes
von sich erzählt, daß er von seinem sechsten Jahre an
bis in's siebente öfters des Nachts eine weiße Gestalt gesehn, darüber geweint, und gebeten habe,
das garstige Ding wegzuschaffen: so rührte dies unstreitig von irgend einer Erzählung von einem weiss-
gekleideten Geiste, davon die Ammen und alten
Mütterchen leider! den Kindern so viel zu erzählen
wissen, her, die auf die junge Seele einen lebhaften
Eindruck gemacht hatte, — so wie sich überhaupt
die folgenden, an sich beobachteten, Phänomene des
Herrn Lenz aus einer sehr lebhaften Einbildungskraft, aus einer von ihm selbst angegebenen Anlage
zum Nachtwandeln, aus einem sehr feinen Nervensystem, und die nächst folgende Erzählung aus einer
Art Schwindel erklären lassen, ob gleich der Ver-

A 4   fasser

faſſer es nicht Schwindel nennen will. — Allein
aus ſo frühen Jahren des Lebens kann man ſich ſelten noch mit Gewißheit beſinnen, in welchem Ne-
benzuſtande die Seele ſich bei gewiſſen heftigen Empfindungen befunden habe.

„Einige Jahre darauf, heißt es, begegnete
es mir mehrere Jahre hintereinander faſt alle Nächte, daß ich, nachdem ich mich ſchlafen gelegt hatte,
ganz ſonderbare Auftritte hatte. Dies waren die,
von denen ich mich in keiner menſchlichen Sprache,
wegen ihrer Ungewöhnlichkeit, wegen der bloß dunkeln Vorſtellungen, in denen ſie mir vorſchweben,
und wegen des damaligen Mangels an Beobach-
tungsgeiſt über mich ſelbſt, nicht auslaſſen kann:
es ging mit mir alles wie in einer Scheibe herum,
dazu geſellten ſich ſchöpferiſche Vorſtellungen von
unendlichen Millionen Zeiten und Räumen, die ich
zu durchwandern hatte. Der Gedanke der Unmöglichkeit, je dieſe Reiſe, dieſes Unermeßliche, das ich
immer wie in einem unaufhörlichen Kreiſe vor mir
ſah, zu vollenden (und dies alles im wachenden Zuſtande), verurſachte in mir auſſerordentliche Bänglichkeit, in der ich mich oft nicht enthalten konnte,
mit einem Satz aus dem Bette und ängſtlichem
Zurückwandern in die Stube, wo mein Vater gewöhnlich noch am Schreibtiſche ſaß, jenem Schrek-
ken zu entgehn.“ — Alles dies ſind Phänomene
eines ängſtlichen Schwindels, welcher oft die ſon-
derbar

verbarsten Empfindungen und Vorstellungen in der
Seele veranlaßt, die man freilich in keiner Sprache
ausdrücken kann, weil es nur vorübergehende verworrene Sensationen sind.   Die Bänglichkeit entstand aus der Lage des Körpers, indem das Blut
sich nach dem Gehirn hindrängte, und jene Bilder
erzeugen half, wie aus dem Zusaße des Herrn Ver-
faßers selbst erhellet, daß er diese feindseligen Bilder oft nachher dadurch zu verbannen wußte, wenn,
er sich nur schnell im Bette aufrichtete (wodurch
das Blut wieder vom Kopfe herabgeleitet wurde),
dann zum Besinnen kam — u. s. w.

Zur nähern Erklärung jener Phänomene muß
man auch noch die vom Herrn Verfasser selbst erzählten Umstände hinzunehmen, „daß er überhaupt,
etwas kränflich und engbrüstig war, daß er eine
schlechte Diät beobachtete, des Abends gemeiniglich.
viel Kartoffeln aß u. s. w.   Es ist befannt, welche
schwermüthige Träume ein überladener Magen verursachen kann.   Von einer Unordnung in seinem
feinen Nervensystem kamen dann auch wohl jene,
sonderbaren Gefühlsvorstellungen her, indem ihm
oft, wenn er zu Bette war, alles, was er anfühlte,
eine ganz rauhe und höckrigte Oberfläche zu haben
schien.   Es sey das unausstehlichste Gefühl gewesen,
welches ihn oft vermogt habe, die Finger zusammen
zu knebeln, um nicht die Bettdecke oder sich selbst
mit den Fingerspitzen zu berühren“ (wo sich befannt-

ich eine Menge sehr empfindlicher Nerven vereinigen). Ich kenne jemand, der noch eine andre sonderbare Empfindung an seinen Fingern wahrnimmt. Wenn er sich zu Bette gelegt hat, scheinen sie ihm oft auf einmal anzuschwellen, und zwar mit einem heftigen Schmerz; und endlich eine solche ungeheure Länge zu bekommen, daß er sich, um sich von dieser Empfindung zu befreien, schnell aus dem Bette machen, und sich wieder ganz ermuntern muß.

Die Erscheinung der blauen Figur im Keller erklärt der Herr Einsender selbst ganz richtig dadurch, daß durch die Bewegung des Auges aus dem hellsten Tageslicht in einen dunkeln Ort im Sehnerven eine Veränderung der Farben bewürkt worden sey, und die Phantasie das Bild vollends ausgemahlt habe. Vielleicht hatten mehrere Menschen von langen Zeiten her auch einmal wegen Beschaffenheit der dortigen Luft und andrer Localumstände die nämliche Empfindung gehabt, und dadurch war dann der Volksglaube entstanden, daß sich in der Gegend eine blaue Figur sehn ließe.

Das bekannte Feuersprechen ist nichts weiter, als ein alberner Volksaberglaube, und die Facta, die man gemeiniglich davon erzählt, sind entweder ersonnen, oder das Feuer hat sich durch einen andern Umstand, aber wahrlich nicht durch das so genannte Besprechen, gelegt. Ein Landesherr sollte doch

doch durchaus nicht dem Aberglauben seiner Unter‐
thanen auf eine solche Art fröhnen, wie von dem
Grafen Reus in Gera erzählt wird! Die Formeln,
welche die Feuerbeschwörer hermurmeln, und die
Ceremonieen, die sie dabei beobachten, sind höchst
lächerlich und unvernünftig. Es verlohnt aber der
Mühe nicht, sie abzuschreiben.

Der alte Bötticher zu Gera, ein vorgegebener
Feuerprophet, ist gewiß ein alter abergläubiger
Mann, dem es bisweilen im Kopfe spuken mag,
und der vielleicht durch eine einzige, zufällig einge‐
troffene, Feuerprophezeihung durch das leichtgläu‐
bige Volk in den Prophetenrang erhoben worden ist.
Jede Stadt hat dergleichen alberne Menschen auf‐
zuweisen, die sich der Pöbel zu Gegenständen seines
Erstaunens und seiner Bewunderung gewählt hat,
und die nicht selten eine nicht geringe Gewalt auch
über den vornehmen Pöbel zu behaupten pflegen.

Noch einige Belege zu dem Aufsatze: Ein
unglücklicher Hang zum Theater. 4ter Band,
1tes Stück, S. 85. ff.

Dies ist die Aufschrift einer Sammlung an sich
ziemlich unbedeutender Briefe, ob ihre Heraus‐
gabe gleich in B— viel Aufsehn gemacht zu haben
scheint. Für die Psychologie haben sie freilich kei‐
nen

nen andern Werth, als daß sie den sonderbaren Uebergang einer verschrobenen Phantasie von Comedie zur Predigt, und von der Predigt zur Comedie,
anschaulich machen können; ein Uebergang, der
sich bei einem jungen Mann, welcher von einer lebhaften Neigung zum Theater beherrscht wird, oder
irgend einmal beherrscht wurde, sehr natürlich denken läßt, zumal wenn man dazu nimmt, daß es
zwischen den Actionen des Schauspielers und so
manches Geistlichen eine große Aehnlichkeit giebt.
Uebrigens leuchtet aus den Briefen ein gutes ehr-
liches Herz hervor, das nur durch gewisse Umstände, durch eine Anlage zur Hypochondrie, und wahrscheinlich durch eine unglückliche Liebe, vielleicht
auch durch eine verstimmte Neigung zur Thätigkeit
und Eitelkeit, die Quelle überspannter Empfindungen und jener unseligen Liebe zum Theater wurde.
In einer andern Lage, unter andern Umständen,
würde der junge Mann, der Talente verräth, gewiß ein sehr brauchbarer Bürger des Staats geworden seyn.

Man wird übrigens wenig lebhafte Leute finden,
welche nicht einmal eine Lust zum Theater in sich bemerkt haben sollten, und es ist von einigen unsrer
besten Teutschen Köpfe bekannt, daß sie alle Gründe
der Vernunft nöthig hatten, um sich nicht dem Theater zu widmen, wovon ich sonderbare Beispiele erzählen könnte. Die Sache ist ganz natürlich. Die
mensch-

menschliche Seele läßt sich erstaunlich gern auf eine
angenehme Art täuschen, und die Täuschung ist ihr
unzählig oft mehr werth, als Realität. Die im
Schauspiel vorgestellten, in einem kurzen Zeitraum
zusammengedrängten, mit den lebhaftesten Farben
geschilderten Auftritte des menschlichen Lebens reissen die Einbildungskraft mit sich fort. Der Wechsel der dadurch hervorgebrachten Empfindungen gewährt der Vorstellungskraft eine leichte Thätigkeit,
spannt die Seele, erhebt das Gefühl für große
Handlungen und Ideen, und bringt uns gemeiniglich dahin, daß wir gern Triebfedern in der Intri-
gue des Stücks seyn mögten. Der erwartete und
nach wenigen Augenblicken entschiedene Ausgang
des Stücks, worin sich alles auf eine geschickte Art
concentrirt, worauf wir vorher aufmerksam gemacht
wurden, verschafft unsern Gefühlen gemeiniglich eine
völlige Genugthuung. Wir sehn die ganze Scene
vor Augen, anstatt daß wir im gemeinen menschlichen Leben nicht immer die Rollen ausspielen sehn,
und wenn dies geschieht, durch die Länge der Zeit
die gehörige Aufmerksamkeit und Spannung der
Seele verlieren. Durch alle jene Umstände wird
nun so äusserst leicht die Liebe zum Theater in jungen
lebhaften Gemüthern erzeugt, und oft bis zur höchsten Höhe gebracht, wenn sich eine zärtliche Neigung des Herzens mit in's Spiel mischt, was beim
Verfasser obiger Briefe sehr wahrscheinlich der Fall
seyn mogte.

Geständ=

Geständnisse über das Vermögen künftige (zufällige) Dinge vorherzusehen. 4ter Band,
1tes Stück, S. 110. ff.

Von einem Frauenzimmer eingeschickt. Ich
habe mich über jenes vermeinte Vermögen, welches
der Natur der menschlichen Seele, in so fern es sich
auf bloß zufällige Dinge erstreckt, gradezu widerspricht, schon öfter erklärt. Freilich bleibt es immer auffallend, wenn eine gewisse Vorhersage (vielleicht im Scherz oder Zorn gesagt), hinterher zufälliger Weise, und wohl gar genau eintrift; allein
dies beweist für jenes Vermögen nichts.

Auszug aus einem Briefe. Seite 113. ff.
Speier rc. Dieser Brief rührt von einem jungen
Gelehrten, Herrn Schlichting in Wien her, welcher mehrere sehr lehrreiche und interessante Aufsätze
in dieses Magazin geliefert hat. Gegenwärtiger
Brief ist ein wichtiger Beitrag zur Geschichte der
Empfindungen, und ein Beleg, wie frühzeitig
schon das menschliche Herz einer gewissen
religiösen Schwärmerei fähig sey, je nachdem
die Seele mit dahin gehörigen Bildern frühzeitig
angefüllt wurde. Herr Schlichting erzählt von
seinem Bruder folgendes: „Mit dem eilften Jahre
ging er (sein Bruder) mit einem Schulfreunde um,
der desselben Temperaments war. — — Beide
lesen

lesen seit einiger Zeit her ausrufende Asceten und
märchenvolle Lebensbeschreibungen der Heiligen. Unter andern zog die Lebensart und der heilige roman-
tische Wandel der Waldbrüder ihre Aufmerksamkeit
auf sich. Nichts lieber und ergötzender war ihnen,
als ein Geschichtchen zu lesen, wie ein frommer
Mensch sich entschloß, aus der Welt zu reisen; wie
er sich ein ödes Plätzchen tief in der Wildniß unter
den Wohnungen von Löwen, Bären, Tiegern,
Schlangen, Wölfen und andern wilden Thieren
auswählte; da sich aus vier Stangen ein Hüttchen
baute, rohe wilde Kräuter zum Mittagsmahl spei-
ste, den ganzen Tag zum Himmel erseufzte, und
den Rücken blutig schlug, oder in Dornen zur Ab-
kühlung des Fleisches sich wälzte. (Dieser hohe
Grad mönchischer Schwärmerei war aber wohl bei
jenen jungen Leuten noch nicht anzunehmen, da in
diesen Jahren die Abneigung vor Schmerz noch so
stark ist, und das eingebildetverdienstliche jener strengen Ausübungen der Seele des Kindes noch nicht
einzuleuchten, wenigstens sie nicht zu gleichen Handlungen zu stimmen scheint. Die beiden jungen
Schwärmer, davon Herr Schlichting erzählt,
mogten andre Gründe, die Schilderungen des
glücklichen ungebundenen Lebens des Einsiedlers;
die Freiheit vom Joch elterlicher Erziehung; die
Bilder des Abentheuerlichen, welches so leicht die
Seele mit sich fort reißt, vielleicht auch ein gefühl-
volles Herz für die Schönheiten der Natur, und
andre

andre Local - und Gemüthsumſtände der jungen
Leute zu dem Entſchluß, Einſiedler zu werden, bewegen.)

Sie fingen an, an einem einſamen Ort eine
Stube auszuzieren; bald hing ſie voll Bilder erdich-
teter Scenen und Perſonen. — — Endlich wurden die Bilder der Phantaſie (vornehmlich durch
aſcetiſche Schriften des Jeſuiten B—) in ihrer
Seele ſo lebhaft, ſtark und dringend, daß ſie ſich
nun ſchon aller ihrer übrigen Vorſtellungen bemächtigte, und in dieſer ſiegenden Darſtellung nur nach
ihrer Realität, ſich nur nach wirklicher Befriedigung ſehnten. — Sie entſchloſſen ſich, dem Beiſpiel ihrer Heiligen zu folgen, packten Kleider und
Wäſche ein, und Bücher, die von ihrer künftigen
Lebensart handeln. Zur Nahrung wollten ſie nichts
bei ſich haben, da ihnen die nächſte beſte Wurzel
Speiſe war. — Sie beſtimmten endlich die Zeit
ihrer Pilgrimmsreiſe, und zwar die Nacht. Sie
werden entdeckt, und die Eltern hindern natürlicher
Weiſe den ſchwärmeriſchen Plan." —

Je mehr Schwärmer man bei einer Religions-
ſecte antrift, je ſchwärmeriſcher, die Einbildung
nährender, ſinnlicher und bildlicher pflegt dann auch
das Syſtem ihrer Lehren zu ſeyn; ob gleich auch
dies nicht allemal der Fall iſt. Eine einzige ſehr
ſtark und lebhaft gedachte Idee iſt fähig, ein lebhaftes, oder auch ſchwermüthiges Gemüth bis zu

einem

einem erstaunlichen Grade von Fanatism hinaufzu-
spannen, und es darin zu erhalten, so lange nicht
jene Idee verwischt wird, oder sich unter einer Menge ganz neuer anziehender Vorstellungen so verliert,
daß die Seele nicht mehr die ganze Aufmerksamkeit
auf sie richten kann.   Doch gewöhnlich kommen
mehrere Hauptvorstellungen, und also auch mehrere
Leidenschaften zusammen, die den Schwärmer bilden, und ihn zu jeder Seelenkur unfähig machen,
sobald er sich in seiner Gemüthslage glücklich fühlt,
und je größer er sich in einer Art von Weltverach-
tung vorkommt; — denn eine versteckte Eitelkeit
liegt doch gemeiniglich zum Grunde, die sich nicht
selten bis auf gewisse glänzende Vorzüge des Schwärmers in einer andern Welt beziehen; nicht zu gedenken, daß sehr viele Enthusiasten, Fanatiker,
fromme Brüder, und wie sie alle heissen mögen, sich
deswegen aus der Welt zurückzogen, weil sie in derselben verkannt wurden, und darinn nicht glänzen
konnten. Ueberdem hat der stille Umgang mit Gott
und himmlischen Wesen, das Gefühl einer innern
Erbauung, das lesen ascetischer Schriften, das Bekämpfen äußerer Versuchungen, etwas erstaunlich
Hinreissendes für den menschlichen Geist, sobald er
sich von den Geschäften des geselligen Lebens abgesondert, und sich ganz in sich selbst hineingesenkt hat,
und es hat Menschen genug gegeben, die bei aller
Aufgeklärtheit des Geistes endlich, freilich wohl sehr
oft durch einen gewissen äussern Umstand zur

Schwärmerei übergingen, weil alles Forschen und Denken, weil Wissenschaften und gelehrte Kenntnisse ihnen jenes behagliche Gefühl des in sich selbst versunkenen Gemüths nicht verschaffen konnten. Die Schwächen des Alters und der Nerven, die beunruhigenden Zweifel über Religionswahrheiten, die so häufig mit wahrem entlichen Forschen nach Wahrheit verbunden sind, die Sehnsucht des Herzens nach einer innern Ruhe bei so vielen Ungewißheiten der Religionssysteme, und vornehmlich der heiße Wunsch, ein in der Jugend geführtes zügelloses Leben gleichsam wieder gut zu machen, sind sehr geschickt, die Neigung zur Schwärmerei anzufachen und zu unterhalten, und es ist nicht leicht ein Mensch vor ihren Anfällen sicher, wenn er sich nicht immer in dem Gefühl von dem hohen Werthe einer gesunden Vernunft zu erhalten weiß.

Seite 120. steht ein Brief, nebst einer Einlage von Gesichten und Erscheinungen, die Herr Pfarrer Müller in Augspurg eingeschickt hat. Da ich mich hierüber im ersten Stück des gegenwärtigen sechsten Bandes der Erfahrungsseelenkunde weitläuftig erklärt habe; so brauche ich's nicht hier zu thun.

C. F. Pockels.

(Die Fortsetzung folgt.)

Zur

Zur

Seelenkrankheitskunde.

I.

Aehnlicher Fall zu der im zweiten Stück des fünften Bandes erzählten sonderbaren Ohnmacht.

Ein verheirathetes, älteres, nervenschwaches Frauenzimmer unsrer Stadt, lag am Faulfieber krank. Da die Krankheit am heftigsten war, verlor sie Nachts um zwölf Uhr die Empfindung. Der Arzt fand, als er kam, sie völlig empfindungslos, nur daß die Pulsadern noch immer, wie am Abend, schlugen, und die Augen nicht ganz geschlossen waren. Alle Reizungsmittel, selbst heftiges Bürsten unter den Fußsohlen, vermogten keine Bewegung hervorzubringen. Die Umstehenden, welche wider die Versicherung des Arztes glaubten, daß sie nicht wieder erwachen würde, ließen ihr die letzte Oelung geben. Gegen vier Uhr erwachte sie. Sie hatte alles, was mit ihr vorgenommen worden war, deutlich empfunden; was in ziemlicher Entfernung vom Bette, und nicht laut war ge=

sprochen

sprochen worden, hatte sie genau gehört. Aber
durch alle Anstrengung hatte sie es nicht dahin
bringen können, durch Sprache, oder Mienen
oder Bewegungen ihre Empfindungen auszudrücken.

Mein Gewährsmann ist unser würdiger Arzt
Herr Doktor Brandis.

Hildesheim,   Köppen.
den 6ten Nov. 1787.

2.

Aus den Papieren eines Hypochondristen.

Den 14ten November überfiel mich schnell die
Idee, daß man mich ermorden wolle; ob ich gleich
nicht den mindesten hinreichenden Grund zu diesem
Glauben hatte, und ich überzeugt war, daß kein
Mensch so feindselige Gesinnungen gegen mich hege.
Leute, die mir heute mit Stricken in der Hand be-
gegneten, hielt ich für abgeschickte Mörder. Ein
Bauer kam hinter mir her ausser der Stadt. Ich
blieb ängstlich stehen, und redete ihn, um ihn zu
inti-

intimidiren, wenn er etwa einen Anschlag auf mein
Leben gemacht haben sollte, mit einem heftigen Ton
an: wie das vor uns liegende Städtchen hieße? Der
Mann beantwortete meine Frage, ging vorüber, und
ich empfand eine herzliche Freude, daß der Mann
mir nicht mehr hinterm Rücken war. Ich hatte
kurz vorher einen hohen Berg erstiegen, dadurch
war wahrscheinlich mein Blut in eine heftige Bewegung gekommen, und die Bilder einer schwarzen
Phantasie drängten sich dadurch um so viel stärker
hervor. Heute Abend fand ich eine Neige Wasser
in meinem Trinkglase stehen, ich vermuthete, daß
Gift darin sey, und spülte das Glas erst sorgfältig
aus, ob ich gleich wußte, daß ich die Neige Wasser
sebst darin hatte stehn lassen.

Den 18ten Nov. Die Würkungen der ehlichen
Umarmung auf meine Gemüthsstimmung werden
immer gefährlicher, beschwerlicher und sonderbarer.
O hätte ich das Ehebette nie bestiegen, hätte ich sonderlich in frühern Jahren die Ausbrüche meiner
sinnlichen Einbildungskraft zu verhindern gesucht:
so würde ich vielleicht der gesundeste Mann von der
Welt seyn, anstatt, daß ich jetzt täglich meinem
Tode entgegen sehe! Die Sinnlichkeit überrascht
mich auch jetzt noch, wenn ich gleich nicht will, wenn
ich mit Gründen der Vernunft dagegen kämpfe.
Gemeiniglich fühle ich mich einige Stunden nach
einer ehlichen Liebespflicht nicht grade ermattet, und

schwach

schwach zum Denken, sondern sehr heiter und aufgelegt, wissenschaftliche Untersuchungen anzufangen,
auch bemerke ich dann einen heftigern als gewöhnlichen Kitzel zu launigen und witzigen Einfällen in
mir; — aber der Zustand dauert nicht lange. Ich
muß hinterher jeden Augenblick einer genossenen ehlichen Zärtlichkeit mit tagelangen Beängstigungen
meiner Seele büßen. In diesem Zustande bin ich
schrecklich mürrisch, glaube, die Menschen wollen
mich ermorden, fürchte, bei allem guten Gewissen,
das ich habe, von meinem Amte abgesetzt zu werden,
und Hungers zu sterben, und fürchterliche Zweifel
über die Zukunft und deren Ungewißheit verfolgen
mich gleich Furien. Die Menschen, die ich sonst
so sehr liebe, deren Umgang eines meiner ersten Be-
dürfnisse ist, werden mir unausstehlich, oft meinen
herzlichsten Freunden geh ich aus dem Wege, und
mein liebes Weib erscheint mir viel schlimmer, als
es in der That ist. Was mir das für Mühe kostet,
in Gesellschaften meinen Menschenabscheu zu verbergen, und meine üble Laune nicht in Grobheiten, oft
gegen den Unschuldigsten, ausarten zu lassen, kann
ich keinem beschreiben. Bricht sie wirklich aus: so
schone ich keines Menschen, ich bereue es hinterher;
aber ich bin viel zu stolz, als meine Fehler den Beleidigten abzubitten. Auch sehr scharf und fein ist
in jenem Zustande nach einer ehlichen Umarmung
mein physiognomisches Gefühl. Ich entdecke im
Gesicht andrer, Züge des Herzens, die mir sonst
ent-

entwiſchten; — oder glaube, ſie zu entdecken. Ein
leiſer Strich von Malice ſcheint mir auf jeder Stirn
zu ſtehn. Jede Veränderung auf dem Geſicht des
andern, ſie ſey ſo klein, als ſie will, ſetzt mich in
heftige Bewegungen. Ich fühle mich oft ſo aufgebracht, einem dummen Geſicht oder einem heim-
tükiſchen, das mir wenigſtens ſo ſcheint, — Ohr-
feigen zu geben. Die Ueberwindung, es nicht zu
thun, koſtet mir die größte Mühe. — — —

Den 20ten Nov. Ein ſatyriſches Geſicht eines
Knaben machte mir heute viel Unruhe. Ich war
über den Jungen ſo aufgebracht, ob er mir gleich
nichts zu leide gethan hatte, daß ich hingehn und
ihm ſagen wollte, daß er noch am Galgen ſterben
würde.

Den 23ten Nov. Der Grad der Senſibilité
iſt oft ganz erſtaunlich bei mir, und meine beßten
Freunde werden mir nicht ſelten unausſtehlich. Gegen die zuvorkommendſten Beweiſe ihrer Liebe bin
ich oft gefliſſentlich kalt, und erwiedre ſie mit bittern Ausdrücken oder Grobheiten. Es ſchmerzt
mich ſehr, daß ich auf dieſe Art ſo manchen edeln
Menſchen von mir zurückgeſtoßen habe, und daß ich
ihn jetzt nicht deswegen um Verzeihung bitten kann.
Ich kann es mir ſelten erklären, woher jene Empfindlichkeit augenblicklich entſteht. Am öfterſten
ſcheint ſie eine Folge von Mißtrauen gegen meine
Nebenmenſchen zu ſeyn, oder auch eine Einbildung,

B 4 daß

daß meine Eitelkeit beleidigt worden sey. Wenn
zwei Menschen sich in der Gesellschaft in's Ohr zi-
scheln, werd ich bange, verliere die Gegenwart
meines Geistes, weil ich glaube, daß man über mich
übel spricht, — und ich gebe mir oft das Ansehn eines Satyrikers, um meine Nachbarn in Gesellschaft
in Furcht zu setzen. Aengstlichkeit, unbeschreibliche
Aengstlichkeit überfällt mich, wenn ein andrer in
mein Spiel sieht, oder sich neben mich stellt, wenn
ich das Clavier spiele.

Den 28ten Dec. Mein Freund gab mir heute
eine Art Liquor, um meine Magenschmerzen zu til-
gen, die so oft der Grund meiner fürchterlichen Launen sind; auf einmal erwachte in mir das unglückliche Mißtrauen, daß der Liquor Gift gewesen seyn
könne, und zwar ein langsam verzehrendes Gift,
gleich dem aqua tofana.

Zur
Seelennaturkunde.

I.

Ueber
den Zustand der Seele nach dem Tode.

Ein Gespräch.

Damas.

Was meinen Sie, womit ich mich gestern Abend
beschäftigte, als ich vom Balle nach Hause
gekommen war?

Theokles.

Das wollt ich wohl errathen. Sie machten
eine Elegie. Nicht so?

Damas.

Ach nein! Der Ball war gestern für mich noch
erbaulich genug. Aber ich war sehr mißvergnügt,
und darum ging ich so früh wieder weg. Indessen
auf meiner Stube wurde ich erst vollends melancho-
lisch. Endlich schlug ich eine Schrift von Herder
auf,

auf, die zufällig auf meinem Tische lag, und stieß
grade auf die Zeile: Alles in der Natur ruft uns
zu: es muß nur einmal gelebt seyn! Wohl
wahr, dacht' ich, und las nicht weiter; wenn es
nach dem Tode nicht besser seyn wird, wie es jetzt
im Leben ist: so lohnt es wahrlich der Mühe nicht,
noch auf einen neuen Beweis — —

Theokles.

Für die Unsterblichkeit der Seele zu sinnen, wollen Sie sagen. Der Schluß mag richtig seyn, aber
der Vordersatz? —

Damas.

Lassen Sie mich doch erst ausreden. Eben der
Vordersatz wollte mir nicht ein. Kaum hatt' ich
den Schluß gemacht, so fing ich auch schon an, nachzudenken, ob's denn wohl wirklich nach dem Tode
nicht besser seyn mögte, wie es hier im Leben ist, gesetzt, daß die Unsterblichkeit der Seele bewiesen wäre? Und darüber ging mir noch der Abend angenehmer hin, wie ich anfangs glaubte.

Theokles.

Also haben Sie philosophirt. Nun, da bin
ich neugierig. Was brachten Sie denn durch Ihre
Speculation heraus?

Damas.

Damas.

Nichts, gar nichts. Meine Phantasie schuf
mir natürlicherweise manche Träume, aber meine
Vernunft wußte sie zu würdigen. Das Resultat
war, daß ich die Richtigkeit jener Lebensregel: Ge-
nieße, soviel du kannst, und leide, soviel du mußt,
mehr als jemals fühlte.

Theokles.

Was zählen Sie denn alles zu den Träumen
der Phantasie? Nennen Sie alles so, was der
Mensch, ohne die Lehren der Religion zu Hülfe zu
nehmen, von dem Zustande nach dem Tode sich
denkt und sich denken kann?

Damas.

Nicht anders. Denn alle die Ideen, welche
wir uns von der Art der Existenz, und von den
Freuden und Leiden machen, die uns nach dem Tode
bevorstehn, sind aus Materialien zusammengesetzt,
die wir hier im Leben einsammeln. Unsre Hoffnungen gründen sich allein auf unsre Erfahrungen;
jene können sich also auch nur in dem Lande ihre
Erfüllung mit Wahrscheinlichkeit versprechen, wo
diese statt finden. Betrachten Sie selbst nur einmal die mannichfaltigen Vorstellungen, die jeder, in
gesunden Tagen, sich von dem Seyn nach dem Tode
macht. Wie ähnlich sind diese oft den sonderbarsten
Träu-

Träumen! Ein jeder idealisirt sich jenseit des Grabes die gute Seite seines gegenwärtigen Verhältnis-
ses, und den gewöhnlichen Menschen mag das vergnügen, auch wohl beruhigen; aber der aufgeklärte
Mann lächelt über die Seifenblase, die das Kind
bewundert, weil es sie für etwas mehr als Seifenblase hält. Für ihn hat die Beschaffenheit seines
gegenwärtigen Daseyns um soviel größern Werth,
da er die Unsicherheit der Bürgschaft einsieht, welche
die Vernunft ihm für die Fortdauer desselben, auch
nur so, wie es hier ist, zu leisten vermag.

Theokles.

Darin haben Sie Recht, mein lieber Freund:
jeder denkt sich die Zukunft jenseit des Grabes auf
seine Weise. Die Volksvorstellungen davon richten sich immer nach dem Grade der Cultur, auf
dem das Volk steht, und sind dem gemäß gröber
oder feiner. Auch die Ideen, welche einzelne Menschen unter gebildeten Nationen darüber haben, verändern und modificiren sich gar sehr nach dem Charakter und der individuellen Lage derselben. Allein
demungeachtet sollt ich glauben, daß nicht alle Ideen,
welche wir uns von dem Zustande nach dem Tode
machen können, bloße Träume wären; wenigstens
eine Idee, die hohe Wahrscheinlichkeit hat, ist für
mich kein Traum der Phantasie mehr.

Damas

Damas.

Nun, was sind denn das für Ideen vom künftigen Zustande, die Ihnen so wahrscheinlich dünken?

Theokles.

Das will ich Ihnen sagen; es ist nur eine einzige. Es scheint mir nämlich eine unumstößliche Wahrheit zu seyn, daß der Zustand des Menschen nach dem Tode, wenn einmal einer angenommen wird, mit dem, worin der Mensch im Leben war, eine gewisse allgemeine Aehnlichkeit haben werde. Entweder wir müssen eine völlige Umwandlung unsers ganzen Wesens nach dem Tode statt finden lassen; oder, wenn es das bleibt, was es ist, so muß auch Fortgang derselben Kraftäußerungen seyn, die wir hier an ihm beobachten. Das erste kann man nicht behaupten; es hieße von der Gottheit voraussetzen, sie habe nicht die leichtesten und einfachsten Mittel zur Erreichung ihrer Absicht mit uns gewählt, oder sie habe bei der Schöpfung unweise gehandelt. Denn ich kann doch schlechterdings keinen Zweck ergründen, warum uns das höchste Wesen beim Anbeginne der Schöpfung grade so werden ließ, wie wir gegenwärtig sind, um, nach Vollendung der irdischen Laufbahn, unsre Substanz in ihrem Wesen zu vernichten, und in eine neue mit einem andern Wesen umzuschaffen, die erst für den Genuß des künftigen Zustandes empfänglich wäre; statt daß es uns

uns gleich ursprünglich so hätte bilden können, daß
wir fähig gewesen wären, ohne vorhergehende totale
Verwandlung in diesen künftigen Zustand überzu-
gehn. Also ist nur das andre übrig. Das Grundwesen des Menschen bleibt nach dem Tode, wie es
im Leben war; folglich bleibt ihm auch dieselbe Kraft
und dieselbe Anwendung davon, und demnach muß
der künftige Zustand des Menschen im Allgemeinen
ähnlich dem Gegenwärtigen seyn.

Damas.

Wie denken Sie sich aber das Grundwesen des
Menschen, das nach dem Tode übrig bleiben wird?
Materiell oder geistig?

Theokles.

Ich denke es mir so, wie ich es mir als Mensch
denken kann, also materiell und geistig zugleich.
Geistig, insofern es Kraft ist, und materiell, insofern keine Kraft ohne ein Subjekt seyn kann, worin
sie sich befindet, und wodurch sie erst fähig wird,
ihre Würkungen, das heißt, ihr Daseyn für die
menschliche Erkenntniß zu erweisen.

Damas.

Das begreif ich nicht. Wie kann das Materielle des Menschen unsterblich seyn? Wenn sich je
Unsterblichkeit beweisen läßt, so kann sie von einem
bloß geistigen Wesen im Menschen bewiesen werden.

Wir

Wir sehn ja vor Augen, was mit der Materie nach dem Tode vorgeht; sie wird in ihre Bestandtheile aufgelöst, und in tausend andre Formen zerstreut.

Theokles.

Sagen Sie mir, lieber Freund, was nennen Sie Geist?

Damas.

Das weiß ich nicht. Ein Etwas, das nicht Materie ist.

Theokles.

Damit bin ich eben so klug. Wenn also Materie die Positive wäre, so würde Geist die Negative seyn. Ich für mein Theil kenne nichts im Weltalle, als Materie, kann mir wenigstens nichts anders denken. Wenn es möglich wäre, alle Materie aus meiner Vorstellung zu verbannen, und mich selbst über die Schranken meiner Erkenntnißform, über Raum und Zeit, zu erheben, so würde Nichts übrig bleiben, und dieses Nichts wäre dann nach Ihrer Erklärung Geist.

Damas.

Aber es ist doch nichts ungereimtes, sich außer der Materie noch Etwas zu denken, das nicht Materie ist, so wie ich mir außer einem absoluten Ganzen noch ein von diesem verschiedenes Ganze, und noch

noch eins, und so in einer unendlichen Progreſſion
fort, denken kann. Geſetzt alſo, der Menſch hat
keine ſinnliche Anſchauung des Geiſtigen, ſo folgt
doch daraus die Nichtexiſtenz deſſelben noch nicht.
Ueberdies, wenn Sie nichts als Materie anerken-
nen wollen, ſo müſſen Sie auch die Gottheit zu einem materiellen Weſen machen, und dann wird ein
Spinoziſt aus Ihnen.

Theokles.

Erlauben Sie, ſo weit ſind wir noch nicht.
Sie nennen Geiſt ein Etwas, das nicht Materie iſt.
Gut. Räumen Sie denn dieſem Etwas die Exi-
ſtenz ein, nicht bloß die in der Vorſtellung, ſondern
auch in der Wirklichkeit?

Damas.

Allerdings. Ein Etwas, das nicht in der
Wirklichkeit exiſtirte, würde mir hier nicht helfen.

Theokles.

Alſo wäre dieſes wirkliche Etwas doch eine
Subſtanz?

Damas.

Ja, inſofern es exiſtirt.

Theo-

Theokles.

Kann aber eine Substanz existiren, ohne einen Punkt im Raume einzunehmen, und einen Moment der Zeit auszufüllen?

Damas.

Nach menschlicher Erkenntnißart ist dies unmöglich.

Theokles.

Und als Menschen müssen wir doch nach menschlicher Erkenntnißart urtheilen.

Damas.

Allerdings.

Theokles.

Folglich, wenn der Geist eine Substanz seyn soll, so muß er auch, als Substanz, einen Punkt im leeren Raume ausfüllen, und ein Moment der Zeit einnehmen. Was aber kann dieses? Nichts anders, als das Materielle, und Sie müssen also Ihren Geist entweder materiell machen, und das wäre, nach Ihrer Erklärung desselben, ein Widerspruch, oder Sie müssen ihm das Prädicat der Substanz, und mithin sogleich die Existenz in der Wirklichkeit absprechen.

Damas.

Sie haben mich da freilich in ein Labyrinth ge-
führt, woraus ich mich nicht finden kann. Die
Existenz eines immateriellen Wesens kann ich mir
als Mensch nicht anschaulich denken; aber auf der
andern Seite, wenn ein Geist und seine Existenz
nicht gedenkbar seyn soll, was fangen wir dann mit
unserm Begriffe von der Gottheit an? Ist denn
diese auch ein materielles Wesen? Ich mögte doch
nicht gern Spinozist werden, weil ich mich vor dem
Namen fürchte.

Theokles.

Wer wollte sich vor Namen fürchten? Wenn
ich darum von der Wahrheit des Spinozismus überzeugt wäre, würde es mir sehr gleichgültig seyn, was
die Welt von mir sagte: Plauderem mihi ipse
domi. Aber auch ich bin kein Spinozist, und
Sie sollen es noch weniger durch mich werden. Lassen Sie uns einmal die Sache von einer andern
Seite ansehn. Wofür halten Sie die Ursache im
Menschen, welche die Phänomene des Denkens und
Handelns in ihm bewürkt? Halten Sie diese für
ein leidendes oder thätiges Wesen?

Damas.

Natürlich für ein thätiges.

Theo=

Theokles.

Was setzt Thätigkeit voraus?

Damas.

Eine Kraft.

Theokles.

Was ist Kraft?

Damas.

Ein selbstständiges Prinzipium der Bewegung, dessen Daseyn wir da annehmen, wo wir eine Folge von Veränderungen, entweder in der physischen oder intellectuellen Welt, beobachten.

Theokles.

Damit haben Sie mir bloß erklärt, wie wir auf eine Kraft schliessen, aber nicht, was Kraft sey.

Damas.

Ich kann Ihnen nichts weiter erklären; das Wesen der Kraft kennt ja kein Mensch.

Theokles.

Also nur, weil wir Würkungen, Bewegungen finden, schliessen wir auf ein Prinzipium, das sie verursache. Die Natur dieses Prinzipiums selbst aber ist uns verborgen. Nun sagen Sie mir, was

finden

finden Sie bei dem Menschen für Aeusserungen, die
auf eine selbstständige Kraft in ihm schliessen lassen.

Damas.

Zuvörderst die unwillführlichen Lebensverrich=
tungen, das Schlagen des Herzens, das Verdauen
der genossenen Speisen, kurz alles, was zum thie=
rischen Leben gehört, läßt mich auf eine besondre
Kraft schliessen, auf ein Lebensprinzipium, das in
dem Mechanismus des Körpers, und in dem äthe=
rischen Hauche, der diesen Mechanismus bei seiner
Erzeugung in Würksamkeit setzte, gegründet ist.
Wiederum verrathen das Erkennen, das Verfolgen
des Erkannten bis zu höhern Bedingungen, und
die Aeusserungen des Willens, die von der Erkennt=
niß des Verstandes abhängen, eine besondre Kraft,
die wir Denkkraft nennen. Unter beiden ist dieje=
nige die edelste, welche die herrschende ist, und die
andre zu ihren Bestrebungen gebraucht, also die
Denkkraft.

Theokles.

Von welcher Kraft wissen wir gewiß, daß sie
einmal aufhört zu würken?

Damas.

Von der Lebenskraft. Sie hört auf zu würken,
sobald der Mechanismus des Körpers zerstört ist.

Theo=

Theokles.

Wissen wir es aber auch von der Denkkraft?

Damas.

Das Räthsel vermag ich nicht zu lösen.

Theokles.

Es läßt sich vielleicht vermuthen, daß sie einmal zu würken aufhören werde, doch nicht gewiß behaupten; denn die Denkkraft und Lebenskraft würken, so lange sie in einer Substanz verbunden sind, mit einander und durch einander; aber jede von ihnen würkt doch auch in derselben Substanz gewissermaßen für sich, und unabhängig.

Damas.

Allein, wenn die Lebenskraft ganz aufhört zu würken, sollte damit nicht auch das Ende der Aeusserungen der Denkkraft verknüpft seyn?

Theokles.

Für unsre Beobachtung wohl, allein ob absolut? ist eine andre Frage. Eben weil der lebende Körper das Organ der Denkkraft ist, wodurch sie ihre Würkungen erweist, scheint es uns, daß, wenn der Körper stirbt, auch die Denkkraft aufhöre, die wir nur aus ihren Würkungen durch den Körper, so lange diese, vermöge des in ihm seyenden Lebens-

C 3   prin-

prinzipiums, für die Denkkraft, als äusseres Werk-
zeug, brauchbar war, erkannten. Aber der Künst-
ler kann fortexistiren, wenn auch seine Instrumente
vernichtet sind; und so, sollt ich meinen, wäre es
auch mit der Denkkraft, gesetzt, daß ihr Organ, der
Körper, zerstört würde.

Damas.

Nun, wir wollen die Fortdauer dieser Denkkraft nach dem Tode einmal annehmen; worein
würden Sie denn ihr Wesen setzen?

Theokles.

Das weiß ich nicht. Sie sagten ja selbst, das
Wesen einer Kraft kenne kein Mensch. Besser, wir
nennen dasselbe ein unbekanntes Etwas, als wir
nennen es Geist, das nur ein Titel ohne Gehalt ist.
Und so würde ich es auch mit dem Begriffe von der
Gottheit machen. Die Gottheit ist die Kraft aller
Kräfte, und das unermeßliche Weltall ist ihr Organ, wodurch sie in die Unendlichkeit hin ihre Würkungen erstreckt; denn nur aus den Würkungen erkennen wir eine Urkraft oder eine Gottheit, und denken Sie sich einmal den Gedanken recht lebhaft:
Sie werden eben so ehrfurchtsvoll niederfallen und
anbeten, als sonst.

Da-

Damas.

Also nach dem Tode bliebe nur die Denkkraft des Menschen übrig, das heißt, die Kraft zu erkennen, das Erkannte zu gebrauchen, und nach der Erkenntniß zu wollen; die Natur dieser Kraft aber ist unerforschlich. ——

Theokles.

Eben, weil sie unerforschlich ist, nannte ich sie vorher geistig. Ich dachte nicht, daß Sie einen andern Begriff mit dem Worte geistig verbänden, und bediente mich des Worts nur, weil ich kein anders zur Bezeichnung der Denkkraft, als Kraft, wußte; denn eigentlich giebt's gar keines dafür.

Damas.

Aber ich erinnere mich, Sie behaupteten auch, daß das Grundwesen des Menschen, welches nach dem Tode übrig bliebe, nicht bloß geistig, sondern zugleich materiell sey?

Theokles.

Das hab' ich freilich behauptet; allein ich gab Ihnen dabei den Grund an, warum? Keine Kraft kann ohne ein materielles Subjekt seyn, wenn sie fähig werden will, für unsre Erkenntniß ihre Würkungen zu erweisen. Denken Sie sich das Subject weg, und so mag die Kraft für sich übrig bleiben,

aber

aber nach den Schranken unsers Verstandes ist sie
alsdann nicht mehr gedenkbar. Wollen wir uns
also innerhalb dieser Schranken halten, wie wir, als
Menschen, wohl thun müssen, so müssen wir auch
der nach dem Tode übrig bleibenden Denkkraft des
Menschen ein materielles Organ einräumen.

Damas.

Aber die körperliche Maschine verliert ja durch
der Tod nichts von ihren Theilen. Der Abgang
des materiellen Theils, der zum Grundwesen gehört, und sich durch den Tod mit diesem von dem
Körper trennt, müßte doch bemerklich seyn, wenn
gleich unmittelbar nach dem Tode das Gehirn zergliedert wird. Demungeachtet hat noch kein Anatom, soviel ich weiß, diesen Abgang entdeckt.

Theokles.

Ganz richtig! Noch kein Anatom, so wie noch
kein Mensch, hat auch je die feinste und subtilste
Materie, die sich denken läßt, erkannt. Das Subject der Denkkraft kann materiell seyn, und dennoch
unsinnlich, das heißt, unerkennbar für einen menschlichen Sinn. Und so nehmen ja die größten Phy-
siologen außer den sichtbaren Theilen des Gehirns
noch eine feine Materie an, die sie bald Lebens=
geist, bald Aether nennen, und die man in dem tot-
ten Körper nicht mehr suchen müsse. Den Ursprung
der Ideen, deren die Seele sich bewußt wird, erklären

sie

sie aus den Schwingungen oder dem Drucke, der durch
die Einwürkung der äussern Gegenstände in diesem
ätherischen unsichtbaren Theile des Gehirns ent-
stehe. Sie legen nämlich diesem ätherischen Theile
eben die Elasticität bei, wie der Materie des Lichts.
Wenn man sich nun diese ätherische Materie in ihrer möglichen und höchsten Feinheit denkt, so wird
es wenigstens nicht mehr so unbegreiflich, wie sie im
Moment des Todes aus dem Körper entfliehn könne. Ihr Einwurf also scheint mir die Behauptung
noch nicht umzustossen, daß, wenn die Seele nach
dem Tode existirt, und zwar als eine Kraft, wir
ihr auch ein Subject beilegen müssen, weil wir uns
sonst keinen Begriff von ihrer Existenz zu machen
im Stande sind.

Damas.

Ich will es zugeben; aber wo, lieber Freund,
an welchem Orte sollen nun die Millionen von den-
kenden Subjecten existiren, die vor uns ihre körperliche Hüllen verlassen haben, und sie in den Jahrtau-
senden der Nachwelt noch verlassen werden? Sie
wissen, daß man ihnen bald die Luft, bald irgend einen Planeten oder Fixstern zum Wohnplatze angewiesen hat. Ein neuerer Schriftsteller hat sogar
eine Wanderung der geistigen Wesen in Rücksicht
auf den Ort angenommen, und glaubt, wir Menschen mögten wohl schon im Monde existirt haben,
würden in der Folge in einen der Sonne nähern Pla-

neten,

neten, und endlich in die Sonne selbst versetzt werden; natürlich denn weiter aus einem Sonnensy-
steme in's andre, damit es in den Ewigkeiten nicht
an Reisestationen fehle. Diese Ideen haben mir
einmal viel Vergnügen gemacht, und der Dichter
kann sie vortreflich brauchen, aber sie gehören zu den
Seifenblasen, wovon ich vorher sagte. Das einzige, was sich noch von dem Orte des künftigen Aufenthalts der Seelen mit Wahrscheinlichkeit sagen
läßt, ist wohl, daß sie im Raume existiren werden.
Allein auch hier tritt eine große Schwierigkeit ein.
Der Raum ist unendlich, das heißt, ich kann ihn in
meiner Vorstellung nach allen Richtungen ausdeh-
nen, und komme nie an die Gränze. Aus der Unendlichkeit des Raumes folgt Unendlichkeit der Materie; denn einen leeren Raum giebt es an und für
sich nicht; da Raum überhaupt an und für sich
nichts, sondern bloße Bedingung der sinnlichen Erkenntniß ist. Wenn also die Materie unendlich seyn
muß, so weiß ich nicht, wo die Seelen nach dem
Tode, besonders bei den Eigenschaften, die Sie ihnen zuschreiben, Platz finden werden. Eine jede
muß doch einen Theil des Raumes einnehmen, sey
dieser Theil nun auch so klein er wolle, und doch giebt
es keinen Theil des Raumes, der nicht schon Materie enthielte, also nicht schon für die Aufnahme eines neuen Subjects verschlossen wäre. Da kommt
der besser weg, der Unsterblichkeit der Seele überhaupt leugnet. Alsdann erscheint das ganze Uni-

versum,

versum, wie ein ewiger Kreislauf von Veränderungen, wo aus demselben Stoffe unaufhörlich neue Gestalten und Formen entstehn, die sich nach einiger Zeit in denselben Stoff wieder auflösen.

Theokles.

Fürchten Sie nichts. Wenn ich nur die Unsterblichkeit der Seele mit mathematischer Strenge beweisen könnte; um den Ort ihres künftigen Aufenthals würd' ich mir weiter keine Sorge machen. Wir können uns freilich denselben nicht anders, als im Raume, denken, aber warum können wir das nicht anders?

Damas.

Weil uns die Sinne keine andre Vorstellung von der Existenz einer Substanz möglich machen.

Theokles.

Also sind doch die Sinne nur allein an der Beschränkung dieser Vorstellung schuld?

Damas.

Ich glaub' es.

Theokles.

Wie nun? wenn die Sinne aufhören, die Werkzeuge zu seyn, wodurch die Seele allein Vorstellungen erhalten kann; wenn der Körper stirbt,

und

und die Denkkraft ihn verläßt, und für sich absolute
existirt; sollte sie denn nicht eine andre Art von Existenz sich noch vorstellen können, als die im Raume?

Damas.

Es kömmt darauf an, ob die Seele, wenn sie
vom Körper getrennt ist, überhaupt noch neue Vorstellungen bekommen kann, außer denen, die sie
schon hat?

Theokles.

Warum nicht? Kann sie Vorstellungen bekommen durch das Medium des Körpers; wie viel
mehr muß sie dieselben bekommen, wenn dieses Medium nicht mehr zwischen ihr und den Gegenständen
ist, die sie sich vorstellt? In jenem Falle erhielt sie
dieselben mittelbar; in diesem unmittelbar; in jenem sind die Vorstellungen beschränkt, in diesem
unbeschränkt. Und vielleicht gehörte die Idee, daß
Existenz nur im Raume möglich sey, zu den be-
schränkten. Ganz anders wird diese Idee werden,
wenn die Vorstellung des Universums von der Seele
unmittelbar empfangen, nicht erst, vermöge der
Sinn, gebildet wird.

Damas.

Sie nehmen also an, daß nach dem Tode, wenn
die Denkkraft nicht mehr durch die Sinne eingeschlossen wird, sie von dem Universum eine unbeschränkte

Idee

Idee erhalten werde? — Gern würd' ich Ihnen
das zugeben, wenn ich dann nur noch einen Unterschied zwischen der menschlichen Seele und der Gottheit aufzufinden wüßte. Bloß diese hat, menschlich
zu reden, eine unbeschränkte Idee vom Universum;
nach Ihrer Meinung aber soll die Seele nach dem
Tode sie auch haben; sie wäre also in Ansehung dieses Prädicats der Gottheit nicht nur ähnlich, was
man allenfalls gestatten könnte, sondern sogar ma-
thematisch gleich.

Theokles.

Sie haben mich nicht recht verstanden, lieber
Freund. Es war nicht die Rede davon, daß die
Seele eine unbeschränkte Idee des Universum im ei-
gentlichsten Sinne, so wie sie der Gottheit zukömmt,
haben werde, sondern nur, daß ihre Idee davon
nicht mehr die Schranken haben würde, welche sie
hat, so lange die Seele dieselbe durch die Sinne erhält. Ich behauptete, daß die Seele nach dem
Tode, wo sie die Fesseln des Körpers abwirft, sich
eine andre Existenz, als bloß im Raume, denken
könne, und Sie zweifelten, ob die Seele überhaupt
ohne Sinne neue Vorstellungen empfangen dürfte.
Diesen Zweifel wollt' ich nur aus dem Wege räumen.

Damas.

Nun erst begreif ich Sie. Sie meinen nämlich:

3) Wir

1) Wir Menschen können uns, als Menschen, die Existenz der Seele nicht anders, als im Raume, vorstellen.

2) Im Raume aber kann die Seele nicht seyn, weil die Materie schon unendlich ist, und es gar keinen leeren Raum giebt, der nicht ausgefüllt werden könnte.

3) Gleichwohl fließt hieraus noch nicht, daß die Seele darum überhaupt nicht existiren könne. Denn, daß wir uns Existenz nicht anders, als im Raume, vorzustellen vermögen, daran sind unsre Sinne schuld. Wenn die Seele dereinst von diesen nicht mehr gehindert werden wird, kann sie sich eine andre Art der Existenz, als im Raume, vorstellen, und folglich kann sie doch seyn.

Theokles.

Jetzt fassen Sie das Resultat zusammen. Daß die Seele nach dem Tode existiren werde, haben wir vorausgesetzt, wo sie existiren, und wie sie existiren wird, wissen wir nicht, und können es als Menschen niemals ergründen.

Damas.

Wie wenig ist es doch, was der Mensch von der Zukunft jenseit des Grabes weiß! — Man sollte das einem jeden sagen. Denn ich habe Menschen

schen sterben gesehn, welche die Todesangst um desto heftiger zerriß, weil sie von dem Zustande, der sie erwartete, mehr zu wissen glaubten, als sie wirklich wußten.

Theokles.

Eine sehr wahre Bemerkung, die Sie da machen! und woraus es sich erklären läßt, daß oft religiöse Menschen, besonders wenn sie mystische Religionsbegriffe haben, grade am unruhigsten sterben.

Damas.

Natürlich; es ist gewissermaßen Vorurtheil, daß der Tugendhafte immer ein sanftes Ende nehme. Es hängt alles von der Reihe der Bilder ab, welche der Seele in der Todesstunde vorschweben; manches auch von momentanen Eindrücken; denn diese können dem edlen Mann so gut, wie dem Bösewichte, den Tod schrecklich machen. Einer meiner geliebtesten Freunde träumte kurz vor seinem Tode, er sey schon in der Hölle, und alles Zureden konnte ihn nicht zu sich selbst bringen. Nachher entdeckte ich, daß die Ursache dieser seiner peinigenden Vorstellung ein Feuer war, welches nicht weit vom Bette im Camine brannte, und wovon die Flamme ihm in die Augen schien. Das Feuer wurde ausgelöscht, und er ward ruhiger. Nach einiger Zeit war der Tocht des Lichts sehr lang geworden; ich putzte das Licht, und es verbreitete sich plötz-

lich

lich eine sanfte Helle im Zimmer. Auf den Sterbenden machte dies den glücklichen Eindruk, daß er
sich einbildete, ihm sey die göttliche Gnabe erschienen, und er werde selig werden. Im Entzücken
barüber starb er. —

Theokles.

Wir sind von unserm Zwecke abgekommen.
Es ist freilich wenig, was der Mensch von dem Zustande jenseit des Grabes weiß, aber aus dem Wenigen lassen sich boch einige fruchtbare Folgerun-
gen ziehen.

Damas.

Und was wären das für welche?

Theokles.

Erstlich. Die Denkkraft strebt hienieben nach
Erkenntniß des Wahren, Guten und Schönen;
das wird sie auch jenseit des Grabes thun.

Zweitens. Je mehr einer hienieben seine
Denkkraft geübt, und je besser er sie angewandt hat,
auf einer desto höhern Stufe der Vollkommenheit
und Glückseligkeit wird er nach dem Tode stehn.

Drittens. Je reiner, je ebler, je erhabner die
Vorstellungen sind, die ein Mensch hier im Leben
eingesammelt hat, besto schönre Früchte werden sie
ihm nach dem Tode bringen.

Vier=

Viertens. Folglich wird das Bewußtseyn der Tugend beseligen, und das Bewußtseyn des Lasters foltern; und da, wo Sinnlichkeit den Tugendhaften nicht mehr zerstreun, und den Lasterhaften nicht mehr betäuben kann, ist dies Himmel und Hölle genug.

Damas.

Noch eins; glauben Sie auch, daß wir nach dem Tode uns wiedersehn werden?

Theokles.

Ob wiedersehen? — Das wird von den Organen abhängen, worin die Denkkraft nach dem Tode gehüllt werden wird. Aber, wenn die Freundschaft unsre Gesinnungen harmonisch macht, wenn wir sympathetisch empfinden, wenn wir gemeinschaftlich nach dem höchsten Wahren, Guten und Schönen streben, wenn wir uns zur Anbetung des Unendlichen vereinigen, dann werden wir uns wieder erkennen, wenn wir uns auch nicht wiedersehen.

Göttingen.

Buhle.

Zur

Seelenheilkunde.

Die Beiträge zur Seelenheilkunde sind bisher immer noch die wenigsten gewesen, obgleich grade dieses Feld in einem Magazin der Erfahrungsseelenkunde am meisten bearbeitet zu werden verdiente. Jeder Mensch liegt an irgend einer Idee, an irgend einer Lieblingsgrille krank, und es ist uns unendlich viel daran gelegen, sonderlich bei der Erziehung, zu wissen, wie dieser oder jener von jener Krankheit geheilt wurde, durch welchen Ideenumtausch seine Vorstellungskraft eine bessere Richtung bekam, was Zeit, Umstände, Umgang, Lectüre dazu beitrugen, und wie überhaupt der menschliche Geist nicht nur vor Irrthümern in frühern Jahren bewahrt, sondern auch in spätern, sonderlich wenn jene Irrthümer einen großen Einfluß auf's practische Leben hatten, davon zurück gebracht werden konnte.

Die Curen der Seele haben viel Aehnlichkeit mit der Heilung körperlicher Krankeiten. In beiden Fällen muß der Patient oft Arzeneien gebrauchen, die sehr bitter sind, wenn sie eine gute Würkung haben sollen. Am bittersten kommen uns gemeiniglich die Heilmittel gegen die Krankheiten der

Seele

Seele vor; theils weil die wenigsten Menschen —
so sehr es auch andre bemerken, an ihrer Seele krank
zu seyn glauben, und also sich gegen die ihnen ange-
botenen Mittel sträuben; theils auch, weil die wenigsten Seelenärzte ihre Patienten mit weiser Schonung zu heilen wissen, sondern nach einer Methode
verfahren, die den Schwächen jener unangemessen,
ist, und die Wunden mehr aufreißt, als heilt.

Welcher Menschenfreund wird sich nicht betrü-
ben, wenn er um sich herschaut, und bemerkt, daß
die meisten Leiden, die die Menschheit drücken, von
uns selbst herrühren, daß ein Theil derselben sich
durch einen unersättlichen Ehrgeiz, durch eine traurige Habsucht nach Titeln, Ehrenstellen, Beloh-
nungen höchst unglücklich macht, und oft seine hei-
ligsten Pflichten jenen Leidenschaften, die eine gesunde Philosophie nicht billigen kann, aufopfert;
daß ein andrer Theil von Menschen durch einen
überspannten Grad der Sinnlichkeit vor der Zeit
verwelkt, und alle Kraft in Thätigkeit, allen Einfluß in's Beste der Gesellschaft durch einen erschlaff-
ten Körper, durch einen noch erschlafftern Geist
verliert; daß wieder andere durch eine giftige Ver-
läumbungssucht, durch einen unauslöschlichen Hang
zum Betrügen und die Wahrheit zu verstecken, ihr
Glück untergraben, und die Zufriedenheit vieler andern vielleicht auf immer stören; daß überhaupt die
Unmäßigkeit der Leidenschaften und das aufgehobene

Gleich-

Gleichgewicht der menschlichen Seelenkräfte an allen den Uebeln Schuld sind, die von uns selbst herrühren, und den Erdkreis überschwemmen. — —
Und welcher Menschenfreund wird, durch dergleichen Beobachtungen veranlaßt, nicht wünschen,
daß durch eine genaue Kenntniß des menschlichen
Herzens immer mehrere Heilmethoden jener See-
lenkrankheiten in Gang gebracht werden mögten,
und daß vornehmlich jeder aufgeklärte Erzieher es
sich zur Pflicht machen mögte, auf die Mittel, Umstände, Lagen, Ideenverbindungen, moralischen Gefühle Acht zu geben, wodurch die Seele nach und
nach, oder auch auf einmal zu einem gesunden
Selbstbesinnen kommt.

Ich habe so manchmal darüber nachgedacht,
woher es doch kommen möge, daß bei aller neuen
Erziehungskunst und Aufklärung, wenn man das
Ding beim Lichte betrachtet, die Menschen doch
noch nicht viel besser geworden sind, und zu werden scheinen, und ich habe gefunden, daß noch nicht
die genauste Aufmerksamkeit auf die Bildung junger Seelen gewandt werden müsse. Bei noch genauern Beobachtungen, und durch den Umgang
mit vielerlei Erziehern und Zöglingen habe ich vornehmlich wahrgenommen, daß man den ersten versteckten Keimen des moralischen Uebels in den Kinderseelen nicht nur nicht fleißig genug nachspürt,
sondern auch bei den ersten Aeußerungen der Sin-
neslust,

neslust, des Ehrgeißes, der Rechthaberei, des Eigensinnes, der Spottsucht und anderer Herzens-seuchen zu sorglos ist, und das Uebel nicht auf eine weise und geschickte Art in der Geburt zu ersticken sucht. Man arbeitet immer zu sehr im Ganzen, hemmt nur den Ausbruch grober Fehler, und läßt die Cultur des besondern Menschen, oder jeder sei-ner individuellen leidenschaften liegen. Freilich kostet dies sehr viel Menschenstudirung, sehr vielen pädagogischen Fleiß; allein der Garten wird immer verwildert bleiben, wenn nicht das Unkraut mit der Wurzel ausgerissen wird, und hie und da Nesseln stehen bleiben, die man auszureissen nicht der Mühe werth achtet.

Wie äusserst interessant müßte es daher nicht seyn, wenn mehrere aufmerksame Menschenkenner und Erzieher die Mittel der Welt bekannt machen wollten, wie sie diese und jene leidenschaft ihrer Zöglinge zu bessern, zu mildern, und ihr eine gute Richtung geben lernten. Z. B. Wie sie ein eigen-sinniges Kind von seinem Eigensinn; eine Gemüths-art, die überall das lächerliche aufsucht, von die-sem Uebel; einen Knaben oder Mädgen von ihrer Verstellungskunst, wieder ein anders von der Nei-gung zu lügen u. s. w. geheilt haben. Eben so wich-tig für die Belehrung der Menschen würden getreue Darstellungen von schon erwachsenen Männern und Frauenzimmern seyn: wie sie nach und nach über so manchen Fehler ihres Herzens Herren wurden,

und

und wie es ihnen gelang, durch die Stimme der
Vernunft das Gewicht der Leidenschaft zu unter-
drücken. Je genauer dergleichen Schilderungen
wären, je nutzbarer würden sie seyn, und je leichter
würden andere Menschen in ähnlichen Lagen dadurch
zu gleichen Siegen über ihre Fehler vermogt werden. Wir werden selten dadurch zu einer moralischen Besserung gebracht, wenn man uns gradezu
die Mittel und Regeln vorschreiben will. Stärker und mächtiger würken auf uns Beispiele und
Schilderungen von andern Personen, worin wir
uns gleichsam wie in einem Spiegel erblicken, und
ohne daß sie an uns gerichtet zu seyn scheinen, uns
nicht selten die edelsten Entschliessungen ablocken.

Ich bitte und ermuntre die bisherigen Mitarbeiter dieses Magazins, in ihrem Kreise, in ihrem
Umgange und ihren Verhältnissen auf die Mittel
aufmerksam zu seyn, wodurch Menschen von ver-
jährten Fehlern des Herzens zurückkamen, oder
auch davor bewahrt wurden, und jede ihrer Beobachtungen und Entdeckungen wird gewiß den Lesern
der Erfahrungsseelenkunde äußerst willkommen seyn.

P.

Zur
Seelenzeichenkunde.

Fragmente aus dem Tagebuch eines Beobach=
ters Seinselbst.

Die Furcht, lieber alles in der Welt als eitel,
schmeichlerisch und heuchlerisch zu scheinen,
hat mich von unzähligen, wenigstens gesetzmäßigen
(wenn auch nicht der Quelle nach tugendhaften)
Handlungen, besonders solchen, die an Großmuth
gränzen, zurückgehalten. Denn der mögliche Ge=
danke andrer, ich wolle besser scheinen, als ich sey,
war mir unerträglich; lieber wollte ich in der behag=
lichen Mittelmäßigkeit bleiben. Aber ist nicht eben
diese Furcht ein Beweis von einer raffinirten Eitel=
keit, und daß ich eben deswegen den Schein dersel=
ben haßte, weil ich wirklich eitel war? Zugleich
ist's aber auch ein Beweis, daß ich mit ziemlicher
Kälte viel über einen Entschluß zu denken pflegte,
und über dem Denken die Wärme zum Handeln
verlor.

Bei Anton Reisers Bemerkung (Th. 3. S.
276): „Mystik und Metaphysik treffen in so fern

wirk=

wirklich zusammen, als jene oft eben das vermittelst
der Einbildungskraft zufälligerweise herausgebracht
hat, was in dieser ein Werk der nachdenkenden
Vernunft ist," fielen mir Kants Träume eines
Geistersehers ein, in Beziehung auf seine jetzigen
Schriften. Kant realisirt jetzt durch ernste, kalte
Philosophie seine Phantasieen und Träume; welches um so begreiflicher ist, da in jenem Buche doch
ein Philosoph phantasirt hat, und diese sollen ja wohl
öfters im Traume besser als im Wachen räsonni-
ren. Vielleicht wahrer, inniger, origineller! Ob
ich gleich kein Philosoph bin, so hab' ich doch oft die
erhabensten, größten und befriedigendsten Blicke
und Uebersichten im Schlafe — vielleicht sind sie
aber nur alsdann im Verhältniß zu der schwächern
und mattern Denkkraft größer, erhabner und be-
friedigender: denn dasjenige, dessen ich mich am
Morgen noch deutlich davon erinnere, hat doch bei
weitem diesen Werth nicht, den ich am Abend vorher zu fühlen glaubte, vielleicht weil ich früh mehr
als Abends verlangte.

———

Beobachtungen über meinen Charakter: Wenig feine Empfindungen — wenig Rührung —
intensiv und extensiv schwache Phantasie — schweres Denken; mühsames Schreiben — abstractes
und subtiles Denken, zuweilen Spitzfindigkeit —
Unglaube und Zweifelsucht — Kälte, langsame
Prüfung, Furcht vor Uebereilung und Schwärmerei;

tei; beinahe Aergerlichkeit über den, mit dem ich
nicht sympathisiren kann. — Achtung für's Gute,
so fern es recht und erhaben ist. — Gewohnheit,
das Mangelhafte, die Schranken des Guten und
Bösen zu bemerken. — Mäßigung in der Liebe und
im Abscheu, Billigkeit, affectfreies Urtheil — Gewohnheit, Unähnlichkeiten schnell zu bemerken,
Scharffinn. — Unterlassungssünden aus Mangel
an Eifer. Diese halte ich meist für schlimmer, als
Begehungssünden aus Stolz und gröberer Sinnlichkeit. — Uebergewicht der vorstellenden Kräfte.
— Hang zur Sonderbarkeit. — langsamer Wechsel der Vorstellungen. — Festigkeit einmal befestig-
ter Neigungen und Gewohnheiten, weil solche Lagen der Vorstellungen, worin Neigungen anfangen,
selten sind, also leichter vorhandne fordauern, als
neue entstehen. — Absondrung des Denkens vom
Empfinden und Handeln. — Feste Freundschaft.
Wenn auch äussere Ursachen Trennung veranlassen,
und die Empfindung geschwächt ist, so ist doch die
innerste verborgne Neigung kaum zu erschüttern. —
Wenig Eitelkeit, viel Stolz — lebhafte Aeusserung
und Gefühl eigner Mängel; Verbergung des Guten; eine gewisse Scham, gut zu scheinen, und Empfindungen, Eifer mit Worten zu zeigen, die Beifall
erhalten könnten. — Schwierigkeit, sich jedesmal in die gehörige Stimmung zu versetzen. —
Schwäche des Triebs, andern zu gefallen, in gewissen Stücken. —

D 5 　　　　　Ich

Ich denke mehr in Gesellschaft, und fühle mehr in der Einsamkeit. Der abwesende Freund ist mir mehrentheils wichtiger und interessanter, meine Empfindungen für ihn zärter, zuweilen gar enthusiastisch, als der Freund, mit dem ich eben spreche. Es ist, als wenn mich etwas gewaltsam zurückzöge, wenn ich Freundschaftsgefühle in Worten ergießen will; ich fürchte, zu wenig zu sagen, und doch vielleicht dem Freunde mehr sagen zu scheinen, als ich empfand. Will ich's doch, so erkaltet mit den Worten die Empfindung. Eine verworrne Empfindung von Schaam unterdrückt den Ausbruch von Gefühlen für's Gute, wo ein Zeuge dabei ist, und diese Scham schwächt auch so lange die Empfindung selbst. In erwachsnen Jahren hab' ich auch vielleicht nie aus eigner Rührung oder Mitleid in andrer Gegenwart geweint, selbst da, wo ich mit dem innersten Gefühl den Gedanken verband, daß vielleicht eine Thräne des Mitgefühls Trost für den geliebten leidenden seyn würde. Kaum war ich allein, so ergoß sich das volle Herz in einen Strom von Thränen.

Die männlichen Eigenschaften des Geistes zogen mich immer am stärksten an. Standhaftigkeit, Festigkeit, Duldsamkeit und Muth waren mir sehr bald die verehrungswürdigsten Eigenschaften eines Mannes, und ich dachte mir immer künftige Lagen meines erwachsnen Alters, wo ich diese auf eine recht

recht auszeichnende und glänzende Art ausüben und
zeigen wollte; doch lag mir an dem Fecisse beinahe
mehr. Der Umgang mit kleinen Kindern war mir
mehrentheils zu fad, und ein Erwachsner, der mich
in eine ernsthafte Unterredung zog, erwarb sich dadurch meine ganze Zuneigung. Jede eigentlich kin-
dische Behandlung, die manchmal captatio be-
nevolentiae seyn sollte, würkte grade das Gegentheil; ich fühlte mich gedemüthigt. Es war mir
fast immer ärgerlich, wenn ich aus der Gesellschaft
der Erwachsnen unter die Kinder verwiesen wurde.

Wie kommt's, daß mich in Wissenschaften, die
ich eigentlich studire, nicht bloß im Vorbeigehn an-
sehe, beinahe nichts, was ich gearbeitet vorfin-
de, nur zur Hälfte befriedigt, daß mir's, wenn's
Andre noch so gut finden, doch das Rechte nicht ist,
und ich immer eine — oft nur dunkle, aber äusserst
lebhafte — Ahndung von etwas Besserm fühle, die
mir den Genuß dessen, was da ist, zur Hälfte verdirbt, und macht, daß ich's auch nicht so fortpflanze
und brauche, wie es wohl gut wäre. Wo es dann
geschehen muß, weil ich nichts Beßres weiß und
habe, da geschieht's doch mit Widerwillen und Un-
lust, deren unzeitigen Ausbruch ich oft gewaltsam
hemmen muß. Ist das Seelenkrankheit, oder
was sonst?

An

An dem Mangel an Wärme und Enthusiasmus
für's Gute, besonders für's Moralische, ist mein
Hang zum Speculiren, zum Auflösen und Zerglie-
dern, zum allgemeinen, abgezognen Denken, vornehmlich schuld. Gespaltne Strahlen wärmen minder als vereinte, und gespaltne Gedanken können
das Herz nicht erwärmen, und ein kühles Herz kann
nur aus Eitelkeit Eifer heucheln. Ich finde immer
Bedenklichkeiten gegen die Reinheit und den ächten
Gehalt des Guten, und kann mich nicht schnell und
feurig dafür interessiren. Ich finde es oft verdächtig, wenn auch das Herz zu wallen anfängt, diesen
Aufwallungen mich preiß zu geben; besonders hält
mich aber die Erinnerung an etwas zurück, das
sich meiner öftern Bemerkung dargeboten hat. Ich
meine dieses, daß wir öfters, um das glänzende
Gute zu thun, einen Theil der Erfüllung unsrer stillen, eingeschränkten, nahen, aber deshalb nicht un-
heiligen Pflichten aufzuopfern pflegen. Ich bin ein-
geschränkt, und fühle es, daß ich's bin, und will
nicht weiter würken, als ich kann. Es ist auch eine
Art von Aufopferung, und die unedelste Art derselben wohl nicht, auf große Tugenden Verzicht zu
thun, um die kleinern zu behaupten, und es ist eine
Art von geistiger Enthaltsamkeit, die mir so wichtig
scheint, als die körperliche nur immer seyn mag,
welche darin besteht, seiner Sittlichkeit keinen höhern Schwung geben zu wollen, als man, ohne
Schwindel und gefährlichen Fall zu befürchten, jetzt
eben

eben aushalten kann.   Auch der Trieb nach Erhöhung seiner edelsten Vollkommenheit, das heißt, der
sittlichen, kann durch Ausschweifung und Ueber-
schnellung seinen eignen Endzweck aufhalten und
hindern. — Der andre Hauptgrund meiner Kälte
bei Veranlassungen, wo ich hätte warm seyn sollen,
ist der Mangel an Biegsamkeit und Geschmeidigkeit
meines Charakters, die mühsame und schleppende
Umschmelzung der Gestalt und des Tons meiner
Vorstellungen.   Ich bin eben in andre Gedanken
vertieft, in fremdartige Betrachtungen und Gefühle
hineingezogen, die meine ganze Vorstellungskraft
noch beschäftigen und fesseln.   Nun kann nichts
tiefe Eindrücke auf meine Seele machen, alles Heterogene wird abgestoßen, oder in meinen vorigen
Gedankenkreis hineingezogen, wo es nun ganz anders aussieht, und ganz etwas anders würkt, als
wenn außer dieser und in einer ganz andern Verbindung es mir sich darstellte.   Am kältesten werde ich,
wo die Begriffe des andern, mit dem ich eben zu
thun habe, mir zu idealisch, seine Foderungen über-
trieben, der Eifer schwärmerisch und von keiner all-
seitigen Vorstellung der Sache, wie sie in der wirklichen Welt ist und seyn kann, begleitet zu seyn scheint.

M.

Bela

Belag
zur
Geschichte der Ahndungen.

Die Ahndungsgeschichte, welche Herr Bartels
in seinen Briefen über Calabrien und Sici-
lien *) S. 408. ff. erzählt, verdient sehr, in Ihrem
Magazin zur Erfahrungsseelenkunde aufbewahrt
und psychologisch beleuchtet zu werden; ob das Phänomen gleich selbst nicht so unerklärbar seyn mag,
als Herr Bartels glaubt. Hier ist die ganze Stelle:

„Es scheint, es liegen noch Kräfte in den Menschen, bis zu deren Entstehungsquelle bis jetzt das
Auge des scharfsinnigsten Psychologen nicht hat dringen können, und unter diese gehört das Vermögen
der Vorahndung oder der Vorempfindung zufälliger
künftiger Dinge, bei nicht erhitzter Einbildungskraft.
Alle die Hokus Pokus der Somnambuleurs und ihrer Lehrer lassen sich bis jetzt noch wohl, so viel ich
glaube, durch Erhitzung der Einbildungskraft, Anstrengung der geschwächten Nerven, und Reiz des
Zeugungstriebes, hervorgebracht gedenken; — aber
daß

*) Göttingen. 1787. 8. 1ster Theil.

daß eine Frau alle die Schrecken des Erdbebens im
Schlaf voraussah, und sie anzeigte, ihre Phantasie nicht erhitzt war, wie sie dies that, man auch
gar nicht weiß, wie durch Ideenassociation die Vorstellungen grade jetzt in ihr erregt werden konnten,
und sie doch alles vorher sah, und vorher verkündigte, das bleibt mir ein unerklärliches Phänomen.
Sonderbar aber ist's, daß der größte Theil ähnlicher
Entdeckungen fast immer an Weibern gemacht wird,
oder es fast immer alte abgelebte Menschen, oder
von zerrüttetem Nervensystem sind, bei denen wir
diese Kräfte bemerken.   Komme diese Kraft woher
sie wolle, folgende Geschichte ist unläugbar wahr.
(Ich habe verschiedene Zeugen davon gesprochen,
und die Erzählung steht selbst ungefähr eben so in
der Beschreibung des Erdbebens von der Akademie).
Donna Lukrezia Ruffo, eine siebenzigjährige Frau,
sah im Schlaf eine Nacht zuvor alle Schrecken des
Erdbebens (1783), und ward dadurch so erschüttert, daß sie mit einem heftigen Klaggeschrei erwachte.   Ihre Familie, aus dem Schlaf gestört,
eilte furchtvoll zu ihr hin, und wie sie ihr die Ursache
erzählte, und besonders eine genaue Beschreibung
von der Seerevolution gab, ward sie verlacht. Ihr
Schwiegersohn war hernach einer von denen, der
sehr vom Meere gemißhandelt, verschlungen und
wieder ausgeworfen ward, dann sich in eine Menge
Netze verwickelte, und beinah so auf die traurigste
Art erstickte."   So weit der Reisebeschreiber.

Wenn

Wenn auch die Sache, wie sie hier erzählt wird, buchstäblich wahr seyn sollte (so leicht auch sonst den Reisebeschreibern etwas Wunderbares und Seltsames aufgebunden wird, — wovon fast alle Reisebeschreibungen die deutlichsten Beweise enthalten): so scheint sie doch für die Ahndungen nichts zu beweisen. Wer weiß denn erstlich gewiß, daß die Frau von aller erhitzten Einbildungskraft frei war, als sie den Traum hatte? Wer weiß, welche Bilder, Beschreibungen und Erzählungen von vergangenen Erdbeben ihr grade damals vorschwebten, als sie einschlief? In einem Lande, wo dergleichen schreckliche Naturphänomene öfter vorfallen, wo man die Kinder schon von Jugend auf mit Erzählung derselben unterhält, — ist's ja wohl nichts unnatürliches, von einem Erdbeben zu träumen. Die Frau war ohnedas alt; folglich sehr wahrscheinlich von einer ängstlichen und furchtsamen Gemüthsart, und von schwachen Nerven; — wie viele alte Weiber mögen dort von Erdbeben träumen! Also in dem Traum selbst liegt nichts ungewöhnliches, nichts unerklärbares. — Aber sie sah alle Schrecken des nachher erfolgten Erdbebens vorher? — Wenn sie einmal von einem Erdbeben träumte, so war es wieder sehr natürlich, daß ihr die Phantasie die Schrecken desselben vormalte; — sie sah vermöge dieser Phantasie Häuser umstürzen, Feuer aus der Erde hervorbrechen, die See in heftige Bewegung gerathen, und was sich sonst bei einem Erdbe-

ſchreckliches zutragen konnte. Alles dies waren natürliche Folgen einer einmal durch die Einbildungskraft entſtandenen Ideenaſſociation, die man hier
freilich, ſo wie überhaupt die Folge der Traumideen
bei den meiſten Menſchen, nicht beſtimmt angeben
kann, weil die Seele im Schlaf über ſich ſelbſt zu
reflectiren nicht ſehr aufgelegt iſt. — Aber ſie ſahe
die Schrecken dieſes wirklichen Erdbebens vorher?
Hier entſteht nun die große Frage, die uns der Verfaſſer nicht beantwortet, ob ſie die Schrecken des
geträumten Erdbebens nur überhaupt, oder nach
allen einzelnen Umſtänden ſo genau beſchrieben
habe, daß man die Erfüllung des Traums ſelbſt
im Detail nicht läugnen konnte. Jene Beſchreibung überhaupt würde nichts beweiſen; denn alle
Erdbeben haben ja wohl in Abſicht des mit ſich füh-
renden Schrecklichen eine Aehnlichkeit mit einander,
— ja ſelbſt bei einer genauern Erfüllung einzelner geträumter Umſtände, die hernach beim Erdbeben wirklich vorfielen, konnte ſich vieles noch durch
einen bloßen Zufall ereignen, — vieles konnte das
alte Weib auch hinterher geträumt zu haben glauben, was ſie nicht geträumt hatte, wie gemeiniglich zur Erfüllung eines bedeutenden Traums ſo
manches hinterher zugeſetzt wird, um dem Dinge
ſo recht den Anſchein einer Ahndung zu geben.

Das, was bei der angeführten Erzählung am
auffallendſten iſt, beſteht darin, daß die Donna

Ruffo grade die Nacht vorher von dem Erdbeben
träumte. Allein, sollte man hiervon nicht lieber einen physischen Grund, als gewisse geheime Kräfte
der Seele anzugeben suchen, die doch, so lange wir
die denkende Substanz des Menschen nicht genauer
kennen, — nichts als eine Hypothese bleiben werden, die durch die Neigung der Menschen zum Wunderbaren ihre vornehmste Stärke erhält. Wenn
die Idee von einem Erdbeben in der Seele der sie-
benzigjährigen Frau entstand: so konnte die Veranlassung dazu aus einem physischen Vorgefühl von jener schrecklichen Revolution entstehn, welches sich
mehrere Tage vorher nicht nur bei Menschen, sondern sogar bei Thieren zu äussern pflegt, wie ich aus
mehrern Erzählungen von gebornen Italiänern und
glaubwürdigen Männern weiß, die jenes ängstliche
Vorgefühl wirklich empfunden haben. Nach der
Erzählung dieser Männer fühlen viele Menschen vor
einem bald entstehenden Erdbeben eine innere Ban-
gigkeit, eine Mattigkeit in ihren Gliedern, ein
schweres Athmen, welches wohl von der Veränderungen der Luft abhängen mag, die vor jedem Erdbeben hergehn soll. Herr Bartels behauptet, daß
wenigstens beim letztern Erdbeben die Menschen
nichts davon vorher empfunden hätten; — aber
wie leicht konnten selbst die Vorzeichen an Thieren
einen ängstlichen Traum über eine nahe bevorstehende Erdrevolution hervorbringen, und die Veranlassung zu der Ideenassociation bei der Donna Ruffo
werden,

werden, die sich der Verfasser nicht erklären kann, da sie doch sehr natürlich in jenen Vorzeichen liegen könnte.

Nachdem er die Lufterscheinungen, die der Aberglaube in dortigen Gegenden für Vorzeichen halten wollte, als solche geläugnet hat, fährt er so fort: „Merkwürdiger sind unstreitig die Vorempfindungen, die sich an lebenden Geschöpfen zeigten. Nur der Mensch blieb von diesen Vorgefühlen frei; — (aber alle, und ein jeder? — wer kann das bestimmen?) weder auf seinen Körper, noch auf die Heiterkeit seines Geistes hatte es den geringsten Einfluß; seine Empfindungsnerven wurden durch das," was in den Thieren die quälendste Unruhe veranlaßte, nicht gerührt; ein Beweis, wie weit schärfer das Perceptionsvermögen t·ch den äussern Sinn bei den Thieren als bei den Menschen ist. Aber auch bei den Thieren selbst nahm man hier eine große Verschiedenheit wahr. Bei einigen äusserte es sich früher, schneller und heftiger, bei andern später, langsamer und gelinder. Diese Begebenheiten sind zu sonderbar, als daß ich Ihnen nicht das, was ich davon zuverlässig weiß, mittheilen sollte. Die Fische im Meer schienen kurze Zeit vorher, und während der ganzen traurigen Periode, wie in einem Taumel zu leben, eilten unruhig im Wasser, häufiger als sonst, in die Netze der Fischer, und büßten ihre Vorempfindung durch einen frühen Tod.

E 2   Die

Die Vögel in der Luft durchkreuzten, wie von irgend einer Furcht gejagt, schreiend die Luft, und auch sie schienen weniger schlau, den Fallstriken der Menschen entgehn zu können: eben die Unruhe bemerkte man an Gänsen, Tauben, Hünern u. s. w. Unter den vierfüßigen Thieren schienen Hunde und Esel die zu seyn, auf die dies Vorgefühl am frühesten und heftigsten würkte; sie liefen mit wildem starren Blick furchtsam umher, und füllten mit schrecklichem Geheul und Geschrei die Luft. Pferde, Ochsen, Maulesel und andre ähnliche Thiere zitterten vorher am ganzen Körper, stampften wiehernd und brüllend den Boden, spitzten die Ohren, und ihr Auge rollte starr und argwöhnisch umher. In dem schrecklichen Moment selbst stemmten sie die Beine auf dem Boden von einander, damit sie sich vor dem Fall hüteten, und doch wurden sie oft niedergestürzt. Einige suchten kurz vorher vergeblich zu fliehen, wurden aber von dem Toben der Erde erreicht, und blieben unbeweglich stehn. Die Schweine schienen am wenigsten dies Vorgefühl zu äussern; aber die Katzen, obgleich später, als die Esel und Hunde, doch sehr heftig. Sie krümmten sich, ihr Haar fing an starr wie Borsten empor zu stehn, ihre Augen wurden blutig und wäßrig, und sie stellten ein schreckliches Klaggeschrei an.

Daß übrigens obige Ahndungsgeschichte der Donna Ruffo durch Zeugen bestätigt wird, die

ber

der Verfasser darüber gesprochen haben will, thut
zur Verificirung einer wirklichen Ahndung nichts.
Waren jene Zeugen aufgeklärte Leute, liessen sie sich
nicht hintergehn, waren sie nicht schon für die Ahndungsgeschichte eingenommen, und hatten sie das
Ding mit philosophischer Aufmerksamkeit geprüft?
Die Menschen werden nur zu leicht betrogen, wenn
es auf Wundererzählungen ankommt, und der scharf-
sinnigste Kopf muß grade alsdann selbst sehr auf seiner Hut seyn. Die Akademie zu Neapel hat die
nämliche Geschichte erzählt, und fast eben so, wie
der Verfasser; aber — wie oft haben sich die hoch-
löblichen Akademieen täuschen lassen!

Ich merke noch geflissentlich die Stelle aus des
Verfassers Briefen an, daß nämlich dergleichen
Phänomene fast immer an Weibern, an abgelebten
und nervenkranken Personen jene Vorhersehungs-
kräfte bemerkt werden sollen. Ich glaube aber,
daß uns auch nichts als diese Bemerkung selbst gegen diese Kräfte mißtrauischer machen sollte. Die
weibliche Phantasie ist, nach dem Zeugniß aller Psychologen und aller Zeiten, der größten Ausschweifungen fähig. Die Schwärmerei jeder Art hat immer in der Seele des andern Geschlechts eine
freundliche Aufnahme gefunden, und die Geister-
seherei, Traumdeuterei, Ahndungswuth, Vorher-
wisserei wird nie aussterben, so lange es Weiber
giebt. — Abgelebte Personen sind schon darum
E 3 nicht

nicht mehr gültige Zeugen ihrer schwärmerischen
Aussagen, von gewissen an sich bemerkten sonderbaren Phänomenen, weil sie oft die Schwäche des
Geistes an richtigen Untersuchungen hindert, weil das
Alter sehr abergläubig, furchtsam und leichtgläubig
ist, und weil sein Hang zum Wunderbaren die Phantasie so leicht auf Abwege bringt. Nervenschwache
Menschen endlich — — sollen die die Gefäße jener
geheimen Kräfte der menschlichen Seele seyn? —
O welche erbärmliche Maschinen hätte dann die Natur zur Darstellung ihrer Geheimnisse gewählt, und
wie wenig könnte die Vernunft solchen Kräften
trauen, die erst durch eine Erschlaffheit der Menschennatur sichtbar werden könnten.

Unterdessen scheinen unsre aufgeklärten Zeiten
in der That jenen sonderbaren unpsychologischen Satz
allgemein machen zu wollen, daß die Größe und
Erhabenheit der Menschennatur erst durch gewisse
vorhergegangene Erschlaffungen der Vernunft sichtbar werden können, und daß, um die Vollkommenheit derselben kennen zu lernen, allerlei ungewöhnliche Krisen der Empfindung vorhergehn müßten.
Diesen Irrwahn haben nicht bloß die Bremischen
Geschichten einer sonderbaren Gattung des neumo-
dischen Wahnwitzes befördert, sondern es sind
mehrere Umstände zusammengekommen, selbst von
Seiten der religiösen Schwärmerei, um jenen Unsinn gültig zu machen. Eine natürliche Folge unsrer
neuen

neuen schwärmerischen Religionsbegriffe, die alles
auf bloße Emfindungen reduciren wollen, und
eben dadurch jedem schwachen Kopfe Gelegenheit
geben, sich den Gesetzen eines vernünftigen Nachdenkens über religiöse Gegenstände zu entziehn, und
seiner verworrenen Einbildungskraft, das, was das
Größte, Erhabenste und Heiligste an dem Menschen ist, — seine gesunde Vernunft aufzuopfern.

Fort-

Fortſetzung des Lebens des H. Cardans.

„Als ich mehr zum Knaben heranwuchs, und ſich
oblge Erſcheinungen verloren hatten, ſo tra-
ten zwei andre an ihre Stelle, die hernach beſtändig
blieben, und noch jetzt vorhanden ſind, obgleich,
nachdem ich meine Probleme geſchrieben, und meinen Freunden bekannt gemacht hatte, eine jener Erſcheinungen bisweilen aufhörte. Die eine beſteht
darin, daß ich, ſo oft ich die Augen gen Himmel richte, den Mond ſehe; die andre ſonderbare
Eigenſchaft iſt die (welche ich zufällig bemerkt habe),
daß, wenn ich dazwiſchen komme, wenn ſich leute
ſtreiten, kein Blut vergoſſen, auch keiner verwundet wird. Ich habe mich daher mit Vorbedacht zwiſchen Zänker und Aufrührer gemiſcht, und
es iſt niemals einer dann verwundet worden. Wenn
ich in Geſellſchaft mit Jägern wár, ſo habe ich ſogar bemerkt, daß das Wild weder durch Spieſſe,
noch durch Hunde verwundet wurde; und ich habe
mich hierin nie getäuſcht; ſo daß, als ich einſtmals
den Fürſten Miglovani auf die Jagd begleitete, und
ein Haaſe gefangen wurde, den man den Zähnen der
Hunde entriß, derſelbe ganz unbeſchädigt war, worüber alle erſtaunten. Bloß bei freiwilligen Abza-
pfungen des Bluts, und bei Hinrichtung öffentlicher

Ver-

Verbrecher äuſſert ſich jene ſonderbare Eigenſchaft meiner Natur nicht.‟ —

„Etwas anders ganz ſonderbares in meinem Leben iſt auch das, daß ich dann aus meinen traurigen Lagen herauskam, wenn gar keine Hülfe mehr da zu ſeyn ſchien. Und ob dies gleich ganz natürlich zuging, ſo machte doch die Art und Weiſe, daß es häufig, ja beſtändig ſo kam, daß man es übernatürlich nennen mögte.‟ — (Eben ſo, ob gleich das obige Geſicht mit dem Hahn natürlich zuging, ſo war es doch wunderbar, daß das nämliche Geſicht ſo und auf die nämliche Art wiederkam.) *)

Ich will noch zwei Beiſpiele erzählen, wie ich auf einmal durch eine beſondre Leitung des Himmels aus meiner traurigen Lage herausgeriſſen wurde. Es war 1543 im Sommer, um welche Zeit ich täglich gewohnt war, das Haus des Ant. Vicomerati, eines Patriciers unſrer Stadt, zu beſuchen, und daſelbſt den ganzen Tag hindurch Schach zu ſpielen.

E 5 Wir

*) Ein lebhaftes Bild der Imagination, das ſich durch irgend einen Umſtand tief der Seele eingedrückt hat, pflegt im Wachen ſowohl als im Schlafen augenblicklich wieder zu erſcheinen, daher das öftere Träumen von dem Hahn, da die Idee ohnedas mit einer innern Furcht verbunden war, ſehr natürlich zuging. P.

Wir spielten um ein bis vier Realen jedes Spiel, so daß ich, da ich zu siegen gewohnt war, fast jeden Tag ein Goldstück, bald auch mehr, bald weniger mit wegtrug. Der Mann gab sein Geld gern, und ich hatte einen doppelten Gewinn, mein Gold und meinen Sieg im Schachspiel. Ich kam aber dadurch so herunter, daß ich schon über zwei Jahre weder auf meine Künste, noch auf meinen Verdienst, noch auf meinen Ruf und die Studien Rücksicht genommen hatte. Eines Tags, gegen Ende des Augusts, nahm mich der Mann, entweder weil sein öfteres Verlieren im Spiel ihn zu gereuen anfing, oder weil er sahe, daß ich von meinem Vorsatz auf keine Art abgebracht werden konnte, vor, und zwang mich zu schwören, daß ich niemals des Spiels wegen wiederkommen wollte. Ich schwur bei allen Göttern, und von diesem Tage an legte ich mich ganz auf die Studien."

(Ein andermal nöthigt ihn der Einsturz seines Hauses sein Vaterland zu verlassen.)

„Ich will noch ein Beispiel, obgleich von einer etwas andern Art, erzählen. Ich lag eben an einem Brustgeschwür krank, woran ich schon oft bis zur Verzweiflung gelitten hatte, und las in den Collectaneen meines Vaters, wenn jemand des Morgens früh um acht Uhr den 1sten April die Mutter Maria mit gebeugtem Knie und dem Vater Unser und

und mit dem englischen Gruß die heil. Jungfrau an⸗
riefe, daß sie bei ihrem Sohn um eine erlaubte
Sache eine Fürbitte einlegen mögte, man seine Bitte
erfüllt sehn würde. Ich bemerkte den Tag und die
Stunde, verrichtete mein Gebet, und wurde noch
in dem nämlichen Jahre kurirt. Lange Zeit drauf
wurde ich auch auf die nämliche Art vom Podagra
kurirt; ob ich mich hierbei auch gleich der Arznei⸗
kunst bediente.‟

„Nun will ich auch noch vier sehr sonderbare
Phänomene in Absicht meines ältesten Sohns, an⸗
führen, davon sich das eine an seinem Tauftage, das
andre in seinem letzten Lebenjahre, das dritte in der
Stunde, als er sein Verbrechen, warum er hinge⸗
richtet wurde, bekannte, das vierte vom ersten Tage
seiner Gefangenschaft an, bis an seinen Todestag,
ereignet hat.‟

Man höre folgende abergläubige Grillen eines
Mannes, der übrigens als ein so großer Kopf, als
ein Prodigium der Gelehrsamkeit bekannt ist. —

„Mein ältester Sohn war 1534 gebohren. Als
er getauft war, schien die Sonne sehr hell in's Zim⸗
mer, — um die fünfte und sechste Stunde des Ta⸗
ges. Alle waren nach der Gewohnheit bei der Wöch⸗
nerinn gegenwärtig, das Kind und die Wärterinn
ausgenommen. Der Vorhang war vom Fenster
weg⸗

weggenommen, und hing an der Wand, als auf ein
mal eine große Horniß hereinkam. Sie umflat-
terte das Kind, alle Anwesende fürchteten sich, sie
that aber keinem etwas, sondern flog mit einem so
heftigen Geräusch gegen den Vorhang, als wenn
eine Trommel geschlagen würde. Wir liefen hinzu;
fanden nichts, und doch hatte sie auch nicht hinaus-
kommen können, da wir sie genau mit unsern Augen verfolgten. Alle prophezeihten daraus nichts
Gutes; aber keiner muthmaßte doch einen so traurigen Tod des Kindes."

„In dem Jahre, als mein Sohn umgebracht
wurde, schenkte ich ihm ein neues seidenes Kleid, wie
es die Aerzte zu tragen pflegen. Mit diesem Kleide
ging er eines Sonntags vor das Thor, wo sich ein
Fleischer aufhielt. Eins seiner Schweine sprang
aus dem Kothe auf, rannte auf meinen Sohn zu,
und beschmuzte ihn so abscheulich, daß die Fleischer
und Nachbarn mit Spiessen das Schwein wegzu-
treiben suchten, bis mein Sohn sich endlich selbst
durch die Flucht von ihm befreite. Wider seine
Gewohnheit kam er sehr betrübt zu mir, erzählte
alles, und fragte: was das Ding zu bedeuten hätte?
Ich antwortete ihm: er mögte sich in Acht nehmen,
daß, da er ein so schweinisches Leben führe, er nicht
auch einmal ein solches Ende nehme! — ob er gleich,
sein Würfelspielen und seine Unmäßigkeit im Essen
und Trinken ausgenommen, der beßte Junge war,
und ein schuldloses Leben führte.

Es

„Es war im Hornung, und der Anfang des nächstfolgenden Jahrs, als ich mich zu Pavia aufhielt, und dort Collegia las, als ich von ungefähr meine Hand besah, und unten an meinem rechten Goldfinger das Bild eines blutigen Schwerdtes erblickte. Ich gerieth in ein plötzliches Schrecken. Den nämlichen Abend kam ein Bote zu Fuß mit Briefen von meinem Schwiegersohn, worin er mir meldete, daß mein Sohn gefangen sey, und daß ich nach Mailand kommen mögte. Von diesem Tage an ließ sich dieses Zeichen dreiundfunfzig Tage lang sehen, es stieg immer höher. Am letzten Tage war es bis zur obersten Fingerspitze hinaufgerückt, und sah flammend blutroth aus. Ich, ob ich gleich nicht so etwas vermuthete, war vor Schrecken doch ganz ausser mir, wußte nicht, was ich sagen oder denken sollte, — um Mitternacht wurde mein Sohn mit einem Schwerdte hingerichtet, den Morgen drauf war das Zeichen auf meinem Finger fast ganz verschwunden, den Tag drauf war nichts mehr davon zu sehn."

„Beinahe zwanzig Tage vorher, als er gefangen saß, stubirte ich in meiner Bibliothek, und hörte eine Stimme, als wenn jemand etwas Bejammernswürdiges bekannte, das bald ein Ende nehmen sollte; es war, als wenn mir das Herz geöffnet, zerfleischt und aus dem Leibe gerissen würde. Wüthend sprang ich auf, lief in den Hof, fand da Leute, von denen

nen ich das Haus gemiethet hatte, und schriee laut
aus (indem ich wohl wußte, wie sehr ich meinem
Sohn helfen konnte, wenn er sein Verbrechen nicht
eingestehn, oder gar daran unschuldig seyn würde,):
„Ach! weil er sich des Todes seiner Frau bewußt ist, und ihn nun bekannt hat, so wird er
zum Tode verdammt und mit dem Beil hingerichtet werden." Ich kleidete mich sogleich an
und ging auf den Markt, wo ich meinen Schwiegersohn sehr traurig fand. Wo wollen Sie hin?
fragt' er. Ich besorge, war meine Antwort, daß
mein Sohn alles bekannt hat. So ist's, erwiederte er, er hat eben alles bekannt; ich hatte jemand
ausgeschickt, der horchen sollte, und dieser hat mir
den ganzen Verlauf der Sache erzählt."

„Zu andern Eigenheiten meiner Natur gehört
auch die, daß mein Fleisch bisweilen wie Schwefel
und Weihrauch riecht."

„Auch dies war sonderbar an mir, daß ich, da
frei von Sorgen war, selbst mit Beihülfe meiner
Lehrer, weder den Archimedes noch Ptolomäus verstehn konnte; im hohen Alter hingegen, dreissig
Jahre darnach, von Geschäften umringt, von Sorgen gehindert, hab' ich beide, ohne andre Beihülfe,
deutlich verstehn können."

Es wird selten ein großer Mann ohne einen
kleinen Aberglauben irgend einer Art gefunden werden.

den. Die Aufgeklärtheit der Vernunft, der Scharffinn des Geiftes schützt nicht immer vor allerlei Vorurtheilen, die man entweder schon in der Jugend eingesogen hat, oder in spätern Jahren aus einer gewissen Anhänglichkeit an dem Wunderbaren anzunehmen pflegt, sonderlich wenn sich Privatneigungen bei Annahme jener Vorurtheile mit in's Spiel mischen. Jeder große Kopf scheint irgend eine Stelle an sich zu haben, die man nicht stark berühren darf, ohne sehr deutliche Vernunftblößen; ich will nicht sagen, ohne eine kleine Tinktur von Wahnsinn zu bemerken. Die menschliche Seele hat gleichsam ihre Fächer; — mehrere können mit den vortreflichsten Kenntnissen und mit einer lichtvollen Helle der Vernunft angefüllt seyn; aber ein einziges kann dem ungeachtet Unsinn enthalten. Daher das unbegreifliche Eclipsiren so vieler vortreflichen Köpfe, daher das unbegreifliche Ankleben derselben an gewissen, sonderlich Religionsirrthümern, da ihr Scharffinn in andern Fächern, z. B. in der Mathematik, und ihr blinder Glaube an theologische Wahrheiten, die der Vernunft schnurgrade entgegen stehn.

Cardan *) vereinigte in seinem Kopfe eine ungeheure Masse gelehrter Kenntnisse. Lessing schätzte ihn

---

*) Leibnitz sagt von ihm: Qui étoit effectivement un grand homme avec tous ses défauts, & auroit été incomparable sans ces défauts. E. Théodicée pag. 435.

ihn erstaunlich hoch, und seine Schriften verrathen
oft eine durchdachte Philosophie, die man in damaligen Zeiten nicht hätte erwarten sollen. Aber bei
seinen vortreflichsten Gedanken, sonderlich in der
praktischen Philosophie, bei seiner großen Menschenkenntniß, bei seiner reifen lecture der Alten sieht
man dem ungeachtet immer einen Schwärmer, der
sich Dinge erträumte, die nicht waren, und die doch
in seinen Augen sonnenklare Wahrheiten zu seyn
schienen. Seine Neigung zum Sonderbaren, die
in tausend physischen und moralischen Stimmungen
seiner Natur ihren Grund haben mogten, hielt ihm
sehr oft ein falsches Glas vor, durch welches er anders als andre Menschen sah. Eine stete Aufmerksamkeit auf sich selbst, und die Würkungen seiner
Phantasie, ließ ihn Wunderdinge an sich wahrnehmen, die ganz natürlich zugingen, und seine Kränklichkeit des Körpers erzeugte nach und nach in ihm
eine Eigenthümlichkeit der Laune, über die er nicht
mehr Herr zu werden vermogte. Zugleich lag der
Grund zu seinen vielen und sonderbaren Ideen mit
in den Umständen des damaligen Zeitalters, und
in der Art, wie man sich damals gelehrte Kenntniß
erwarb. Wer irgend einen Ruf als Gelehrter haben wollte, mußte sich mit auf die Astrologie legen,
was sonderlich im sechszehnten Jahrhundert in Italien der Fall war. Diese Wissenschaft, welche bei
den meisten in eine bloße Sterndeuterei ausartete,
verwirrte damals sehr viele Köpfe, und gewöhnte

sie

sie leicht an den Gedanken, zukünftige Dinge vor-
hersehn zu können, und lenkte auf ihre Verehrer
eine ängstliche Aufmerksamkeit in Absicht der Schicksale ihres Lebens. An eine gesunde, von so vielen
physischen Hypothesen gereinigte, Philosophie war
überhaupt genommen noch nicht zu gedenken, der
Glaube an geheime Wunderkräfte der Natur be-
herrschte noch alle gelehrte Köpfe, und der geheime
Stolz stellte deswegen eine Menge von sonderbaren
Männern damaliger Zeit auf, die an sich ausserordentliche Dinge wahrgenommen haben wollten,
worunter Cardan gewiß den ersten Platz behauptet.

Es sind schon in dem Vorhergehenden eine
Menge dergleichen sonderbarer Phänomene von Cardan erzählt worden. Manches Ueberflüssige, was
nicht hierher gehört, hab' ich aus seiner Erzählung
ausgelassen. Vielleicht dürfte die Fortsetzung seiner Lebensbeschreibung manchem Leser des Magazins noch interessanter als das vorhergehende vorkommen, indeß glaub' ich, wird doch keiner sich von
ihm hinreissen lassen, seinen Träumereien Glauben
beizumessen, sondern wird sein Leben immer aus
dem Gesichtspunkte eines ausserordentlichen gelehrten Schwärmers betrachten.

Im 37sten Kapitel seiner Biographie fährt er
fort die sonderbaren Eigenschaften, die er an sich
wahrgenommen, zu erzählen, wozu denn auch seine

Träu-

Träume gehören, die nach seiner Meinung sehr richtige Vorbedeutungen seiner Schicksale gewesen sind. Wie leicht konnte sich Cardan eine Erfüllung derselben erträumen, da ihm unzählige Unglücksfälle Gelegenheit gaben, sie auf gewisse vorhergehabte Traumbilder zu appliciren!

―――――――

„Um das Jahr 1534, da ich mich noch zu nichts bestimmt hatte, und meine Sachen sehr schlecht standen, saß' ich mich einst des Morgens im Traume, als ob ich am Fuße eines mir rechter Hand liegenden Berges umher lief. Zugleich erblickte ich eine ungeheure Menge Menschen von allerlei Ständen, Geschlechtern und Altern, nämlich von Weibern, Männern, Greisen, Knaben, Kindern, Armen und Reichen, die alle verschieden gekleidet waren. Ich fragte, nach welchem Ziele wir nun eigentlich alle liefen? und einer von denselben antwortete mir: zum Tode! Ich erschrack. Da ich grade den Berg zur linken Hand hatte, wand mich so, daß ich ihn zur rechten bekam, und fing an, die Weinreben, welche von der Stelle an, wo ich stand, bis in die Mitte des Berges mit dürren Zweigen, wie im Herbst, bedeckt und ohne Trauben waren, zu ergreifen und auf den Berg hinanzuklettern. Anfangs ging es sehr mühsam, da der Berg oder Hügel am Fuße ziemlich steil war; als ich aber die steile Stelle überstiegen hatte, wurde es mir vermöge der

Weinreben leicht hinaufzusteigen. Ich kam auf
den Gipfel und erblickte, indem ich begierig war,
über denselben fortzuschreiten, eine Menge nackter
und steiler Steinklumpen, und es fehlte nicht viel,
daß ich mich nicht in die tiefe Erde warf, und in
den finstern Abgrund hinabstürzte; so daß mich dieser Traum, obgleich schon funfzig Jahre verflossen
sind, wenn ich daran denke, noch erschreckt und
traurig macht. Ich wand mich daher zur Rechten,
ging weiter, ohne daß ich vor Furcht wußte, wohin, und erblickte mich endlich im Vorhofe eines
Bauerhauses, welches mit Spreu, Binsen und
Schilf bedeckt war, und führte einen Knaben von
ungefähr zwölf Jahren in einem aschfarbigen Kleide
an meiner rechten Hand, — wo ich dann erwachte.‟

Nun höre man, wie Cardan sich selbst diesen
Traum, der ein ganz gewöhnlicher Traum war —
erklärt und auslegt. Dieser Traum deutete offenbar die Unsterblichkeit meines Namens, meine beständigen und ungeheuren Arbeiten und Mühselig-
keiten, mein Gefängniß, meine große Furcht und
Traurigkeit, meine harte Lage wegen der Steine,
meinen fruchtlosen Zustand wegen des Mangels an
Bäumen und nützlichen Kräutern, aber doch auch
meiner einstweilen angenehmen, einförmigen und
bessern Schicksale an. Mein Traum hat mich be-
lehrt, daß ich einen beständigen Ruhm haben würde; denn die Weinreben bringen eine jährliche Ernd-

F 2 te.

te. Der Knabe zeigte meinen guten Schutzgeist
an, oder vielleicht auch meinen Enkel. Das Bauer-
haus in der Einöde, die Hoffnung zur Ruhe. —
Der Schrecken und der Abgrund, den ich erblickte,
hat den Fall meines Sohns anzeigen können."

„Ein andermal träumte es mir, als ob ich
vom Körper getrennt im Mondhimmel war, und
mich über meinen einsamen Zustand beklagte, als
ich auf einmal folgende Stimme meines Vaters
vernahm: Ich bin dir von Gott zu deinem
Wächter gegeben. Alles ist hier voll von
Seelen, die du aber nicht siehst, so daß du
weder mit mir noch mit ihnen reden kannst.
Du wirst aber in diesem Himmel siebentausend
Jahre bleiben, und eben so lange in den andern Planeten, bis zum achten, alsdann wirst
du in's Reich Gottes eingehn! Diesen Traum
hab' ich mir so ausgelegt: Die Seele meines Vaters zeigte meinen Schutzgeist, der Mond die Gram-
matik, Mercur die Geometrie und Arithmetik, Venus die Musik, die Weissagungsgabe und die Dicht-
kunst, die Sonne die Sittenlehre, Jupiter die Naturlehre, Mars die Medicin, Saturn den Ackerbau, die Kräuterkunde und die übrigen geringern
Wissenschaften, der achte die Erndtelese, nämlich
die Weisheit und andre Studien u. s. w. an."

Er erzählt noch einige andre Träume, die wir
übergehn können. Merkwürdig ist's, mit welcher
Ueber-

Ueberzeugung, daß jenes alles auf eine wirklich wunderbare Art und auf eigenthümliche Veranlassung Gottes geschehn sey, er seine Traumerzählung schließt. „Zu meinen Verdiensten, sagt er, kann man alles dies nicht rechnen. Es sind Geschenke Gottes, der keinem etwas, am wenigsten mir, schuldig ist. Diejenigen irren sich auch gröblich, welche sich einbilden, daß jene Dinge von mir aus einer eiteln und mächtigen Ruhmbegierde, wovon ich ganz entfernt bin, ersonnen worden wären, — und warum sollte ich endlich das Gute, was ich nicht durch mich, sondern durch Gottes Gnade besitze, mit solchen Märchen und Fabeln zu verunstalten suchen?“

Im 38sten Kapitel berührt er fünf besondre Eigenschaften, durch welche er unterstützt worden ist.

„Bisher, fährt er fort, hab' ich von mir als einem Manne gesprochen, der sogar bisweilen unter andern Menschen in Absicht seiner Natur und seiner Wissenschaft stand. Nun will ich aber von meiner in der That wunderbaren Natur reden, die um soviel bewundernswürdiger ist, da in mir etwas liegt, wovon ich nicht weiß, was es ist, was nicht aus mir durch eigne Kräfte hervorgebracht wird, was meine Kräfte übersteigt, und was ich am Ende des 1526sten Jahres oder am Anfange des folgenden entdeckt habe, so daß seit

F 3   der

der Zeit 46 Jahre verfloſſen ſind. Ich nehme nämlich wahr, daß etwas von auſſen mit einem Geräuſch,
und zwar grade von der Seite in mein Ohr ſchallt,
wo von mir geſprochen wird. Iſt's etwas Gutes,
ſo gelangt es, es mag nun von der rechten oder linken Seite herkommen, in mein rechtes Ohr, und
macht ein ordentliches Geräuſch; iſt's etwas Böſes, ſo iſt das Geräuſch tumultuariſch, und kommt
grade von der Stelle her, wo die tumultueriſchen
Stimmen entſtehn. Wenn die Sache öfters übel
abläuft, ſo wird die Stimme, da ſie auf der linken
Seite geendigt werden ſollte, angeſtrengter, und
die Töne vermehren ſich." Er erzählt noch mehr
von dieſer Gabe, fremde Stimmen zu hören, welche mit dem 1568ſten Jahre verſchwand; ferner
behauptet er, daß er vermöge der Träume kurz bevorſtehende Dinge (33 Jahre lang) habe vorherſehn
können. Was er von einem gewiſſen Glanze ſagt,
der ihn gegen ſeine Nebenbuhler geſchützt, und zu
ſeinen Arbeiten und Geſchäften auf eine angenehme
Art aufgeholfen habe, iſt wie ſo vieles, was er über
ſeine geheimen Kräfte geſchrieben hat, unverſtänd-
lich, ob er gleich jenen Glanz, wo nicht für eine wirklich göttliche Sache, aber doch für ein Meiſterſtück
der menſchlichen Natur erklärt. Cardan glaubt,
daß ihm jene Eigenſchaften von Gott zum Troſte
bei ſeinen mannichfaltigen Leiden gegeben worden
ſind, und führt noch zuletzt im 38ſten Kapitel an,
daß auch dies ein ſehr ſonderbares Phänomen gewe-

ſen

fen fey, daß er nie von seinem Unglück befreit worden, als bis er habe verzweifeln wollen, bis keine
Hoffnung mehr für ihn dagewesen sey, und daß er
dann immer in neue Abgründe hinabgestürzt sey,
wenn es mit ihm gut gestanden. „Mein Leben,
sagt er, glich einem Schiff mit drei Ruderbänken,
daß bei den Ungewittern bald in den tiefsten Abgrund
geworfen, bald auf die höchsten Wogen hinaufge-
schleudert wird. O wie oft hab' ich bei mir dieses
mein klägliches Schicksal beweint! — nicht nur,
weil alles sehr übel ging, und alle Hoffnung verschwunden war, sondern weil ich auch meine Schicksale nicht so einrichten konnte, wie ich wollte, und
keinen Ausweg zu meiner Rettung vor mir sah. —
Aber nach zwei bis drei Monaten war alles ohne
meine Bemühung und mein Zuthun verändert
u. s. w.

Kap. 39. Handelt von seiner Gelehrsamkeit.

„Ich habe die Sprachkunst, so wie auch das
Griechische, Französische und Spanische nie gelernt,
bin aber, ich weiß nicht wie, zur Kenntniß dieser
Sprachen gelangt. (An einem andern Orte sagt er
ausdrücklich, daß er die lateinische Sprache durch
eine Art Wunderwerk auf einmal gelernt.) Eben
so wenig hab' ich von der Rhetorik, Optik und der
Wissenschaft von Gewichten verstanden, indem ich
gar keinen Fleiß darauf gewandt. Die Astrono-
mie ist mir auch unbekannt geblieben, weil sie mir

zu

zu schwer schien, desto eifriger und bis zur Narrheit hab' ich die Musik getrieben, und mich nicht minder in der Theorie verloren   Auf die Geographie, die polemische Philosophie, Moral, Jurisprudenz und Theologie hab' ich mich nicht gelegt, weil sie zu weitläuftige und von meinem Plan entfernte Wissenschaften sind, und den ganzen Fleiß eines Mannes erfoderten. Ich habe aber mich doch auch mit keiner bösen, schädlichen und eiteln Wissenschaft abgegeben, daher ich mich der Chiromettie, der Kunst Gifte zu bereiten und Chymie, so wie auch der Physiognomie enthalten habe, weil letztere eine weitläuftige, höchst schwere Sache ist, ein starkes Gedächtniß und scharfe Sinne nöthig hat, die mir fehlen. Mit der Magie, welche sich auf Zaubereien gründet, mit Citiren der Geister oder Verstorbenen hab' ich mich auch nicht beschäftigt.   Unter den lobenswürdigen Wissenschaften hab' ich vernachläßigt die Botanik, weil mir das Gedächtniß fehlte, den Ackerbau, weil man ihn mehr praktisch üben, als bloß im Kopfe haben muß; die Anatomie, wovon mich vieles abgeschreckt hat.   Verse hab' ich auch nicht gemacht, außer wenn es nöthig war, und das sehr wenige.   Warum mögen mir nun so viele Wissenschaften zugeschrieben worden seyn, woran ich nicht gedacht habe, wenn man nicht meinen Ruf in der Medicin dadurch hat veringern wollen?

Pluribus intentus minor est ad singula sensus.

Auf

Auf die Astrologie, welche künftige Dinge vor-
herzusagen lehrt, hab' ich mich mehr, als ich gesollt,
gelegt, und ihr zu meinem Unglück Glauben beige-
messen. Von der natürlichen Astrologie hab' ich
keinen Gebrauch gemacht, denn ich habe sie erst seit
drei Jahren, nämlich in einem Alter von ungefähr
71 Jahren, erlernt.

„Die Wissenschaften, die ich aber wirklich
verstanden habe, sind folgende: die Geometrie,
Arithmetik, theoretische und praktische Medicin, die
Dialektik, die natürliche Magie, das Schachspiel,
die lateinische und andre Sprachen, theoretische
Musik. Die Schiffskunst hab' ich nicht gelernt,
auch nicht die Kriegs- und Baukunst. — Wenn
man alle vorzügliche Wissenschaften auf sechsund-
dreißig rechnet: so hab' ich mich um sechsundzwan-
zig derselben gar nicht bekümmert, sondern nur zehn
davon getrieben. Verschiedne haben mir aber eine
größre Kenntniß und Erfahrung zugeschrieben, wegen der Darstellung meiner Ideen, welche durch
ein tiefes und festes Nachsinnen, und die Verbindung mit mehrern richtig verstandenen Sachen unterhalten wird. — Zu der Anzahl jener zehn Wissenschaften rechne ich nun noch die Kenntniß sehr vieler Geschichten, welche, ob sie gleich keine eigentliche Wissenschaft ausmacht, doch viel zur Zierde
dessen, was darin enthalten ist, gereicht. Ich muß
noch dies hinzusetzen, indem ich zugleich einen jeden

F 5   er-

ermahne, daß man sich eher mit wenigem als mit
vielem, aber mit anhaltendem Fleiß beschäftigen
müsse. Vorzüglich muß man vor allen Dingen diejenigen Kenntnisse suchen, welche dem menschlichen
Geschlecht, und zuvörderst uns selbst, nützlich sind;
muß zusammenhängende und wahre Prinzipien annehmen, die alten nicht aus Haß oder Ehrgeiz verlassen, sondern bald die bald jene als die besten ver-
suchen. Ob du dich gleich berühmt zu machen oder
einen Vortheil daraus zu ziehn suchst, so ist's doch
besser, eine neue Wahrheit vollkommen zu bearbei-
ten, als tausend zu verfolgen und — nichts zu
Stande zu bringen."

Das 40ste Kapitel seines Buchs handelt von
seinen glücklichen Curen, die er an sehr vielen Kranken verrichtet, und deren Anzahl er auf 180 rechnet. Er betheuert, daß er auch hier nichts aus
Ruhmbegierde oder mit Unwahrheit gesagt habe.

Es war der 22ste December 1557, da mir es
sehr wohl zu gehn schien. Es war Mitternacht,
ich hatte noch nicht einschlafen können, als ich aber
einschlafen wollte, kam es mir vor, als wenn mein
Bette und das ganze Schlafzimmer eine Erschütterung litte. Ich glaubte, es wär' ein Erdbeben.
Endlich überfiel mich der Schlaf, und ich fragte,
sobald es Tag geworden war, den Simon Sofia,
der

der jetzt hier zu Rom lebt, und in einem Rollbette
lag, ob er etwas gemerkt habe? Eine Erschütterung der Stube und des Bettes, war seine Antwort. Um welche Zeit? fragt' ich weiter; um
sechs oder sieben Uhr, erwiederte er. Ich begab
mich darauf auf den Markt, und erkundigte mich
bei mehrern, ob sie in der vergangenen Nacht ein
Erdbeben verspürt hätten? Keiner bejahete es. Ich
ging nach Hause, und siehe! ein Bedienter kam
sehr traurig zu mir gelaufen, und erzählte mir, daß
Johann Baptista (mein Sohn) die Brandoria Se-
rona, seine Geliebte, die aber äusserst arm war,
zum Weibe genommen habe. Hinc dolor, hinc
lachrymae! Ich gehe zu ihm, und finde, daß
alles geschehn ist. — Ich hielt es für einen göttlichen Wink, welcher mir des Nachts den am vorhergehenden Abend gefaßten Entschluß meines
Sohns habe entdecken wollen; denn sobald es Tag
geworden war, ging ich zu meinem Sohn, eh' er
das Haus verließ, und sagte ihm: (nicht bloß weil
ich durch jene Erscheinung aufmerksam gemacht
wurde, sondern er mir selbst sehr zerstreut vorkam,)
Mein Sohn, nimm dich heute in Acht, damit du
nicht ein großes Unglück stiftest. Ich weiß noch
die Stelle, wo ich's ihm sagte, ich war an der Thür,
weiß aber nicht, ob ich etwas von der Erschütterung
hinzufügte. Nicht lange darauf fühle ich nochmals,
daß das Zimmer bebt; ich fühle mit der Hand um
mich)

mich her, und merke, daß mir das Herz heftig
klopft; denn ich lag auf der linken Seite. Ich
wandte mich um, und das Beben des Zimmers und
das Herzklopfen hörte auf. Ich legte mich wieder
auf die linke Seite, und beides kam wieder, daher
ich denn schloß, daß eins aus dem andern entstand.
Ich wußte wohl, daß das Beben der Stube und
des Bettes vermöge des Herzklopfens eine natürliche Erscheinung war, ich sah' aber nicht ein, wie
die erste Erschütterung entstanden seyn sollte; ich
habe nur bemerkt, daß sie eine doppelte Erschütterung war, eine natürliche, welche aus dem Klopfen
des Herzens entstand, und eine andre, die durch
meinen Schutzgeist, vermöge des ersten, hervorgebracht wurde. —

Ein ähnlicher Zufall trug sich 1531 zu. Eine
sanfte Hündinn bellte wider ihre Gewohnheit unaufhörlich fort; — die Raben saßen auf dem Dach-
gipfel und krächzten ungewöhnlich; — ein Knabe
spaltete Holz, und es sprangen Feuerfunken heraus,
— — ich heiratete plötzlich meine Frau, und seit
der Zeit ist mir viel Uebels begegnet. Doch, setzt
der große, aber äusserst abergläubige Mann hinzu,
waren nicht alle dergleichen Dinge von einem göttlichen Einflusse. Denn als ich ungefähr dreizehn
Jahr alt war, ergrif auf dem Ambrosischen Felde
ein Rabe meine Rockfalte, und wollte sie nicht los
lassen,

laſſen, ob ich ihn gleich mit Gewalt mit mir fortzog, und wegjagen wollte, und doch iſt mir damals biele Jahre hindurch, ſo wie auch den Meinen, nichts Uebels begegnet.

„In meiner Jugend konnt' ich auch das, was in der Stube war, im Finſtern eben ſo gut ſehn, als wenn ich Licht gehabt hätte. Aber nicht lange nachher iſt dieſe Fähigkeit verſchwunden.“

Es iſt unbegreiflich, welche Kleinigkeiten der Menſch für gewiſſe Vorherbedeutungen halten kann, wenn einmal ſeine Seele an den Glauben an dergleichen Dinge gewöhnt iſt. Im Februar 1565 brennt ihm das Bette zweimal an, und daraus macht er den Schluß, daß er nicht in Bononien bleiben würde. 1552 ſteigt eine ſtille Haushündinn, die zu Hauſe geblieben iſt, auf den Tiſch, und reißt ſeine Hefte zu öffentlichen Vorleſungen entzwei, läßt hingegen ſein Buch de fato, welches näher vor ihr lag, unberührt liegen, und dies ſoll dann wieder ein Vorzeichen geweſen ſeyn, daß er am Ende des Jahrs aufgehört habe, acht Jahre lang keine öffentlichen Vorleſungen zu halten. Ein andermal löſt ſich die Binde auf, woran ein Smaragd an ſeinem Halſe angehängt iſt; noch ein andermal findet er, daß die Ringe, welche er an ſeinen Fingern trug, alle an einem einzigen ſitzen, und dies hält er dann wiederum

wiederum für Vorbedeutungen seiner Einkerkerung und Befreiung, so wie andrer Uebel, die darauf erfolgt sind.

Vornehmlich schreibt sich Cardan eine Fähigkeit zu, den Ausgang der Krankheiten auf's gewisseste vorhergesehn und bestimmt zu haben, was die eigentliche Ursache des Todes seyn würde. Er stellt darüber mit vielen kostbare Wetten an, und er gewinnt sie jedesmahl. Er führt noch ein Paar sonderbare Beispiele seiner Vorhersehungsgabe im 43ten Kapitel seines Buchs an.

Ein gewisser J. St. Biffo glaubte, daß ich die Chiromantie verstünde; er kam zu mir und bat mich, daß ich ihm etwas in Absicht seines Lebens prophezeihn mögte. Ich erwiederte, seine Bekannten hätten ihn betrogen, ich sey kein Chiromant; demungeachtet dringt er in mich, und ich erkläre: daß er es mir nicht übel nehmen möge, wenn ich ihm etwas sehr hartes vorhersagen würde, — er stehe in Gefahr, im kurzem aufgehangen zu werden. Noch in derselben Woche wird er ergriffen, man bringt ihn auf die Folter, er läugnet sein Verbrechen mit vieler Hartnäckigkeit, nichts destoweniger wurde er nach sechs Monaten aufgehangen, nachdem man ihm vorher die Hand abgehauen hatte.“

„Nicht

„Nicht so zufällig kann das genannt werden, was sich mit dem Paul Eufomia, einem jungen Menschen, und meinem sonstigen Alumnus zugetragen hat. Er war völlig gesund; eines Abends ließ ich mir Papier geben, und schrieb darauf: „daß er, wenn er sich nicht hütete, in kurzem sterben werde." Nicht Sterndeuterei, oder ein mir bekannter Streich, den man dem jungen Mann spielen wollte, lag bei diesem Vorherwissen zum Grunde; ich gebe die Ursachen an, — binnen sechs bis acht Tagen wird er krank, und stirbt in eben so viel Tagen darauf wirklich." —

„Was soll ich von einer andern Begebenheit zu Rom sagen? Soviel Gäste da waren, soviel können sie noch bezeugen. Ich erklärte, daß, wenn sie es mir nicht übel auslegen würden, ich ihnen etwas sagen wolle. Einer aus der Gesellschaft antwortete: Du willst gewiß den Tod eines unter uns vorherverkündigen? Meine Antwort war: ja! Und noch in diesem Jahre, am 1sten December starb er auch wirklich.

Im 43sten Kapitel fährt Cardan fort die Sonderbarkeiten, die er an sich bemerkt haben will, und die er hier gar res prorsus supra naturam nennt, zu beschreiben. Ich führe auch diese als Beläge der erstaunlichen Stärke einer hypochondrischen Einbildungskraft über den Verstand der größten Köpfe an. —

„Als

„Als ich zu Pavia studirte, hört' ich einst des Morgens, eh' ich ganz aufgewacht war, an der Wand einen Stoß; das angränzende Zimmer war ganz leer, — als ich ganz aufwachte, hört' ich den Stoß nochmals, als wenn er mit einem Hammer geschähe. Ich erfuhr darauf, daß um die nämliche Stunde des Abends Galeazius, mein vertrauter Freund, gestorben sey. Doch kann die ganze Sache natürlich zugegangen seyn. Erstlich kann das ganze Phänomen seinen Grund in einem Traume gehabt haben. Zweitens konnte das Schlagen an der Wand von einer natürlichen Ursache herrühren. Endlich drittens konnten meine Bekannten, da sie mich wegen jenes Phänomens niedergeschlagen sahn, und ich aus Furcht den ganzen Tag zu Hause blieb, den Tod meines Freundes fingirt und auf die angezeigte Stunde verlegt haben, ob er gleich viel eher gestorben seyn konnte. Daher ich die Sache auch nicht weiter wunderbar nennen will." Ganz anders urtheilt Carban von folgenden Erscheinungen.

Es war das 1536ste Jahr, als ich einst, ich glaube, es war im Julius, aus dem Speisezimmer herausging. Ich roch sogleich einen heftigen Gestank, als wenn eben eine Menge Wachskerzen ausgelöscht wären. Ich rief meinem Knaben, und fragte ihn: ob er einen Geruch empfände? O welch ein Wachsgeruch! antwortete er — ich hieß ihn
schwei-

schwelgen, fragte die Magd und meine Frau, alle
bewunderten die Sache, meine Mutter ausgenommen, welche, wie ich glaube, wegen des Schnu-
pfens nicht roch. Ich glaubte gleich, daß dieses
wunderbare Phänomen den Tod von jemand anzeigen müßte, ich begab mich wieder in mein Bette,
konnte aber nicht einschlafen. Aber nun trug sich
noch etwas seltsameres zu. Ich hörte deutlich auf
der öffentlichen Straße Schweine grunzen, obgleich
keine vorhanden waren, und Enten schnattern, welches die ganze Nacht dauerte. Von so vielen Erscheinungen niedergeschlagen, wußte ich nicht, was
ich des Morgens machen sollte. Ich lief von der
Frühstückzeit an außer der Stadt herum, kehre endlich wieder nach meinem Hause zurück, und erblicke
meine Mutter, welche mich antrieb, dem vom Blitz
getroffenen Nachbar zu Hülfe zu eilen, — ich lief
hinzu und fand ihn todt.‟

Noch eine andre Erscheinung ist folgende. Als
meine Mutter in den letzten Zügen lag, hört' ich, ob
ich gleich bei hellem Sonnenlichte nichts sahe, fünf-
zehn Schläge — so ungefähr, als wenn das Wasser
tropfenweise auf das Pflaster fällt. Die Nacht vorher zählte ich von dergleichen Schlägen an die 120.
Aber ich stand bei mir an, ob nicht vielleicht einer
meiner Hausleute mir bei meiner Angst einen
Streich spielen wollte, weil die Schläge von der

rechten Hand kamen. — Nicht lange darauf hört'
ich das Geräusch eines mit Brettern beladenen Wagens, als ob sie mit einmal abgeladen würden, mein
Bette zitterte, und — meine Mutter war unterdessen gestorben, weiß aber nicht, setzt er hinzu,
was die Schläge bedeutet haben. Ich will das
übergehn, was mir in der Mitte des Junius 1570
begegnet ist. Es kam mir vor, als wenn jemand
des Nachts bei verschlossenen Thüren und Fenstern
in meinem Zimmer herumwanderte." —

Alles Vorhergehende übertrift an schwärmischer
Einbildungskraft und ungewöhnlichem Unsinn folgendes.

Wer mag wohl der Mann gewesen seyn, fragt
Cardan, welcher mir in meinem zwanzigsten Jahre
den lateinischen Apulejus verkaufte, und sogleich
wieder wegging? Ich war damals nur ein einziges-
mal in der (lateinischen) Schule gewesen, hatte noch
gar keine Kenntnisse in dieser Sprache erlangt, hätte
den Apulejus bloß deswegen gekauft, weil er vergol-
det war — und den andern Tag darauf war ich so-
weit in der lateinischen Sprache, als ich jetzt bin,
hatte auch zugleich das Griechische, Spanische und
Französische mit gelernt, daß ich Bücher darin lesen
konnte, — ob ich gleich von der Sprache und den
grammaticalischen Regeln vorher nichts wußte. Im
Jahr

Jahr 1560 im Monat Mai, da ich wegen des Todes meines Sohns den Schlaf nach und nach verloren hatte, bat ich Gott, daß er sich meiner erbar-
men mögte, indem ich wegen meines beständigen
Wachens entweder sterben, oder wahnwitzig werden, oder mein Amt nothwendig niederlegen müsse.
— Geschähe das letztere, so könnte ich nicht mehr
ein ehrbares Leben führen; geschäh' es, daß ich
wahnwitzig würde, so würde ich ein Spott aller
Leute werden, würde den Rest meines Vermögens
verzehren, und alle Hoffnung meines Unterkom-
mens verlieren, da ich in meinem Alter meine Lebensart nicht mehr verändern könnte: — ich bäte also, daß er (Gott) mich möge sterben lassen, da dies
einmal doch das Schicksal aller Menschen sey, —
und legte mich sogleich in's Bette. Die Stunde verstrich langsam, ich war gezwungen, um zehn
Uhr aufzustehn, weil ich nicht länger als höchstens
zwei Stunden im Bette bleiben konnte. Plötzlich
überfiel mich aber der Schlaf, und es kam mir so
vor, als hört' ich aus der Dunkelheit eine Stimme;
woher? und von wem? sie kam, konnte ich nicht wegen der Finsterniß unterscheiden. Was klagst du,
worüber beunruhigst du dich? eh' ich noch antwortete, fuhr sie fort: über den Tod deines Sohns?
Ich antwortete, ja allerdings! Darauf antwortete
es mir wieder: lege den Stein, welchen du an deinen Hals gehangen, in den Mund, und so lange

du ihn darin hältst, wirst du an deinen Sohn nicht denken! Ich erwachte sogleich, und dachte darüber nach, was mein Smaragd mit dem Nichtdenken an meinen Sohn für eine Verbindung haben könne; — ich that es, und was unglaublich scheinen mögte, ich vergaß alles, was meinen Sohn betraf, theils damals, als ich wieder in Schlaf kam, theils in dem darauf folgenden ganzen Jahre und einem halben. Inzwischen, wenn ich aß, oder öffentliche Vorlesungen hielt, und ich dann den wohlthätigen Smaragd nicht gebrauchen konnte, wurd' ich bis zum Todesschweiß gequält."

In der Nacht vor dem 13ten August 1572 hörte ich von der rechten Seite her ein entsetzliches Geräusch. Ich hatte Licht angezündet, wachte, und es war nicht weit von der zweiten Nachtstunde. Es kam mir so vor, als wenn ein Wagen mit Brettern abgeladen würde. Ich sehe mich um, es war im Eingange meines Schlafgemachs, wo ein Knabe schlief. Die Thür stand offen, und ich sehe auf einmal einen Bauer hereinkommen — blicke ihn scharf an, und — höre von ihm folgende Worte: Te sin casa. Worauf er sogleich verschwand. Ich kannte weder die Sprache, noch sein Gesicht, noch verstand auch, was obige Worte sagen wollten.

Im Monat April 1570 trug sich folgendes zu. Als ich eben ein Gutachten für meinen Patron den
Cardi-

Cardinal Morono geschrieben hatte, war mir ein
Bogen davon auf die Erde gefallen. Ich war mißvergnügt darüber, stehe auf, und siehe! das Blatt
hebt sich zugleich mit mir in die Höhe, fliegt nach
dem Tische hin, und bleibt an seinem Querbalken
emporgerichtet hängen. Voller Bewunderung rufe
ich dem Rodulph, und zeige ihm den wunderbaren
Vorfall; er sahe aber die Bewegung nicht, und ich
habe nicht begreifen können, was die Sache mag
bedeutet haben.“

Cardan erzählt in diesem Kapitel noch mehr
dergleichen Histörchen, und sagt am Ende desselben,
daß er sehr viele nicht einmal berührt habe.

Das 44ste Kapitel handelt von seinen neuen
Entdeckungen in der Dialektif, Arithmetik, Naturlehre, Moralphilosophie und Medicin. Darauf
folgt im 45sten Kapitel das lange Verzeichniß seiner
mathematischen, astronomischen, physischen, moralischen, vermischten, medicinischen, theologischen
und andrer Schriften. Er erinnert noch einmal,
daß er öfters im Traume zum Schreiben angereizt
worden sey, und daß ihn zugleich das Verlangen,
seinen Namen zu verewigen, dahin vermogt habe.
Ausser der ungeheuern Menge seiner noch verhande-
nen Schriften hatte er im 37sten Jahre neun seiner
Bücher ganz verbrannt, weil er einsahe, daß sie

G 3   eben

eben keinen Nutzen stiften würden. Im Jahr 1573 verbrannte er noch 120 Bücher, und zog nur das Beste davon aus. So interessant übrigens das ganze Kapitel für den Litterator seyn mag, so zwecklos wäre es hier noch mehr von seinen gelehrten Arbeiten zu sagen.

Im 46sten Kapitel, de me ipso überschrieben, gesteht Cardan ein, daß es ihn, ungeachtet seiner unzähligen erduldeten Uebel, nicht gereut, gelebt zu haben, und schätzt sich vornehmlich deswegen glücklich, daß er von so vielen und erhabnen Dingen eine gewisse und seltne Kenntniß besessen habe, und daß er nun (in seinem Alter) wisse, daß die Natur des Menschen an der Gottheit selbst Antheil habe.

Das 47ste Kapitel handelt von seinem Schutzgeist, dessen er schon oft im Vorhergehenden gedenkt. Er nennt eine Menge großer Leute, die einen dergleichen Schutzgeist gehabt haben sollen, worunter er sich ausdrücklich rechnet, und die Anmerkung dabei macht, daß alle, die einen dergleichen Dämon gehabt hätten, Socrates und er ausgenommen, sehr glückliche Menschen gewesen wären.

„Daß mir ein solcher Dämon beigewohnt, sagt er, davon bin ich schon längst überzeugt gewesen, hab' es aber nicht eher begriffen, auf welche Art er mich

mich von bevorstehenden Zufällen unterrichtet, als
nach meinem 74sten Lebensjahre, als ich mein Leben
zu beschreiben anfing." Diesem Schutzgeist schreibt
er nun alle die im Vorhergehenden erzählten sonderbaren Zufälle zu, und glaubt, daß es ohne eine solche göttliche Hülfe unmöglich gewesen, so viel Dinge
mit größter Deutlichkeit vorherzusehn, ohne sich
darin zu irren. Er glaubt, daß jene oben erzählten Vorbedeutungen an Raben und Hunden daher
gerührt hätten, indem der Schutzgeist auf die un-
vernünftigen Seelen der Thiere eben sowohl als auf
die Menschen würken könne, daß er in diesen durch
gewisse Schattenbilder, oder auch durch glänzende
Gegenstände Furcht und Schrecken erregen könne.

Er theilt alle Schutzgeister in folgende Klassen
ein. Schutzgeister, die gewisse Uebel verhindern,
wie der des Socrates war; Warnungsschutzgeister,
wie der beim Tode des Cicero; lehrende Schutzgeister, die uns durch Träume, Thiere, äussere Zufälle, durch geheime Erinnerungen, daß wir uns
an einen gewissen Ort begeben sollen, oder durch
Täuschung eines oder mehrerer unsrer Sinne, desgleichen durch natürliche und unnatürliche Begebenheiten von zukünftigen Dingen Nachricht ertheilen.
Die Schutzgeister sind ferner von guter und böser Art.

Es

Es bleiben hierbei, fährt er fort, allerlei Zweifel übrig; warum grade für mich, und nicht eben so für andre der Schutzgeist soviel Sorge trägt, da ich, wie einige meinen, keine Vorzüge in Absicht meiner Gelehrsamkeit besitze; — oder soll ich mir jene Sorgfalt des Schutzgeistes wegen meiner unermeßlichen Wahrheits- und Weisheitsliebe, oder meiner Verachtung äusserer Güter, selbst bei meiner Armuth, oder meiner Neigung zur Gerechtigkeit, oder soll ich alles Gott allein zuschreiben, der dies nach einem ihm allein bekannten Endzweck an mir thut?

Noch mehr! warum warnt mich der Schutzgeist nicht gradezu, warum bald auf diese, bald auf jene Art; soll ich etwa, wie z. B. durch jenes unordentliche Geräusch, ein Vertrauen auf Gott setzen lernen, daß er alles sieht, ob ich ihn gleich nicht sehe? Er konnte mich ja auch durch einen Traum, durch ein andres Wunder deutlicher unterrichten; aber jene Art mag vielleicht mehr eine göttliche Sorgfalt für mich anzeigen; — — doch, fährt er fort, es wäre thörigt, über dergleichen Dinge sich mit voreiligen Untersuchungen abzugeben.

Uebrigens läugnet Cardan nicht, daß sich auch der Schutzgeist wirklich irren könne. Man höre, wie er dies zu erklären und seinen Schutzgeist zu retten

ten sucht: „Es ist sehr wahrscheinlich, daß die Ursache jener Vorzeichen, nämlich der Schutzgeist, so wie die ganze Natur, eine gewisse bestimmte Bewegung hat, und so wie in der immer in ihrem Gleise bleibenden Natur aus einem Fehler der Materie unförmliche Geschöpfe entstehn können; so kann es auch in Absicht jener Geister Gebrechen geben. Ich glaube nicht, daß der Schutzgeist seiner Natur nach edler als die Vernunft sey, und dennoch irrt sich oft diese wegen der Materie, die auch für das Instrument jenes Geistes gehalten werden muß. Und gleichwie in gewissen Jahren aus Mangel der Sonnenwürkung viele unförmliche Geschöpfe entstehn: so können auch durch die auf den Körper oder die Seele würkende himmlische Kraft, die verhindert worden ist, Unvollkommenheiten und Irrthümer in der auf gewisse Zeichen gegründeten Vorhererkenntniß künftiger Dinge entstehn. Da der Schutzgeist ein immaterielles Wesen ist, und als ein gutes Geschöpf von Gott abhängt; so zeigt er nach dem Willen Gottes das Künftige richtig an, und irrt sich nie; denn die menschliche Natur ist an sich so eingerichtet, daß sie der Seele das richtig anzeigen muß, was sie von dem Geiste empfängt; allein das Instrum . t, wodurch sie Unterricht geben will, ist nicht immer zur Aufnahme jener Vorhererkenntnisse gut eingerichtet" u. s. w.

G 5

Im

. . Im 48ſten Kapitel führt er die Zeugniſſe von
73 gelehrten Männern an, die in ihren Schriften
ſeiner mit Ehren gedacht haben. Selbſt ſeine Fein-
be geſtanden ihm eine ungeheure Gelehrſamkeit zu;
und Scaliger, ſein Erzfeind, nannte ihn das tief-
ſinnigſte, glücklichſte und unvergleichlichſte Genie.

Sehr auffallend ſind vornehmlich die im Vorhergehenden erzählten fabelhaften Grillen des gro-
ſen Mannes, wenn man ſie mit den durchdachten
Unterſuchungen mathematiſcher und philoſophiſcher
Wahrheiten vergleicht, die in ſeinen Schriften häufig vorkommen. In dieſen Unterſuchungen bemerkt
man auf allen Seiten einen ſcharfſinnigen Denker,
und in obigen Erzählungen ſeiner an ſich bemerkten
ſonderbaren Phänomene einen Schwärmer, deſſen
Einbildungskraft alle Augenblicke mit ihm davon
läuft, und der die allerunbedeutendſten Kleinigkeiten
für Vorzeichen gewiſſer Begebenheiten, oder Winke
ſeines guten Dämons hält. Dieſe letzte Idee haben überhaupt mehrere große Köpfe gehabt, — und
ſie hat ſo etwas Behagliches, der menſchlichen Eitelkeit Schmeichelndes, und bei unſern mannigfaltigen
Schwachheiten und Leiden ſo etwas Tröſtendes an
ſich, daß die meiſten Menſchen ſich geneigt fühlen,
an gewiſſe uns begleitende Schutzgeiſter zu glauben,
und ſie ſich unter allerlei Geſtalten zu denken. Die
Men-

Menschen suchen sich gar zu gern die Beweise von
einer sie bewachenden göttlichen Providenz so anschaulich als möglich zu machen, und es ist den meisten leichter, sich in Gedanken einen gewissen Schutzgeist zu wählen, der alle ihre Angelegenheiten auf
göttliche Veranlassung besorgt, als sich die Harmonie des Ganzen, worin die Schicksale eines jeden
einzelnen weislich mit eingeschlossen sind, in Beziehung auf sich, deutlich vorzustellen. Jeder Mensch
ist überdem geneigt, entweder, weil er sich für ein
sehr wichtiges Individuum hält, oder weil er sehr
sonderbare Phänomene an sich wirklich, wenigstens
in gewissen Zeiten, zu bemerken glaubt, sich leicht
in eine nähere Verbindung mit der Gottheit hinein-
zuträumen, und gleichsam durch ein Zwischensub=
ject die Lücke auszufüllen, die zwischen ihm und der
Gottheit ist. In dieser Idee wird er nun durch eine
Menge von Umständen bestärkt, die selbst ein philo-
sophisches Raisonnement über die Kette aller Wesen,
vom Wurm bis zur Gottheit hinan, so sehr dies
auch noch bloße Hypothese seyn mag, zu bestätigen
sucht. Es kommt ihm sehr natürlich vor, daß mit
dem Menschen die Grade der Erkenntniß und Gei-
stesvollkommenheit noch nicht aufhören, sondern
von Stuffe zu Stuffe in Wesen ausser uns, immer
weiter vorrücken müßten. Da diese Wesen, insofern sie sich nicht durch Sinne und Erfahrungen
deutlich beweisen lassen, immer idealische Geschöpfe
bleiben;

bleiben; so behält die menschliche Einbildungskraft die Freiheit, in dieselben Kenntnisse, und Fähigkeiten hineinzudenken, soviel sie will, sich Geschöpfe zu schaffen, die die Gottheit wohl nie geschaffen haben mag, und ihnen eine Macht über die menschlichen Angelegenheiten, und sogar einen Einfluß auf unsern Verstand und Willen zuzugestehn, den sie nicht haben können. Die ewige Ordnung aller Dinge, die nie aus ihrem Gleise weicht, immer durch die genaueste Verbindung zwischen Ursach und Würkung dieselbe bleibt, und die Schicksale eines jeden einzelnen, so wie die Denkungs- und Handlungsart aller, an unverletzliche Gesetze bindet, macht, um mich so auszudrücken, den Succurs jener aussermenschlichen Wesen völlig unnöthig und unbegreiflich. Die Gottheit, jene ewige und weise Ordnung aller Dinge und Kräfte, bedarf zur Regierung ihres unendlichen Reichs keiner Boten und Gesandten, und keiner Dämonen, um die Menschen zu warnen, da sie ihnen die Vernunft zu lehrern und Erkenntnißquelle aller Wahrheit gegeben hat. —

Ich komme nach dieser Episode auf Carban zurück. Es ist sehr begreiflich, wie ein Mann von seinem melancholischen und finstern Temperament, ein Mann, der so unzählich viel Uebel ausgestanden hatte, und in sich gewisse Vorzüge vor andern Menschen zu bemerken glaubte, auf den Gedanken kommen

men konnte, daß ihn ein Dämon begleiten müſſe. —
Er fand die Beiſpiele ähnlicher Meinungen in andern großen Köpfen vor, ſeine Leiden hatten oft eine
ſehr ſonderbare Wendung genommen; die genaue
Aufmerkſamkeit auf alle ſeine körperlichen Empfindungen hatte ihm die Erfüllung gewiſſer vorherge-
ſehenen Begebenheiten (freilich auf eine ganz natürliche Art) ſehn laſſen, — das Alter kam hinzu, das
ſo leicht abergläubig werden kann, und alle dieſe
Umſtände mußten jenen Glauben an einen Dämon
beſtärken helfen. Auch würkte vielleicht das Auſſerordentliche jener Meinung auf ihn ſo ſtark, daß er
ſchon des Auſſerordentlichen wegen, was bei den
Hypochondriſten ſo viele Würkung thut, an jener
Meinung ein Behagen fand; ſo wie Leſſing wahrſcheinlich des Auſſerordentlichen wegen ein Verthei-
diger von der Seelenwanderung der Menſchen war.

Cardan hat die Idee von einem ihn begleiten-
den Dämon auch nicht gleich anfangs gehabt, ſondern erſt in ſeinem ſpätern Alter angenommen, nachdem er nämlich ſein Leben zu beſchreiben anfing, und
nochmals einen genauen Blick auf alle ſeine Schickſale warf. Am Ende ſeines Lebens mogten ihm
viele derſelben in einem ganz neuen Lichte erſcheinen,
und vieles konnte ihm, durch die Schwächen des Alters verführt, wunderbar vorkommen, was jeder
unbefangne Leſer ſeiner Schriften ganz natürlich
findet.

findet. Ueberdem ist wohl nicht zu läugnen, daß
Cardan öfters an einer Art melancholischen Wahnwitzes krank gelegen hat, der ihm Dinge zeigte,
die nicht existirten, und seine Einbildungskraft mit
Wunderbildern anfüllte. Gabriel Naudäus, welcher die Schriften Cardans vielleicht mehr als jeder
andrer studirt hat, hat ein eigenes Urtheil über jenen sonderbaren Mann abgefaßt, und sein ganzes
Temperament auf eine sehr gute psychologische Art
beleuchtet, was im folgenden Stück, nebst dem
Rest von Cardans Lebensbeschreibung vorkommen
wird.

P.

(Die Fortsetzung folgt.)

Inhalt.

———

Seite.

Fortsetzung der Revision des 4ten, 5ten und 6ten
Bandes dieses Magazins.　　　　　　　1

Zur Seelenkrankheitskunde.

1. Aehnlicher Fall zu der im zweiten Stück des
fünften Bandes erzählten sonderbaren Ohnmacht.　　　　　　　　　　　　　19

2. Aus den Papieren eines Hypochondristen　　20

Zur Seelennaturkunde.

Ueber den Zustand der Seele nach dem Tode.
Ein Gespräch.　　　　　　　　　　25

Zur Seelenheilkunde.　　　　　　　　50

Zur

Inhalt

Seite

Zur Seelenzeichenkunde.

   Fragmente aus dem Tagebuch eines Beobachters Seinselbst.   55

   Belag zur Geschichte der Ahndungen.   62

   Fortsetzung des Lebens des H. Cardans.   72

Magazin

zur

Erfahrungsseelenkunde.

Sechsten Bandes drittes Stück.

Fortsetzung

der

Revision des 4ten, 5ten und 6ten Bandes dieses Magazins.

Seelenkrankheitskunde.

Das Gutachten über den Gemüthszustand des verabschiedeten Soldaten Matthias Matthiesen und des Züchnermeisters T...., eine Schatzgrābergeschichte vom Herrn Metzger, (4ten Bandes 2tes Stück Seite 25 f. f.) ist ein neuer Beitrag zu der Erfahrung, daß die Menschen sich durch nichts leichter, als durch chimärische Hofnungen künftiger Glücksgüter täuschen lassen. Die Erzählung gegenwärtiger Geschichte zeigt es ganz deutlich, wie der Soldat Matthiesen auf seine Schatz=

gräbergrillen gekommen ist; er war ein unwissender
Mensch, der von natürlichen Dingen und ihren Ursachen wenig Kenntniß hatte, ob er sich gleich mit
Chirurgie und Baderkunst abgab. In seinen Diensten bei einem herumreisenden Charletan, welcher sich
für einen Kaiserl. Königl. Leibarzt ausgab, mag er
seinen Kopf mit einer Menge abergläubiger Ideen
vollgepfropft haben, bis er endlich durch Lesung un-
sinniger Bücher so weit gebracht wurde, daß er sich
mit der Verbannung der Geister und mit Schatzgra-
ben abgab.

Man hat sich oft gewundert, daß in neuern Zeiten dergleichen Leute, Schatzgräber, Geisterbanner,
Geisterbesprecher, Geisterseher, und wie diese Narren alle heissen mögen, wieder so vielen Unfug zu
treiben anfangen; allein sie haben ihn immer getrieben, und werden ihn treiben, so lange die Menschen
sonderlich in niedern Ständen die Köpfe von unterirdischen Geistern und von verborgenen Erbschätzen
noch so voll haben. Wer mit gemeinen Leuten wenig umgegangen ist, kann es kaum glauben, wie sehr
der Pöbel, der Vornehme nicht ausgenommen, an
jenen Possen hängt, und wie schwer er sich davon
durch Vernunftgründe abbringen läßt. Ich habe
oft Gelegenheit gehabt, dem Ideengange des gemeinen Mannes hierin nachzugehen, und habe fast immer gefunden, daß seine abergläubischen Grillen mit
seinen schiefen Religionsbegriffen von einem Teufel
in der genauesten Verbindung stehen. Außerdem
haben

haben die meisten Schatzgräbergeschichten so etwas
Sonderbares, Seltsames und Außerordentlichschei-
nendes an sich, daß sie die zügellose Einbildungskraft des gemeinen Mannes leicht fesseln, und die
Liebe zum Wunderbaren ganz vorzüglich nähern.

———

Geschichte eines sonderbaren Wahnsinnes, und dadurch am Ende verursachten Mor-
des, vom Herrn D. Glawing zu Brieg. (4ten Bandes 2tes Stück Seite 32 ff.) Der Mann, dessen sonderbare Geschichte hier erzählt wird, hatte schon in
frühern Jahren einen Ansatz von Wahnwitz. Er
entlief seinen Eltern und nährte sich vom Holzschla-
gen, bis an den Augenblick, als er der Mörder eines andern wurde. Er arbeitete übrigens emsig,
redete öfters vernünftig, unvermuthet aber fiel er in
alberne Reden. Er ging in keine Kirche, und arbeitete an Sonn- und Festtagen, wenn er nicht mit
Gewalt davon abgehalten wurde. Er lästerte öfters
Gott, hieß alle Menschen Hunde. Wenn er seine
Mitarbeiter beten sah, wurde er unwillig, und sagte:
ihr Narren! ich habe wohl einstens auch einmal im
Buche gebetet, weil ich aber sehe, daß dieses Plär-
ren zu nichts taugt; so unterließ ich dieses. (Es ist
eine sonderbare Erscheinung bei vielen Wahnwitzi-
gen, daß sie sich nichts aus dem, was Gottesdienst
und Religion angeht, machen, und sich hierin oft
eine auffallende Freiheit im Denken erlauben.) Zu

A 2
ei-

einer andern Zeit sah man ihn einen Kloß ergreifen, und sich damit an die Brust und den Kopf zu wiederholten malen dergestalt schlagen, daß andere sich davor entsetzten; ja er verlangte einst von einem andern Kohlenbrenner, mit dem er im Walde arbeitete, daß er ihn todt schlagen sollte. Er aß Hunde, Katzen, Ottern und Füchse. Wenn ein Gewitter am Himmel war; so lästerte er Gott, und pflegte zu sagen: er treibe Leichtfertigkeit. Wenn ihn seine Raserey überfiel; so fing er an zu lachen, und mit sich selbst zu sprechen, sich mit einem Stück Holz oder Axt zu schlagen, und so ein Anfall dauerte oft zwei bis drei Tage, in welchem Zeitraume er sich auch bei Nachtzeit mit einem Knippel heftig zerschlug. Ja sein Wahnsinn ging öfters so weit, daß er mit einem Messer sich die Brust aufrizte, und mit einer stumpfen Axt auf den Unterleib hauete, wobei er sagte: ich wünschte, daß ich mich in kleine Stücken zerhauen könnte, ich wollte mir die Därme selbst heraus ziehen, denn aus den Stücken würde doch wieder ein Ganzes; ich habe einstens schon in der Erde tod gelegen, und bin doch wieder aufgestanden. *) Einen Hund schlachtete er, warf ihn sodann in ein mit Wasser angefülltes Loch, zehrte davon vier Wochen, obgleich die neben ihm arbeiten-

ben

*) Ein sonderbares Beispiel von einer Frau, welche glaubte daß sie gestorben sey, und sich wunderte, daß sie zu Zeiten auflebte kommt unten vor.

den Kohlenbrenner es kaum vor Gestank aushalten konnten. Ein Bauer schenkte ihm ein altes abge-nuztes Pferd, dieses schlachtete er, zog es ab, und speisete lange Zeit davon. — Er aß noch schmuzi-gere Gerüchte, und unternahm noch sonderbarere Handlungen, die man in der Erzählung des Ganzen nachlesen kann. Wie leicht wahnsinnige Leute zum Zorn gereizt werden können, und wie äußerst gefähr-lich es ist, sie in Freiheit herumgehen zu lassen, was doch zur Schande einer vernünftigen Polizey so oft geschieht, zeigt sein Mord, den er bloß deswegen an einem andern Bauer begieng, weil er ihn einigemahl mit Ernst Kohlen aufzuladen antrieb, und deswegen in einen Wortwechsel mit dem Bauer kam. Er er-grif plözlich seine Kohlenhacke, und schlug sie dem Bauer mit einer solchen Gewalt in den Kopf, daß sie darin stecken blieb. Der unglückliche Mann starb den andern Tag darauf an dieser Verwundung, und der unsinnige Mörder ward auf Zeitlebens ins Zucht-haus gebracht. Auch hier trieb er seine Tollheit fort, drohete oft, die andern Inquisiten zu erschlagen, forderte Hunde und Katzen zu essen, und lachte über alle Religionserinnerungen.

Der Wahnsinnige Walock Flaccus, so hieß der Mörder, gehörte offenbar zu den tollen Leuten, bei welchen das ganze Gehirn die meiste Zeit in Ver-wirrung gerathen ist, und die Anzahl dieser Wahn-sinnigen ist die größte. Sie unternehmen täglich eine Menge alberner Handlungen, wovon man kei-

A   nen

nen Grund angeben, und die man nicht aus einer
vorhergegangenen bestimmten Idee erklären kann.
Daher fallen sie im Gespräch augenblicklich von
einem ins andere; der Faden ihrer Begriffe reist
schon wieder, ehe sie ihn noch angeknüpft haben,
und sie haben durchaus nicht mehr die Kraft, die
Seele auf einen einzigen Punct mit Nachdenken zu
heften.   In dem Uebereinanderhineilen der Ideen,
ohne daß eine in der andern einen Grund zu haben
scheint, besteht der erste Anfang alles Wahnwitzes,
oder auch in dem Mangel der Kraft, einen einmahl
gefaßten Geschichtspunct einer oder mehrerer Ideen
gar nicht mehr verrücken zu können, welches bei den
Wahnsinnigen der Fall ist, die eigentlich nur an
einer Idee krank liegen, übrigens aber ganz vernünftig sind, wie bei dem Mann der Fall war, der
sich Gott der Vater zu seyn einbildete, und deswegen sich über die Narrheit eines andern nicht satt
lachen konnte, welcher sich für Gott den Sohn hielt,
weil ersterer als Gott der Vater besser zu wissen
glaubte, wer sein Sohn seyn könne.

Ueberspannter Stolz und Liebe sind ohnstreitig,   nebst vielerlei körperlichen Ursachen, die sich
sollten richtig angeben lassen, die gewöhnlichen Quellen des Wahnsinnes, sonderlich beim andern Geschlecht; ein Beweis, daß jene Leidenschaften die al-
lergrößten Erschütterungen des Gehirns hervorzubringen im Stande sind; den aus Stolz Verrückten
geht es gemeiniglich wie den Betrunkenen; sie ver-
thei-

vertheidigen sich mit größter Lebhaftigkeit gegen alle Vorwürfe, daß sie ihren Verstand verlohren hätten, so
wie diese es selten zugeben, daß sie ihr Gehirn berauscht haben. Ich erinnere mich, daß mir einst
ein Wahnsinniger die Gründe genau detaillirte, daß
er seinen Verstand nicht verlohren haben könne, und
die Gründe waren nicht unvernünftig. Leute hingegen, die blödsinnig gebohren werden, gestehen
gemeiniglich den Mangel ihres Verstandes laut ein,
und ihre Verrücktheit ist selten so gefährlich, als die,
derjenigen, welche ihren Verstand in spätern Jahren verliehren.

Auszug aus einem Briefe. Stralsund. (4ten
Bandes 2tes Stück. Seite 38. ff.)

Enthält Beiträge zu den tausend und abermahl
tausend Erzählungen von Visionen, jener so bekannten Spielereyen der menschlichen Einbildungskraft.
„Die Gattin des Herrn Stadtmusikus Kahlow in
Stralsund liegt in Wochen. Sie wacht. Eine menschliche Figur, als Türk oder Orientaler gekleidet, stellt
sich neben die Stubenthür. Das gute Weib glaubt,
ihr Mann habe sich verkleidet, sie ruft ihm, sich ihr
zu nähern, allein vergebens, die Figur bleibt auf
ihrem Posten stehen. Endlich fällt ihr ihr Bruder
ein, den sie zärtlich liebte, und der beim Abschiede
nach Constantinopel, wohin er vor mehrern Jahren
gegangen, ihr gesagt hatte: Schwester! wenn ich

A 4 weit

welt von dir geriſſen, ſterben ſollte, denn überbringe
ich dir ſelbſt die Todespoſt. Nun erblickt ſie in dem
täuſchenden Manne!den verlohrnen Bruder, ſchreit
auf: ach Leopold! ſo hieß der Bruder, und weg iſt
das Bild!" —

Dies Phänomen iſt wohl nicht ſchwer zu erklären. Was iſt natürlicher, als daß die Wöchnerinn
ihren geliebten nach der Türkey gereiſten Bruder ſich
öfters in orientaliſcher Kleidung gedacht hat, und
daß ſie durch einen Ideenſprung auch wohl einmahl
ihrem Manne ein ſolches Kleid andichtete, zumal
da ſie als Schauſpielerinn, oder Tänzerinn viel ſo
gekleidete Masquen geſehen haben mag. Der Mann
antwortete nicht, da ſie ihm ruft — nun fällt ihr
eben ſo natürlich ihr entfernter Bruder ein, ſie trägt
ſeine Geſichtszüge vermöge der Einbildungskraft in
das Bild über, und glaubt nun würklich ihren Bruder zu ſehen; das Bild der Imagination wird ſo
ſtark, als eine würklich ſinnliche Anſchauung, was
ſo unzählig oft bei lebhaften Leuten der Fall iſt. In
allen dieſen Ideenfolgen liegt nichts Ungewöhnliches.
Hiezu kommt noch der vom Herrn Einſender ſehr
richtig bemerkte Umſtand, daß ſie eine Wöchnerinn,
folglich eine Kranke war, deren Nervenſyſtem an-
gegriffen und in einer Zerrüttung war. „Einer
ſolchen oft ganz kurz daurenden Diſpoſition, (fährt
der Verfaſſer ſehr gründlich zu raiſonniren fort,) und
ſonderlich der körperlichen Theile, die uns Ideen
durch äuß're ſinnliche Vorſtellungen zuführen, ſchrei-
be

be ich das zu, was wir Phantasmen nennen, da
unserm Auge das Schreckbild als würklich dastehend
scheinen kann, was unsere Imagination einst be-
stürmt hat, und bin daher der Meinung, daß wir,
noch unbekannt mit dem Knoten des Bandes, welches Körper und Geist so dicht verknüpft, dem Geiste
zuschreiben, was wir dem Körper beimessen sollten!" —

Daß das Gehirn der Wöchnerinnen sehr oft durch
die Geburt auf eine außerordentliche Art angegrif-
fen wird, lehret nicht nur eine Menge auffal-
lender Beispiele von Verstandesverrückungen bei
gebährenden Weibern, sondern noch sehr viel andere sehr merkwürdige Phänomene ihrer verworrenen
Einbildungskraft. Bonnetus erzählt von einer Frau,
welche im Wochenbette in eine solche Unsinnigkeit
gerieth, daß sie sich für eine unterirdische Furie ausgab,
plözlich aus dem Bette aufsprang und mit grimmigem
Gesichte ausrief: Ich bin die höllische Tisiphone, ich
bin ein brennender Geist! und fiel mit den Nägeln ihrer
Hände das Gesicht und die Augen ihres Mannes an.

Die zweite im gegenwärtigen Briefe vorkommende
Vision hat der Herr Einsender dem Herr Professor M.
in G . . . nacherzählt, und dieser soll das Factum von einem sehr glaubhaften und unverwerflichen Zeugen, dem
es wiederfahren ist, gehört haben. „Einer seiner Freunde (des Professor M . .) der es ihm mit der größten Ueberzeugung erzählt, so daß er auch in Betracht

A 5   der

der Glaubwürdigkeit des Erzählers kein Mißtrauen
in die Wahrheit des Vorfalls setze, sey einst Abends
aus einer Gesellschaft, in der man bis zur Munterkeit ein Glas Wein getrunken, zu Hause gekommen, und weil sein Bedienter grade nicht zu Hause
gewesen, selbst in die Küche gegangen, um sich eine
Pfeiffe anzuzünden. Die heitere Stimmung seines Herzens, da er kurz zuvor eine Gesellschaft scher-
zender Freunde verlassen hatte, konnte also gar nicht
Ideen der Art in ihm erwecken, die seinem Auge ein
so trauriges Bild vorgerückt hätten, als er beim Hin-
übergehen über die Diele erblickte. Hier sahe er eines seiner Kinder in völliger Todenkleidung im Sarge liegen. Er schrickt zurück, und schweigt, um
abzuwarten obs Täuschung sey. Eben dieses Kind
aber, das er als Todten sahe, wird, wo ich nicht
irre, in Zeit von acht Tagen krank, stirbt, und wird
auf dieselbe Stelle, und in derselben Kleidung hin-
gesezt!'' —

Ich läugne, daß der Freund des Herrn Professor M . . bei seiner Nachhausekunft aus einer fröhlichen Gesellschaft durchaus so gestimmt gewesen seyn
müsse, daß ihm ein solches Schrekbild nicht habe in
die Seele kommen können, — solches Phantasma
der Einbildungskraft, denn für eine würkliche Sensation von außen wird man doch das Ding nicht
halten können, man müßte benn verzweifelt abergläubig seyn. Wenn wir im Genuß der Freude
auf uns Acht geben, sonderlich, wenn das fröhliche

Ge-

Geräusch um uns her still zu werden anfängt; so
werden wir oft bemerken, daß unsere Seele allerley
schwarze Bilder durchkreutzen. Wir wissen nicht
woher sie kommen, und wohin sie wieder verschwin-
den, obs gleichwohl ausgemacht ist, daß sie abgeris-
sene Zweige einer versteckten Ideen association
seyn müssen. Ist die Vorstellungskraft nun just
sehr lebhaft gemacht worden, was nach einem Glase
Wein sehr wohl geschehen kann, kommt die Dunkelheit der Nacht hinzu, so scheint es mir sehr natürlich, daß ein Vater sein Kind im Sarge vor sich
liegen sehen kann, ohne eixmal hinzu zu nehmen,
daß vielleicht einige Zeit vorher, vielleicht in der
fröhlichen Gesellschaft selbst, von einem todten Kinde gesprochen worden ist, daß man einer ähnlichen
Vision erwähnt, oder daß vielleicht eine Veränderung in Sehnerven ein dergleichen unangenehmes
Bild hervorgebracht hat. Es kommen bei solchen
Visionen gemeiniglich so viel Umstände zusammen,
die sie zweifelhaft machen, daß man oft nur wenig
Prüfungsgeist haben muß, um die Sache von ihrer
täuschenden Seite kennen zu lernen, wozu aber die
getäuscht worden, selten geschikt sind, weil sie im
Augenblik der Ueberraschung nicht über sich selbst und
die mitwürkenden Nebenumstände nachdenken können, und die Lebhaftigkeit des imaginirten Bildes
auch hinterher als geglaubte würkliche Erfahrung
ihnen alles Raisonnement über die Sache ekelhaft
macht. Daß das Kind einige Zeit nachher würklich

lich krank wird, und stirbt, scheint nun freilich etz
was außerordentliches zu seyn, allein es entstehen
hier wieder eine Menge Fragen.   War das Kind
nicht überhaupt schon kränklich; hat die Erzählung
der Erscheinung wo nicht unmittelbar auf das Kind,
aber doch vielleicht durch die Mutter, durch die Amme auf dasselbe würken können, herrschte nicht grade
damahls eine Epidemie? — oder was mir auch
sehr wichtig scheint, glaubte nicht der gute Vater,
als er sein todtes Kind würklich vor sich liegen sahe,
vorher einen solchen Anblick des Nachts gehabt zu
haben, den er nicht gehabt hatte; so wie wir oft
nach einer auffallenden Begebenheit darauf schwören sollten, daß wir schon vorher davon gewisse Empfindungen gehabt hätten, die wir doch gewiß nicht
gehabt haben.   Die menschliche Seele transferirt
oft gegenwärtige Sensationen durch die Einbildungskraft auf längst vergangene Zustände
ihrer Existenz, und glaubt hinterher Sachen
vorher gesehen zu haben, die ihr vor dem Factum nicht in den Sinn gekommen sind.   (Ich
wünschte daß dieses Capitel der Seelenlehre von einem scharfsinnigen Kopfe einmal genau abgehandelt
werden möchte.)   Daß der Vater das Kind in der
nehmlichen Todtenkleidung sahe, als es ihm vorher
erschienen war, ist wohl nichts besonders, da ein
Sterbe-Hemd, unter welchem man sich die Todten
gemeiniglich denkt, der gewöhnliche Putz ist, den
man uns in die Erde mit giebt.   Auch werden die
Tod-

Todten an den meisten Oertern auf die Diele ge=
stellt.

Im 3ten Stück des 4ten Bandes hat uns in
Absicht der Seelenkrankheitskunde vornehmlich das
merkwürdig geschienen, was von dem ohnlängst ver=
storbenen Lauterbach in Wolfenbüttel erzählt wird.
Dieser Mann, welcher sich in seiner Jugend auf die
Theologie und Orientalischen Sprachen gelegt hatte,
übrigens ein einsichtsvoller, verständiger Mann
war, gehörte zu der Classe wahnsinniger Leute, wel=
che an einer gewissen einzelnen Haupt=Idee krank lie=
gen, die bei ihm darinn bestand, daß von der Be=
schaffenheit der Steine die Begebenheiten in der
Welt abhingen. Der eine verkündigte nach seiner
Meinung Pest, der andere Krieg, der dritte Feuers=
brunst, und so alle Unordnungen und Unglüksfälle,
die nur immer in der Welt vorkommen. Er son=
derte daher alle solche bedeutende Steine sorgfältig
von einander, und wenn er sie alle besäße; so würde
von ihm das Schiksal der ganzen Welt abgehangen
haben. Als vor einigen Jahren das große Erd=
beben in Calabrien entstand, machte man ihm den
Vorwurf: er wollte der Regierer der Welt seyn,
und habe ein solches schrekliches Unglük nicht verhü=
tet: Er entschuldigte sich kurz damit, daß er den
Stein, wovon es abhänge, nicht habe habhaft wer=
den können. Oft bemerkt man ihn auf der Straße
stig

still stehen und seinen Blik unverwandt auf einen
Stein richten. Er prophezeihet theure Kornpreise
und andere Uebel daraus.

Auf seinem Zimmer hat er eine große Menge
Kieselsteine groß und klein. Diese zu berichtigen
ist er unermüdet. Haben sie ihre Kraft verlohren,
dann wirft er sie weg, und sucht andere. Er hat
eine große Menge in Gestalt eines Menschenskelets
gelegt, wovon ein jeder einen der innern oder äußern
Theile des Menschen bedeutet. Mit Hülfe dieser, wenn
er sie nämlich alle komplet hat, welches inzwischen selten ist, kann er alle Krankheiten seiner Meinung
nach kuriren. Kommt einer zu ihm und klagt: er habe
die Schwindsucht; so steht er ruhig auf. Da kann
man sagt er bald zu kommen, ich brauche nur diesen
Stein hier umzudrehen, der bedeutet die Lunge, nun
können sie getrost nach Hause gehn, ihre Krankheit
wird sich gewiß geben. Hat er aber zum Unglük
den Stein nicht, welcher den Theil, in dem die Krankheit sizt, bezeichnet; so sagt er es freymüthig und
entschuldigt sich, daß er nicht des andern Wunsch
befriedigen könne.

Noch einige andere sonderbare diesen seltsamen
Mann betreffende Umstände kann man in der Erzählung des Herrn Voß selbst nachlesen. Es läßt sich,
da man die Geschichte dieses Mannes nicht genauer
kennt, nicht leicht entscheiden, wie die Idee, daß
von den Steinen die Begebenheiten der Welt abhingen, zur Hauptanlage seines Wahnwizes geworden
ist.

ist. Ohne alle Veranlaßung ist sie gewiß nicht entstanden. Vielleicht hat er in physisch = mystischen
Büchern allerlei von der geheimen Kraft der Steine
gelesen, vielleicht haben ihn symbolische Ausdrücke
und Bilder, die in der Bibel von Steinen vorkommen, zuerst auf seine Grille gebracht. Es ist schwer
von dergleichen Leute selbst zu erfahren, wie sie auf
ihre albernen Meinungen gekommen sind, gemeiniglich wissen sie es auch selbst nicht, da jeder Wahnsinn eine überraschende und urplözliche Ursach zum
Grunde hat, die eine oder mehrere verworrene Ideen
zur herrschenden in der menschlichen Seele macht.

Die Seite 21 erzählte hypochondrische Grille ist
nicht von Bedeutung. Ein milzsüchtiger Mann
kann sich sehr leicht einbilden, daß er vergiftet worden sey. Wichtiger ist das, was der Herr K. .
Gemeinheits=Commissarius Gödicke in Camin von
sich selbst erzählt. Eine der bekannten Spalding=
schen ähnliche Erfahrung.

H. . G. . geht aufs Feld, mit einer heitern
Gemüthsstimmung, um zu sehen ob seine Arbeits=
leute seine Befehle befolgt haben. Vergnügt kommt
er bei ihnen an; aber nach einer viertel Stunde da
er einem und dem andern etwas zur Arbeit gehöriges, wie gewöhnlich gelassen, in Erinnerung bringen und sagen will, findet er sich unfähig, seine Gedanken durch die gehörige Zusammenfügung der
Wor-

Worte, nach der wahren Folge, ordentlich vorzubringen. Vielmehr kommt das hinterste Wort bald vorn, das mittelste bald hinten, das vorderste bald in die Mitte, und auch umgekehrt. Keiner seiner Leute konnte verstehen, was er eigentlich haben wollte. Aber seiner Vernunft war er indeß gewiß vollkommen mächtig. „Ich dachte, fährt er fort, ganz richtig, sahe dieses Auffallende nebst den Beurtheilungen von meinen Leuten ein, ich ließ mir aber doch von meiner Verlegenheit nichts merken; — sondern ging nach Hause zurük. Auch auf dem Heimgehen dauerte diese Sprachverwirrung bei vollenkommnem gesunden Bewußtseyn fort, bis ein Aderlaß die richtige Wortfolge wieder herstellte, und dem sonderbaren Zustande ein Ende machte.

Ich habe mich schon einmal bei Gelegenheit der Spaldingischen Erfahrung über dergleichen Seelenzustände erklärt, und will hier nur noch dies hinzusetzen. Bekanntlich denken wir durch Hülfe symbolischer Zeichen, vornehmlich der Worte, die jedesmal das Gedächtniß dem Gedanken, welcher ausgedrukt werden soll, wieder zuführt; aber die Seele denkt sich einen Satz, kann sich ihn denken, ohne daß sie sich die Verbindung seiner symbolischen Zeichen in der ordentlichen Wortfolge vorstellt, vorausgesezt, daß jener Satz ihr schon oft gegenwärtig gewesen ist, und sie eine deutliche Uebersicht seiner Bedeutung gehabt hat. Es giebt demnach jedesmal ein doppeltes Bewußtseyn der Seele — des Satzes,

oder

oder eigentlich des Sinnes des Satzes, und des Ausdruks, oder der Ausdrücke dieses Sinnes. Geht nun eine Verwirrung in den Gehirnfiebern vor, verliehrt das Gedächtniß die Kraft zu einem gewissen Gedanken seine ihm eigentliche Wortfolge herbeizuführen; so wird der Gedanke immer deutlich in der Seele vorhanden seyn, aber unwillkürlich werden sich die Worte untereinander werfen, gerade so wie der Herr Verfasser von sich erzählt. Wenn wir auf uns Acht geben, so werden wir oft bemerken, daß wir uns ein gewisses Object deutlich vorstellen können, ohne seine symbolischen Ausdrücke behalten zu haben, ob wir gleich immer ein Bedürfniß fühlen, den symbolischen Ausdruk ins Gedächtniß zurük zu bringen. Hirbei fällt mir ein, was Bonnetus von sich erzählt, daß er nehmlich, ob er gleich lange die Kräuterkunde gelehrt hatte, sich niemals auf das Wort Pimpinelle besinnen konnte, wenn er auch gleich dieses Gewächs vor sich sahe, und sonst ein gutes Gedächtniß besaß. Geßner führt in seinen neuesten Entdeckungen in der Arzneigelahrtheit. B. 1. S. 137 ff. unter der Rubrik: Krankheiten der innern Sinne, ein merkwürdiges Beyspiel von Vergessenheit an, welches hier aufgezeichnet zu werden verdient. Ein Mann von 73 Jahren empfand im Anfang des Jänners (1770) einen Krampf in den Muskeln des Mundes, und ein Kützeln, wie vom Kriechen der Ameisen. Den 20ten Jänner bemerkte man bei einiger

Verwirrung der Gedanken einen besondern Fehler
der Sprache an ihm. Er sprach zwar leicht und flie-
ßend; brauchte aber ganz ungewöhnliche selbgemach-
te Worte, die kein Mensch verstand. Die Anzahl
dieser Worte ist nicht groß, aber sie werden oft nach
einander wiederhohlt. Bisweilen gehen einige verlohren, und werden mit neuen ersezt. Auch spricht
er Zahlen aus, wenn er schnell reden will. Gewöhnliche Worte braucht er mehrentheils in der rechten Bedeutung. Er weiß, daß er unverständlich
spricht. Schreiben und Reden ist gleich unrichtig.
Er kann seinen Namen nicht richtig schreiben.
Schreibt er; so kommen eben solche neugemachte
sinnlose Worte aufs Papier, als er ausspricht. Auch
kann er nicht lesen, ob gleich mehr sinnliche Gegenstände die gehörigen Begriffe in ihm erwecken.

Noch ein anderes Beispiel dieser Art.

Ein Schulmann erkannte nach einer starken
Apoplexie zwar Buchstaben und Worte, aber wenn
er sie aussprechen wollte; so kamen ihm immer andere in den Mund, so groß auch sein Bestreben war,
seinen Vorstellungen gemäß zu sprechen.

Die Seite 26 (3tes Stük 4ten Bandes) erzählte
Genesungsgeschichte betraf doch wohl nichts anders
als eine körperliche Krankheit.

Die

Die Fragmente aus dem Tagebuche des verstorbenen R. . . S. 33. welche auch im 5ten Bande fortgesezt worden, enthalten manche wichtige Winke für junge Leute und für Eltern — wie gefährlich eine in die Seele gelegte Empfindsamkeit sonderlich durch den unnatürlichen Mißbrauch gewisser Triebe werden könne, und wie das Laster der Selbstbefleckung von so vielen aus Unwissenheit und Mangel einer genauen Kenntniß des menschlichen Körpers getrieben wird. Schilderungen über die Entstehung und Entwickelung unsrer Empfindungen, wie im gegenwärtigen Beitrage vorkommen, können manchen unbedeutend scheinen, weil sie zu individuell sind, indeß glaube ich, stiften sie für aufmerksame Leser doch gewiß den Nutzen, auf sich bei ähnlichen Gelegenheiten, sonderlich bei Anlagen zur Empfindsamkeit sehr Acht zu haben. Zeigen dergleichen Aufsätze zugleich die traurigen Folgen anfangs unbedeutend scheinender Triebe; so können sie bei der Erziehung der Kinder sehr lehrreiche und warnende Beispiele werden.

Verrückung aus Liebe. S. 43. Man wird bei dergleichen schreklichen Beispielen von der Heftigkeit dieser Leidenschaft immer bemerken, daß schon in früherer Jugend, in einer fehlerhaften Erziehung, der erste Grund ihrer nachherigen Ausbrüche liegt. Das Mädchen, dessen Geschichte hier erzählt wird,

B 2   wär

wurde in ihrer Kindheit verzärtelt, zu einem eigen-
sinnigen, mürrischen und empfindsamen Geschöpf
erzogen. Wurde zu keiner weiblichen Arbeit ange-
halten, las beständig, und sie wurde bald eine fromme Empfindsame, die immer betete und sang.
Starkes Getränke als Caffee, ferner häufiges Sitzen,
und guter Appetit machten ihren Körper stark und
beim Erwachen neuer Gefühle sehr reizbar. Sie
verliebte sich auf einem Ball in einen Officier, (wes-
wegen schon manches Mädchen toll geworden ist)
aber sie bekömmt ihn nicht wieder zu sehen. Ein
anderer Freier stellt sich ein, und sie muß auf Zubringen der Eltern ihm ihr Jawort geben. Ihr Ge-
mahl gewinnt bald ihre ganze Liebe; aber endlich
kommt ihr der Officier wieder in den Kopf — und
endlich ist eine gänzliche Verrückung da. Beispiele
der Art sind gar nicht selten; aber sie bleiben immer
sehr traurige Beweise von der Heftigkeit weiblicher
Leidenschaften.

Das Sonderbarste, was in diesem 3ten Stük
des 4ten Bandes unter der Rubrik: Seelenkrankheitskunde etwas uneigentlich vorkommt, ist das,
was Herr Kammerrath Tiemann von einer gewissen Frau erzählt, welche bei jeder neuen Schwanger-
schaft ein Glied eines ihrer Finger verlohren haben
soll. Sie sagte: drei oder vier Wochen nach einer neuen Empfängniß empfinde ich einen Schuß
am

am erſten Gliede eines Fingers. Das Glied des
Fingers fängt denn an zu ſchwüren, mit unausſteh-
licher Hiße zu brennen; allgemach verwandelt ſich
das Geſchwür in eine mit hellem Waſſer angefüllte
Blaſe; nachdem ich dieſe mit einer Nadel durch-
ſtochen, ſcheint das Fleiſch um den Knochen in
Fäulniß überzugehen. Endlich fällt der Knochen
des beſchädigten erſten Gliedes heraus, und alsdann iſt in Zeit von vier und zwanzig Stunden
der verſtümmelte Finger ganz wieder zugeheilt.‟
Sie hat 7 Kinder und folglich auch 7 Glieder an
verſchiedenen Fingern verlohren. — Ich überlaſſe
gern den Aerzten die Auflöſung dieſes phyſiologiſch-
pſychologiſchen Räßels.

C. F. Pockels.

(Die Fortſetzung künftig.)

Zur
Seelenkrankheitskunde.

I.

Merkwürdige Beispiele vom Lebensüber-
druß.

a) Eines hypochondrischen Geistlichen.

Am 7ten Junius vorigen Jahres (1787) starb zu
A . . im Sarbrückischen der reformirte Pfarrer H. . Der arme Mann war bei aller derjenigen
Munterkeit, die er in jüngern Jahren besaß, und
auch gegen das Ende seines Lebens noch in Gesellschaften affectirte, hypochondrisch, und ließ dieses
Uebel, statt bei Zeiten die gehörigen Mittel dagegen zu gebrauchen, immer tiefer einwurzeln. Ungefähr am 3ten Junius erklärte er sich plötzlich gegen
seine Schwester, die seine Haushaltung besorgte:
Die Zeit meines Abscheidens ist nahe! Ich
lebe nur noch eine Woche und alsdenn, ich
muß! — alsdenn stürz ich mich ins Wasser!
Die Schwester sank bei diesen Worten ohnmächtig
zu ihres Bruders Füßen nieder. Durch ungari-
sches Wasser brachte er dieselbe so weit wieder zu
sich,

sich, daß sie die Augen aufschlug, und sagte dann zu ihr: Ey Schwester, ich habe nicht geglaubt, daß die Nachricht, die ich dir gab, dich im geringsten alteriren. könnte! — Fasse dich, ich bitte, gieb dich zufrieden — es ist nun einmal nicht anders, ich muß sterben!

Den folgenden Mittwoch am monatlichen Bettage predigte er noch, wiewohl mit solcher Beklemmung, daß die Herzensangst ihm Todesschweiß auf der Stirn auspreßte. Das Lied aus dem Marburger reformirten Gesangbuche: Jesus süßes Licht der Gnaden. ff das er damahls singen ließ, zeugte von seiner traurigen Gemüthsverfassung. Es war das leztemal, daß er die Canzel betrat, denn von nun an blieben stets zwei Nachbarsleute um ihn, die ihn beobachteten. Zu diesen sprach er am Tage vor seinem Tode: Ihr lieben Leute! Bei . . . auf der Brücke ist der Rhein so schön tief, bringt mich doch dahin, daß ich mich hinabstürzen und mein Leben enden kann, — oder wenn es euch zu weit ist, so grabt eine Grube, es ist einerlei und scharr; mich ein, es ist da auch kühl! Donnerstags Nachts den 7ten Junii brachte man ihn zu Bette, schloß die beiden Thüren, die zur Schlafkammer führten zu, und die Wächter blieben in der daranstoßenden Stube.

Kaum sahe sich der Unglükliche von Menschen frei, so sprang er aus dem Bette, verriegelte die Thüren von innen, und sprang durch das eröfnete

B 4 Fen-

Fenster in Garten. Zum Unglük konnten die Männer, welche dieses in der Stube hörten, weder durch
die verriegelte Schlafkammer noch durch den Haus-
gang, wovon der Schlüssel verlegt war, ihm sogleich nacheilen, und ihre nachherigen Nachforschun-
gen waren leider vergeblich. Erst Freitags gegen
Mittag fand man seinen Leichnam ohnweit U . . . in
einem kleinen Bache, auf den Rücken liegend, die
Mütze über das Gesicht gezogen und die Hände auf
die Brust zusammengeschlagen, seine Miene war
nicht verstellt, und schien zufriedener als in den lezten traurigen Tagen seines Lebens. Man fand in
der Gegend am Bache verschiedene Spuren, daß er
schon im Wasser gewesen und wieder herausgegan-
gen war, vermuthlich weil es ihm nicht tief genug
zu seyn schien, bis er endlich, weil ers nicht tiefer
antraf, sich wie in ein Bette auf den Rücken hinein
legte und so ertrank. Er ward am folgenden Mon-
tage öffentlich unter einer großen Leichenversamm-
lung begraben. Der reformirte Prediger aus R . .
hielt ihm die Leichenpredigt über die gutgewählten
Worte Christi: Vater vergieb ihnen, denn sie wis-
en nicht was sie thun. Journ. v. u. f. d. 9. St. 87.

---

b) **Eines 72 jährigen blinden Predigers.**

Visitationsschein. Es war der 16te October Morgens nach 2 Uhr 1764 als vom Churfürstl. Sächsis.

      Amte

Amte zu E. . ich Endesbenannter Medicus requi-
rirt wurde, mich eilends nach R. . in das Pfarr-
haus zu verfügen, und die Magisterinn, Frau Th.
R. E. daselbst, welche von ihrem alten 72 jährigen
blinden Ehemanne Herrn M. E. Nachts gegen 12
Uhr im Schlafe in ihrem Bette in der Kammer neben der Wohnstube, worin der alte Magister gelegen, mit vielen Wunden sehr gefährlich verletzt
worden seyn, mit dem geschwornen Amtschirurgo
R. allhier zu visitiren, verbinden zu lassen, und nachher mit dienlichen Medicamenten zu versehen. Dem
zu Folge begaben wir uns nebst dem Viceactuario
Herrn Sch. und Landrichter Herrn S. schleunig dahin, und kamen um 5 Uhr Morgens in der Pfarrwohnung daselbst an, und fanden die Verwundete
in der obern Wohnstube, anjetzt in dem Bette liegend bereits verbunden von einem Chirurgo K. von
B. Die Verblutung hatte bereits cessirt, weil der
Körper fast vom Blute entlediget und Patientinn
sehr blaß aussahe, auch sehr matt war. Sie schlug
oft mit der rechten Hand auf ihre Bettdecke; konnte aber dennoch ziemlich vernehmlich auf die gethane
Fragen antworten und sagen, daß ihr Mann sie im
Schlaf liegend also verwundet habe, doch wisse sie
nicht, wenn oder womit es geschehen sey. Es wurde uns ihr angehabtes Hembde gezeigt, welches wie
aus Blut gezogen aussahe. Auch fand sich viel
Blut in ihren Betten in der Kammer, wo sie verwundet worden war, auch einige blutige Flecken an

B 5   der

der Wand des Ofens in der Wohnstube gegen die
Stubenthür, und hinter dem Ofen eben daselbst an
der Wand.   Es wurde uns auch von dem Schwiegersohn G. der Patientinn Schlafmütze und Kopf-
tuch voller Blut und Hiebe, benebst einem ziemlich
schweren und scharfen Küchenbeil und scharfen mit-
telmäßigen Messerchen gezeigt, welches die mörde-
rischen Instrumente gewesen seyn sollten, die auch
beide noch mit Blut beflekt waren.   Wir ließen
hierauf von dem noch gegenwärtigen Chirurgo K.
die angelegten Bandagen wieder abnehmen, weil
die Verblutung stille geworden war, und fanden
folgende 13 Wunden an der Patientinn u. s. w. Die
Wunden, welche hier weitläuftig beschrieben werden, kann man füglich übergehen.

Weil nun die Empfindsamkeit der Wunden zu
groß war, auch leicht neue gefährliche Verblutungen
und Ohnmachten bei dem ohnehin schon geschwinden
und febrilischen, jedoch schwachen Puls, nicht weniger auch noch künftige Schmerzen beim nöthigen
Heften der großen Wunden zu besorgen stunden,
so konnte man vorjeßo keine Visitation der sämmt-
lichen Hauptwunden vornehmen und bemerken, wie
tief solche ins Cranium gegangen wären.   Man
vermuthete aber doch, daß das Cranium und besonders das Gehirn dabei nicht so viel gelitten haben
konnte, weil die Patientinn völligen Verstand und
gar kein Erbrechen hatte, wie bei verleztem Gehirn
und niedergedrukter oder gespalteter Hirnschaale ge-
wöhn-

wöhnlich ist. Man verband demnach die Hauptwunden gehörig, und versahe solche mit warmen
spirituösen Aufschlägen und Bandagen; die große
Halswunde aber (eine Wunde am Halse bei 3 Zoll
quer über durch die asperam arteriam oder Luft-
röhre und Oesophagum oder Speiseröhre, aus
welch lezterer auch der gereichte Thee und Milch
vor und nach dem Verbande herausgeflossen) und
die Ellenbogenwunde zog man mit 3 Heften zusammen, bedekte selbige mit Pflastern, Aufschlägen und
Bandagen. Nach dem Verbande fand sich Patientinn eben nicht schwächer, sondern nahm auf
Anbiethen etwas Milch zu sich, um den Abgang
des Blutes und der Kräfte ersetzen zu sollen, die
aber der Hefte unerachtet zwischen der Bandage
aus der Halswunde wieder herausdrang, mit der
Versicherung auf beschehene Frage, daß sie nichts
davon in dem Magen habe verspüren können.

Die eine von den Wunden, nehmlich die große
Halswunde, wurde von dem Medicus Herrn Hof-
mann, der vorhergehenden Visitationsschein ausge-
fertiget, für würklich tödlich erklärt, wie denn auch
die Unglükliche Ermordete den andern Tag darauf
bei einen heftigen Blutsturz würklich ihr Leben en-
digte. Bei der Section wurde die Tödlichkeit der
Halswunde bestätigt, und hierauf gründet sich folgendes merkwürdige Urthel über den Mörder, welches ich ganz hieher setzen will, um zu sehen, durch
welche Veranlassungen der unglükliche Mann zu seiner

ner abscheulichen That verleitet worden ist, und
welch eine Menge qualvoller Ideen vorhergehen
mußten, ehe er sich dazu entschloß.

Hat ernannter C. als man ihn Artikelsweise
vernommen, gestanden und bekannt, daß er den
seit vierzehn Tagen, und besonders die letzten 4 Tage
davon, gehegten Vorsaß, sein Eheweib, Theodo-
ren Reginen, ums Leben zu bringen, am 15ten October des abgewichenen 1764sten Jahres; Abends
gegen 12 Uhr in der ordentlichen obern Wohnstube
der R — er Pfarrwohnung, worinnen sein Eheweib so wie er in der daneben befindlichen Cammer
zu schlafen pflegte, dergestalt zu Werke gerichtet,
daß, da er aus dem Schnauben des Eheweibes,
als er die Cammerthür sachte aufgemacht, gemerkt,
daß selbige im Schlafe liege, er aus der Cammer in die Stube gegangen, mit der Hand auf des
Weibes Kopf gefühlt, sodann nach dem Orte, wo
er seine Hand gehabt, mit dem bei sich gehabten
Beile den heftigen Hieb gethan, und da hierauf das
Eheweib im Bette sich aufgerichtet, und nebst dem
bei ihr gelegenen Tochterkinde, dem H — schen Töch-
terlein heftig geschrien, er mitler Zeit immer mit
dem Beile auf das Eheweib weiter zugehauen, so
sehr sie sich mit den Füßen gewehrt, und damit
sie desto eher sterben sollte, mit dem aus der
Tasche und Scheide gezogenen Federmesser in die
Kehle, wonach er zuvörderst mit der linken Hand
gefühlt, mit der rechten Hand gestochen; selbiger

da

da niemand anders da gewesen, also die an derselben befundenen Wunden zugefügt, also an dessen, den 16ten October darauf, Nachmittags gegen 3 Uhr erfolgten Tode, weil er die Frau so verwundet, ganz allein Schuld sey, und also eine prämeditirte Mordthat begangen habe.

Inquisit gestand in dem Verhör ferner, daß es keine Bosheit von Seiten seiner gewesen, die ihn zur Begehung der Mordthat bewogen, sondern daß er dazu durch die Ungenügsamkeit seines Pfarrgehülfen, den man ihm Alters halben gegeben, und welcher nicht mehr mit der ihm bewilligten Hälfte der Pfarreinkünfte habe zufrieden seyn, sondern Inquisiten nur mit einem gewissen jährlichen Gehalt habe abfinden wollen, und durch die daher entstandenen Zänkereyen mit seinem Eheweibe verleitet worden wäre. Dieses machte dem armen blinden Manne, wie er im Verhör anzeigte, tägliche und sehr bittere Vorwürfe darüber, daß er sich seine Einkünfte durch den Adjunctus so sehr abschneiden ließe, und daß sie ihr ihrem Manne zugebrachtes Vermögen ohnedem schon zugesetzt hätten. „Du räumst dem Pfarrgehülfen, dies waren ihre täglichen Vorwürfe, zu viel ein, und machest mich unglüklich, und wenn wir einmal betteln gehen müssen; so bist du Schuld daran, desgleichen, wenn er sterbe, und sie solcher Gestalt um ihren Unterhalt kommen werde, wolle sie auf sein Grab treten und sagen: hier liegt der unbeson-

sonnene Rabenvater, der weder für seine Frau,
noch Kinder gesorgt hat. item. Am jüngsten Tage
wolle sie sagen: hier ist der gottlose Rabenvater,
richte ihn Gott nach dem strengsten! denn er
hat die Hölle an mir verdient; noch weiter und
immer fort plagte sie ihn mit bittern Vorwürfen,
daß er ein alter unverständiger Rabenvater, und daß
er werth sey, daß man Leute kommen und ihn mit
Steknadeln zerkratzen ließe. Aus diesen anhalten-
den Zänkereien und Beängstigungen, wovon ihm
immer seine Gedanken vergangen und welcher Un-
friede mit seinem Eheweibe 4 bis 5 Monat fortge-
dauert, sey endlich die Verzweifelung und der
Wunsch entstanden, daß sein Leben ein Ende nehmen möchte. Er wäre bei diesen Plagen denn auch
zugleich mißtrauisch auf die göttliche Vorsorge geworden, der Gedanke daß er und sein Weib nicht
mehr von den halben Einkünften der Pfarre hätten
leben können, ferner daß nach seinem Tode sein
Weib würde Noth und Schimpf leiden müssen, hätte
nun vollends alles dazu beigetragen, sich sowohl,
als sein Weib aus der Welt hinaus zu schaffen, —
sich, um sich von seinen vielen Plagen und bei seiner
langen Blindheit ausgestandenen Lebensüberdruß
zu befreien, sein Weib, um sie vor aller künftigen
Noth zu sichern. Es sey demnach in ihm der veste
Vorsatz entstanden, sein Eheweib zu ermorden, und
sich den Händen der Obrigkeit zu überliefern, damit
auch er von der Welt käme, und aller seiner täglichen

chen Plagen und Noth ein Ende machen möge.
Im übrigen sey es durch Hülfe des Satans geschehen, daß er so hintereinander in der Eile dem Weibe die Wunden zugefügt, wie ihm denn auch den
ganzen Tag vorher gewesen, als wenn alle Teufel
um ihm wären, so daß ihm ordentlich der Kopf ge-
brauset." Zu allen diesen Veranlassungen seiner
schreklichen That kamen nun noch folgende Umstände, die auch der Defensor des Inquisiten nüzte, um
ihn vom Tode zu retten, nehmlich, daß ihn in den
lezten sieben Jahren der Schlag, so jedoch ein paarmal nur Schwindel gewesen, 5 bis 6mal gerührt,
und seine Gemüthskräfte dadurch in eine Schwäche
und Verwirrung gerathen wären; ferner daß er
eine schlechte Lebensordnung beobachtet, von zähem
und schwerem Geblüte gewesen sey, und den Brante-
wein geliebt habe. Alle diese Umstände konnten ihn
aber doch nicht vom Tode retten, weil er wie er
selbst eingestanden, sich seiner bei der verübten Mordthat völlig bewußt gewesen, und die dabei vorkom-
menden Umstände deutlich zeigten, daß er die Mordthat nicht in einem Anfall von Wahnwiz oder Raserei begangen habe.

Es ist der Mühe werth, die Gründe aus dem
Urthel anzuführen, warum man die Vertheidigung
seines Defensors nicht für gültig annehmen wollte.
„Wenn bei einem Verbrecher die Zurechnung der
ausgeübten Missethat wegfallen soll, muß eine solche Schwäche und Ohnmacht des Gemüths und
der

der Seelenkräfte vorhanden seyn, die ihm das, was
er gethan, und ob selbiges recht oder unrecht sey, zu
wissen und beurtheilen zu können, ausser Stand
sezt: bei Inquisiten hingegen desgleichen sich keines-
weges ereignet, sintemal die genaue, und so weit
andere Personen, als die verwundete C. selbst, der
Schwiegersohn, die Magd und der Pfarrgehülfe
davon wissen, und etwas melden können, richtige
Erinnerungen der Umstände seiner That, sowohl
als des unmittelbar vorhergegangenen und darauf
erfolgten; ja selbst der nach Anleitung des Inquisiten summarischen Aussage Fol. 45. B. im 45 und
46sten von ihm bejaheten Artikel gebrauchte Gedanke: Daß, wenn er des Weibes Mörder, er dadurch
selbst des Todes schuldig wäre, untrügliche Merk-
maale sind, daß vor, bei und nach seiner Missethat
er sich selbst wohl bewußt, um die Unrechtmäßigkeit
seines Vorhabens und dessen Vollziehung einzusehen
auch nach den Gesetzen zu beurtheilen nicht weniger
als unfähig, sowohl daß das angegebene Brausen
des Kopfs, gleich als ob alle Teufel um ihn wären,
in der That nichts anders, als die Erinnerungen
des Gewissens, so ihm die Abscheulichkeit seines
Vorsatzes vorgehalten, gewesen: da weiter, daß
er sonst und besonders um die Zeit des verübten
Verbrechens ungereimte oder widersinnige Handlungen unternommen, keine Spur zu finden, sondern er dergleichen sich zu enthalten wohl gewußt;
darneben damals trunken gewesen zu seyn vermeint,

auch

auch niemand daß er es gewesen, an ihm vermerket, alle Vermuthung, daß sein Verstand den Reizungen seines bösen Willens zu widerstehn, wenn nur Inquisit es thun wollen, unvermögend und nicht genugsam gewachsen gewesen, gänzlich hinweg fällt; vielmehr Inquisit mit andern grober Missethat Schuldigen gemein hat, daß, anstatt, was er sich vorgenommen, wohl zu prüfen und sodann den sanften Leitungen des das Unternehmen verwerfenden und mißbilligen Verstandes zu folgen, er mit gänzlicher Beiseitsetzung dessen, wessen selbiger ihn belehret, lediglich von den übereilten Trieben eines durch Leidenschaften aufgebrachten und verderbten Willens sich überwinden und von ihm hinreissen lassen; anbei daß Inquisit, als ein siebenzigjähriger Greiß, dem das Alter als ein Vorbote des sich ihm nähernden Todes vermittelst Blindheit die Augen gleichsam bereits zugedruft, und der mithin der Hitze aufwallender Gemüthsbewegungen weniger Herrschaft über sich einräumen sollen, eines anständigern Abschieds aus dieser Zeitlichkeit sich nicht befliffen, dargegen auf so schändliche Art seinem Tode zugeeilet; als ein an die 39 Jahr im Priester-Amte stehender Prediger göttlichen Worts, die in diesem vorgeschriebene, und ohne Zweifel, solche Zeit über, andern geprebigte Zähmung des bösen Willens und Dämpfungen der aufsteigenden sündlichen Begierden und Trieben selbst nicht beobachtet, noch die Gründe, die er wieder das Mißtrauen in die göttliche Vorsorge und

die demselben so oft auf dem Fuße folgende Verzweifelung andern eingeschärfet, sich vor Augen genommen, oder, um ihn davon zu erinnern, einen oder
andern seiner Mitbrüder und Amtsgenossen ange-
gangen; ferner, daß er die That nicht im Zank
mit dem Eheweibe, wobei die jähling aufsteigenden
erstere, der menschlichen Schwachheit unerwartet
überwältigende, Regungen des Zorns wenigstens als
eine scheinbare Entschuldigung hätten angeführet
werden können, sondern nach einer längst vorhergegangenen Ueberlegung zu Folge, und da wenigstens einige Stunden lang zwischen ihm und dem
Eheweibe kein Wortwechsel vorgefallen, vielmehr
Inquisit sec. Artic. 72 und 74 demselben, nur
eine viertel Stunde vorher, mit falscher Zunge diejenige Nacht gut zuzubringen angewünschet, die er
zu dessen Abschlachtung, und zwar laut des bejaheten 108ten Artikels, unaufhaltlich bestimmt gehabt,
über dieses er das Eheweib im Schlafe überfallen,
und dadurch, wenn sie, wie er, nach Anleitung der
Antwort auf den 103ten Artikel, darauf umgegangen, so fort unter seinen Händen verstorben wäre,
deren zu einem so plözlich als unvermutheten Ueber-
gange in die Ewigkeit damals vielleicht nicht gefaßte
Seele der Gefahr des ewigen Werderbens auszusetzen, an sich nicht ermangeln, auch von der Be-
harrlichkeit in seinem bösen Vorsatze, dabei ja freilich wohl ein guter Geist die Hand nicht geführet
haben kann, weder durch die Gegenwehr des Wei-

bes

bes noch durch beſſen und des H—ſchen Kindes
ängſtliches Schreien ſich abwendig machen laſſen,
lauter ſolche Umſtände ſind, woburch die Schwere
des Inquiſiten Verbrechens mehr erhöhet als ver-
ringert wird. — —

c) Eben ſo auffallend iſt folgendes Beiſpiel
von einem kalten Ueberdruß des Lebens.

Ewa Margretha K — 23 Jahr alt wurde wegen
verſchiedener Verbrechen im Sept. vorigen Jahres
(1755) in das Zuchthaus nach Onolzbach gebracht.
Man empfing ſie gewöhnlich wie die Züchtlinge mit
einer Peitſche, und einer von den Streichen ver-
letzte ihre rechte Bruſt. Dieſe Behandlung machte
den tiefſten Eindruk auf benannte Weibesperſon,
und ſie fing an, lieber den Tod zu wünſchen als ein
ſolches Leben zu führen. Um aber deſto eher zu Erfüllung ihres Wunſches zu gelangen, fiel ſie auf den
ſchreklichen Gedanken einen Mord zu begehen, damit ihr auch ſobann das Leben genommen werden,
und auf ſolche Art Zeit gewinnen möchte ihre Sünden zu bereuen, und bei Gott Gnade zu erlangen,
welche ſonſt durch Handanlegung an ſich ſelbſt verlohren gehen möchte. (Man ſieht hieraus deutlich,
daß die meiſten Mörber, bie andre umbringen, um
ſich baburch ſelbſt aus der Welt zu ſchaffen, aus einer
mißverſtandenen Religioſität lieber Hand an andre
legen). Sie præmedidirte gefliſſentlich den

C 2   Tod

Tod einer andern Weibsperson, und führte ihr Vorhaben auch würklich auf folgende Art aus. Sie gab nehmlich vor, als eines Sonntages die Züchtlinge in die Kirche gehen mußten, daß sie Bauchweh habe, und nicht den Gottesdienst mit abwarten könne. Mit ihr wurde noch eine andere Züchtlinginn, Mederin mit Nahmen, zurükgelassen, welches ein äußerst einfältiges Mensch war. Zu dieser begab sich Margaretha K — und stellte ihr vor, daß sie beide, um ihres Jammers auf einmal los zu werden, sterben wollen, und daß sie (die Margretha K —) damit den Anfang machen wollte, daß sie die Mederin zuerst umbrächte. Die Mederin war damit zufrieden, nur machte sie vorher die Bedingung, daß ihr das Umbringen nicht viel Schmerzen verursachen sollte. Sie legte sich darauf auf eine Brücke im Zuchthause ausgestrekt hin, und die Mörderinn übte würklich die schrekliche That mit Abschneidung des vordern Halses mittelst eines Ulmer Kreuzermessers an ihr aus, die einfältige Mederin empfing die tödlichen Messerstreiche mit aller Gelassenheit, und starb nach einer Stunde an den empfangenen Wunden.

Um zu sehen, wie die unglükliche Mörderinn auf die abscheuliche Idee ihre Mitgefangene hinzurichten gekommen sey, und wie traurig die Veranlassungen dazu waren, will ich aus dem medicinischen Bericht über sie nur noch folgendes hinzu setzen, woraus zugleich erhellen wird, wie hundisch die bar-

barbarischen Aufseher der Zuchthäuser oft mit ihren
Züchtlingen umgehen, und wie leicht bei solchen Un-
menschlichkeiten mörderische Gedanken in den armen,
leidenden, gedrükten Menschen entstehen können.

Als sie in das Zuchthaus gebracht wurde, wurde sie frei hingestellt, mit aufwärts gestrekten und
an Händen geschlossenen Armen, da sie denn vom
Zuchtmeister, der ihr hinterwärts zur linken stand,
zwanzig Streiche mit einer langen neuen Peitsche,
die vom Handgrif bis oben ganz biegsam war, bekam. Während des Schlagens schwang sich das
oberste Ende der Peitsche gewaltig auf ihre rechte
Brust, und verursachte eine so heftige Contusion
auf derselben, daß sie gleich aufschwoll, blau, schwarz,
gelb und roth wurde, wie die Brüste denn zu werden
pflegen, wenn ein Kind davon entwöhnt wird.
Während der Geschwulst, sagte sie, habe sie um
Hülfe gebeten, man habe es ihr aber abgeschlagen,
und sie zur Geduld verwiesen. Wie die Geschwulst
nach 8 Tagen etwas nachgelassen, kamen erst die
Schmerzen von der Seite in die Brust hinein, als
wenn mit Messern darinn geschnitten wurde. Nach
14 tägigen erschreklichen Schmerzen habe sich die
Brust oben an der linken Seite eröfnet, wo nichts
als gelbes Wasser herausgelaufen, wonach Geschwulst, Härte und Flecken vollends vergangen,
auch die Schmerzen, die sich etwas gelindert, blieben auch außen, so lange das Auslaufen dauert,
wenn aber dieses nachlasse, und die Defnung zuge-

C 3 fal-

fallen; so kämen die Schmerzen wieder, ziehen sich in die Brust gegen den Rücken in die Achsel, und von da gegen das Herz und davon bekomme sie schweres Athmen und Stecken, und das herauslaufende Wasser mache ihr sehr brennende Schmerzen.

Als man sie fragte, was sie denn aber zu der abscheulichen That, ihre Mitgefangene umzubringen, bewogen habe? antwortete sie: Furcht vor der Qual und scharfen Schlägen, die sie im Zuchthause hätte erleiden müssen, und noch wie lange hätte ausstehen müssen. Da wäre sie denn auf den Gedanken gekommen: nehme ich mir mein Leben selbst; so ist meine Seele ewig verlohren; wenn ich aber das Mensch umbringe, und sobann auch um das Leben komme; so kann ich meine Sünden bereuen und Gott wird meine Seele zu Gnaden annehmen.

Auf die Frage: ob sie gegen die Entleibte einen Haß gehegt, oder sie von dieser sey beleidigt worden? sagte sie, die Entleibte habe ihr kein Leid gethan, vielmehr wenn dieser etwas Leids geschehen, sey sie allezeit auf sie zugelaufen und hätte es ihr geklagt.

Auf die Frage: ob sich die Entleibte nicht gewehrt? antwortete, daß sie sich ganz geduldig habe ermorden lassen. Als man sie fragt: ob sie die Nacht nach der abscheulichen That geschlafen? erwiederte sie, sie habe eben gebethet, und da sie darüber eingeschlafen, und wieder aufgewacht, hätte

sie

sie das unterbrochene Gebet wo sie vorher geblieben, wie sie jeder Zeit gewohnt gewesen wieder fortgesezt. Sie hätte kein Bedauern mit der Entleibten gehabt, und hätte eben gedacht: sie könnten beide auf diese Art miteinander der Marter auf einmal entledigt und selig werden. Die Inquisitinn zeigte sich übrigens allezeit ganz gelassen, außer wenn man ihr die erschrekliche That vorgestellt, wie dieses durchaus nicht der Weg zur Seligkeit wäre, vielmehr sie den Zorn Gottes auf sich geladen, hat sie geweint.

Der Arzt fand sie stets vollkommen vernünftig, und sezt in seinem Bericht hinzu, daß sie ihre That blos aus Verzweifelung und Lebensüberdruß unternommen hätte, und dazu bei einem bessern Unterricht in der Religion nicht gebracht seyn würde. Die Justiz verstand diesen Wink nicht — und weil man sonst oft mit der Todesstrafe so äusserst bereitwillig war, wurde das unglükliche Mädchen nicht lange nach ihrer That hingerichtet.

Aus vorhergehenden und hundert andern dergleichen Beispielen von Lebensüberdruß erhellet deutlich, daß sehr viel Menschen vor dem Tode lange nicht den Abscheu haben, der uns allen so gemein seyn soll. Der Gedanke, nicht mehr zu seyn, ist für sehr viele lange nicht so schreklich, als wirs glauben. Von den Leiden des Lebens niedergedrükt, von allen verlassen, mit körperlichen Schmerzen beladen — ohne Hofnung daß es jemals besser werden kann, besser werden wird, ist wohl der Entschluß,

C 4

sich

sich selbst umzubringen, lange nicht so schwer, als
er uns bei gesundem Leibe, gutem Appetit, und äussern glüklichen wenigstens erträglich guten Umständen zu seyn scheint. Aber warum richteten sich jene
Menschen nicht lieber gleich selbst hin, warum mor-
deten sie erst andere, damit sie wieder gemordet
würden —? dies kann man wohl nicht anders,
als theils aus einer natürlichen Abneigung erklären,
Hand an sich selbst zu legen, wenn noch Mittel vorhanden sind, daß wir dies traurige Geschäft andern
überlassen können; theils aus einer religiösen Furcht,
daß man durch einen Selbstmord sich gleichsam den
Himmel selbst verriegeln würde, und daß man durch
die Ermordung eines andern immer noch Zeit be-
käme, an seiner Seligkeit zu arbeiten, was aus dem
leztern Beispiel sichtbar erhellet. Ausserdem hat der
Gedanke: sich selbst zu ermorden, bei aller seiner
Entsezlichkeit, für den Unglüklichen, besonders hypochondrisch Unglüklichen etwas Einladendes an sich;
— der Leidende erhebt sich dadurch in seinen Gedanken über alles weg, was ihn einschränken, was seine körperlichen Leiden vermehren kann. Ihm hat
kein Mensch etwas mehr zu gebieten, er kann der
ganzen Welt trotzen, wenn er nicht mehr von der
Todesfurcht gemartert wird. Alle Intriguen und
Bosheiten der Menschen gegen sein Glük kommen
ihm wie erbärmliche Spielwerke vor; — er darf
nur einen Augenblik den Willen haben — seinem
Leben ein Ende zu machen, und er ist ewig von allen

Un-

Unannhmlichfeiten deſſelben befreit. Freylich müſſen
große Verirrungen der Seele vorhergegangen ſeyn,
ehe jener Entſchluß bei ruhiger Vernunft zur Reife
kommen kann; allein ſelbſt die Vernunft kann ſich
in ſolchen Augenblicken bisweilen das Anſehn geben,
als ob ſie den Selbſtmord billigen dürfte, und es
hat leute genug gegeben, die aus Gründen der Vernunft Hand an ſich ſelbſt gelegt haben, ob gleich
jeder der ſich nicht an ihre Stelle ſetzen kann, glauben wird, däß die leute etwas geſcheidteres hätten
thun können. Es iſt aber auch hier gemeiniglich
nicht die Frage: was ſie hätten thun können; ſondern, was ſie nach der einmal vorhandenen Folge
ihrer Vorſtellungen und Empfindungen durch einen
unwillkürlichen Stoß ihrer Gefühle thun mußten.

Wer dieſen Punct nicht recht in Erwägung zieht,
wird nie mit philoſophiſcher Toleranz über den
Selbſtmord irgend eines Menſchen ein gehöriges
Urtheil fällen, und wird Menſchen verdammen,
die eher unſer ganzes Mitleiden verdienten, und die
der Himmel wohl nicht nach unſern Syſtemen richten wird.

P.

2. Krank-

2.

Krankheit der Einbildungskraft.

Nachricht von einer Frau, welche meinet, daß sie gestorben sey, und durchaus als eine Gestorbene wollte behandelt werden.

Nachstehende Erzählung des Bonnet ist von einer sonderbaren Art. Ein sonst verständiges altes Frauenzimmer fängt auf einmal sich einzubilden an, daß sie gestorben sey, und begraben werden müsse. Keine Vorstellungen dagegen wollten etwas fruchten, man muß sie, um sie zu beruhigen, durchaus in einen Sarg legen; aber selbst bei dem eingebildeten Tode verläßt sie die weibliche Neigung nicht, sich zu schmücken, ꝛc. — doch hier ist die ganze Erzählung selbst:

Eine ehrbar alte Frau von beinahe siebenzig Jahren saß frisch und gesund in der Küche, und bereitete eben die Speisen zu, als sie eine durch die Küchenthür eindringende Zugluft so heftig in den Nacken traf, daß sie als wie vom Schlage gerührt, und an der einen Seite auf einmal gänzlich gelähmt wurde, so daß sie die Tage hindurch fast ganz einer todten Person glich. Vier Tage nachher bekam sie ihre Sprache wieder, und ernannte diejenigen Frauenzimmer, welche ihr das Sterbekleid anziehen,

und

und sie, da sie bereits würklich todt sey, in den
Sarg legen sollten. Man gab sich alle Mühe, sie
von ihrem lächerlichen Wahn zu befreien. Ihre
Tochter und Bedienten machten es ihr sehr begreiflich, daß sie nicht gestorben sey; sondern noch lebe;
alles war umsonst, die Todte wurde hißig, und fing
auf die Saumseligkeit ihrer Freundinnen gewaltig
zu schmälen an, welche ihr nicht gleich den leßten
liebesdienst mit Beschickung ihres Körpers erweisen
wollten, und wie die Freundinnen noch länger zau-
derten, wurde sie im höchsten Grade ungeduldig,
und wollte von einer Magd mit Drohworten ihre
Ankleidung als eine Todte erzwingen. Endlich
fand man es für nöthig, um sie zu beruhigen, daß
man sie wie eine Leiche ankleidete, und würklich auf
ein Paradebette legte. Sie selbst beschäftigte sich
hier, noch so galant als möglich zu erscheinen,
sie stekte sich die Nadeln anders, musterte an dem
Saume des Sterbekleides, und war mit der Weiße des Leinnens zu ihrer Beerdigung gar nicht zufrieden. Endlich fiel sie in einen Schlaf, wo man
sie alsdann wieder auskleidete, und in ihr Bette
legte. Kaum war sie aber wieder erwacht, als die
vorige Grille, daß sie würklich todt sey, und beer-
digt werden müsse, wieder kam. Dieser Paroxismus dauerte lange fort. Der Arzt gab ihr Pul-
ver aus Edelstein mit Opium vermischt. Da sie
endlich glaubte, daß sie sich noch würklich im Lande
der Lebendigen befinde, äußerte sie oft, daß sie in

Nor-

Norwegen bey ihrer Tochter wäre, und widersprach allen denen mit größter Lebhaftigkeit, welche das Gegentheil sagten. Bisweilen machte sie Anstalt zur Reise nach Coppenhagen, und war nicht zu überreden, daß sie sich ja schon an diesem Orte aufhielt, bis man endlich auf ein listiges Mittel dachte, und sie in einem Wagen außer dem Thor herumfahren, nachher aber in die Stadt zurückbringen ließ, da sie denn ihr Haus kannte, und damahls eben aus Norwegen zurückgekommen zu seyn glaubte. Sie konnte Hände und Füße bewegen, und nach Gefallen gebrauchen. Das Essen schmeckt ihr wohl, und war in allen Stücken einem gesunden Menschen gleich, außer daß sie nicht schlafen konnte, wenn sie nicht Opium nahm. Nachher bekam sie ihren Paroxismus alle Vierteljahr, und wunderte sich hernach allemahl höchlich, daß sie wieder ins Leben zurückgekehrt sey. Während der Zeit daß sie sich todt glaubte, hielt sie mit längst Verstorbenen Unterredungen, richtete Gastmahle für sie zu, und bewirthete die nüchternen Todten mit vieler Sorgfalt.

In gegenwärtigem Fall war die Vorstellung des Frauenzimmers, daß sie würklich gestorben sey, lebhafter als alle andre Ideen geworden, die sie vom Gegentheil hätten überführen können, und dergleichen ähnliche Fälle sind nichts ungewöhnliches. Als die Kranke vom Schlage gerührt wurde, bemächtigte

sich

sich ihrer wahrscheinlich der Gedanke mit größter Stärke: — nun stirbst du. — Dieser Gedanke blieb während der Zeit, da sie noch nicht wieder zu sich selbst gekommen war, der einzige und herrschende in ihrer Seele. Alle andern Vorstellungen wurden gleichsam unwillkürlich in Hintergrund der Seele geschoben, und diese nahm durch seine Lebhaftigkeit überrascht gar bald einen Habitus an, jenen Gedanken als herrschend zu unterhalten. Die ungewöhnlichsten und seltsamsten Ideen können einen solchen Habitus bekommen, wenn die Seele aus ihrer gewöhnlichen Denkordnung auf einmal herausgeworfen, und in eine ganz neue Hauptidee hineingezwungen wird. Eine plötzliche körperliche Unordnung im Gehirn, oder auch eine heftige Ueberraschung können einen solchen Umtausch veranlassen, und wir sind dann nicht mehr im Stande, die Ungereimtheit der leztern einzusehen, weil wir eine richtige Folge unsrer Vorstellungen (selbst beim Wahnsinne) zu bemerken glauben. Dieß ist bei allen seltsamen Einbildungen der Fall. Der welcher sie hat, kann sich nicht überreden, daß es Einbildungen sind, theils weil ihre Lebhaftigkeit nicht mehr eine Vergleichung mit andern natürlichern und und vernünftigern Vorstellungen zuläßt; theils weil der Eingebildete keine Lücke, keinen Sprung in seiner neuen Denkform wahrnimt, und die Entwickelung aller seiner Nebenideen aus einer einzigen Hauptidee ihm sehr natürlich und den Gesetzen des menschlichen Denkens gemäß vorkommt. Hieraus läßt

läßt sich nun erklären, wie schwer es gemeiniglich
ist, Menschen von lebhaften Einbildungen zu kuriren. Man muß gleichsam ihre ganze Gedanken-
Methode umwerfen, wenn man sie heilen will,
man muß ihnen eine neue Ideenfolge unterschieben,
und was das schwerste hiebei ist, man muß die
Hauptidee zwar nicht immer auf einmahl, sondern durch allerlei Nebenwege, und nach und nach
aus ihrem Besiz hinauszustoßen suchen. Ferner
läßt sich hieraus erklären, warum Leute, die von
einer gewissen Einbildung beherrscht werden, gemeiniglich in Absicht dieser Einbildung äußerst conse-
quent sind. Sie schließen immer von Folge auf
Folge, wenn sie nicht anders ganz verrückt sind,
und verfahren dabei nicht selten nach einer so strengen Syllogistic, daß man in so fern an ihren Schlüßen
nichts aussetzen würde, wenn die erste Bedingung
aller ihrer Thesen nur nicht aus der Luft gegriffen
wäre.

P.

Z. Müt-

3.

Mütterliche Grausamkeit aus Melancholie und Verzweifelung.

Katharine Häuslerin, aus einem Dorfe bei Denauwörth, 45 Jahr alt und 12 Jahr Ehefrau eines harten, störrigen Mannes, hatte, außer einem Fieber und derzuweilen in Unordnung gerathenen monatlichen Reinigung, keine Krankheit gehabt.

Zu Ende des Jahres 1785 hatte sie im Dorfe, wo sie wohnte, einer Kuh heimlich die Milch ausgemolken. Dies wurde erfahren, und ihr flehentliches Bitten, daß dieser kleine Diebstahl ihrem Mann verborgen bleiben möchte, wurde zwar gewährt; aber man hielt das Versprechen nicht, und in der Folge bekam ihr Ehemann von diesem Verbrechen der Frau erst dunkle, dann klärere Nachricht.

Ein von den Gerichten des Klosters zum heil. Kreuß in Denauwörth abgehörter Zeuge bezeugte, daß diese Frau immer brav, gottesfürchtig und häußlich gewesen wäre, aber immer vielen Sturm mit ihrem Mann gehabt habe. Von keiner Zerrüttung des Gemüths wußte dieser etwas: ein andrer sagte: man habe zuweilen an ihr bemerket, daß sie etwas hochmüthig sey, und zuweilen vor den Leuten vorbeigehe, ohne sie zu grüßen.

So-

Sowol diese Zeugenaussagen, als das nachherige Verhör der Unglüklichen nach Inquisiti-
onalartikeln beweisen, daß sie nach jener kleinen
Uebelthat, aus Furcht wegen des Nachtheils
ihres guten Namens, und wegen übler Behandlung ihres Mannes, falls die Geschichte, die
kaum verborgen bleiben würde, diesem zu Ohren käme, nachdenkend, ängstlich und tiefsinnig
wurde. Aus den Akten erhellet, daß sie gebeichtet, und zwar auf diese Sünde, welches bei
Katholiken viel ist, ohne nachherige Beruhigung
gebeichtet habe. Sie hat oft gebetet, ohne zu
wissen, was sie bete, und trauete sich nicht, es
ihrem Manne zu sagen. Ein heftiger Kopf-
schmerz plagte sie manchmal vierzehn Tage lang,
während dessen wuste sie oft nicht, was sie that,
sie gab aber vor, immer dabei ihrer bewußt gewesen zu seyn.

Am 1ten December 1786 erfuhr die Frau
mit Gewißheit, daß ihr harter Mann ihren
Milchdiebstahl wisse. Oft vorher hatte er ihr
gedroht, den Hals umzudrehen, falls sich die
Sage davon bestätigen sollte: nun sezte er sie
darüber und zwar mit Heftigkeit zur Rede, und
behandelte sie mit Schlägen, deren sie sich doch
beim Verhör nicht mehr zu erinnern wußte.
Auf Befragen: ob und wie oft sie geprügelt
sey? antwortete sie: das wisse sie nicht, ihr
Mann

Mann müſte es wiſſen, ſie habe kein Gedächtniß im Kopfe.

Sie zitterte bei dieſer Behandlung vor Furcht,
und ging zu Bette, natürlich eine noch ſchlim-
mere Behandlung am folgenden Tage befürch-
tend. Ihre kleine Tochter von 7 Jahren kam
zu ihr, ſie betete mit dieſer, und war entſchloſſen, ihren Mann, der ihr ſchon ſo oft den Tod
gedrohet hatte, zu verlaſſen. Sie fragte ihre
Tochter, ob ſie beim Vater bleiben wolle? dieſe
wollte nicht, weil ſie die ſchlimme Behandlung
des Vaters fürchtete.

Nun verließ ſie nach fleiſſigem Gebet mit
dieſer Tochter und ihrem andern 10 Wochen
alten Kinde früh Morgens das Haus. Noch
beim Fortgehen fragte ſie ihre Tochter: ob ſie
beim Vater bleiben wolle? lieber ſterben, als
beim Vater bleiben! war die Antwort des
Kindes.

Dieſe Antwort des Kindes, und die überall beengte und verzweifelte Lage der Mutter,
der bei Tiefſinnigen ſo leichte Gedanke, durch
einen erſt verübten Mord deſto leichter in den
Himmel zu kommen, und die ſchlechte Behandlung der Kinder, die ſie voraus ſahe, falls ſie
mutterlos beim Vater erzogen wurden, — dies
alles bewog ſie zu dem grauſamen Entſchluß,

ihre beiden Kinder zu ersäufen. Sie nahm das kleine auf den Arm, führte die Tochter an der Hand zum Hause hinaus, ließ, da sie an die Donau kam, das Mädchen niederknien und beten, bat das Mädchen, Gott zu bitten, daß sie einen rechten Tod sterben, und nicht auf gleiche Art umkommen möchte, machte mit demselben zweimal Reue und Leid, band das kleine Kind der Tochter in die Arme, das Mädchen küßte das kleine Kind mit den Worten: „liebes Brüder'l, nun müssen wir sterben.“ Die Mutter machte beiden das Kreuz, sagte zu der Tochter: laß fein dein Brüderlein nicht von dir, und warf beide in die Donau.

Sie sah ihnen nach, und machte beiden das Kreuz. Verzweifelnd sah' sie, daß beide Kinder voneinander waren, um nicht selbst ins Wasser zu springen, sah sie sich nicht weiter um.

Nun zog sie ihre Schuhe aus, ging schnell fort, und betete gehend, aber über ihre Unthat beruhigt, weil sie glaubte, ein Gott gefälliges Werk gethan zu haben, weil ihr Mann ihr immer mit dem Umbringen gedrohet, und sie ein übles Schifsal ihrer Kinder befürchtet habe. Sie ging gerad in die Fronfeste. Sie erzählte da ihre That, und bat, verwahret zu werden. Alle ihre Aussagen liefen dahinaus, daß sie ihre

Kin-

Kinder ersäuft habe, um sie gegen die Behand-
lungen ihres grausamen Vaters zu sichern, und
daß sie nichts suche, als hinzukommen, wohin sie
gehöre, in die Ewigkeit. Sie habe beim Er-
saufen ihrer Kinder nichts weiter gedacht, als:
Himmlischer Vater, ich schenke dir in deine Hände
meine zwei Kinder, und gieb mir die Gnade, daß
ich meine Sünden möge beichten, und mein Leben
für sie geben, wenn ich sie ums Leben gebracht!
Nur da fühlte sie Entsetzen und Mitleid, da sie
ihre Kinder von einander getrennt im Wasser
schwimmen sah.

Zur

Zur

Seelennaturkunde.

Materialien zu einem analytischen Versuche
über die Leidenschaften.

Siehe das 3te Stück des 5ten Bandes dieses Magazins.

Fortsetzung.

Eifersucht.

Dieser Affect, welcher so oft die sonderbarsten
und seltsamsten Erscheinungen im Gebiete
menschlicher Empfindungen veranlaßt, die klügsten
Menschen verblendet, die gütigsten Herzen barba-
risch und grausam macht, und wenn er heftig ist
und lange dauert, der Seele und dem moralischen
Charakter nicht selten eine ganz neue, unerwartete
Richtung giebt, ist ein Gemisch von Neid und be-
leidigter Selbstliebe. Wir gönnen dem andern
die Gunstbezeigungen nicht, welche der geliebte Gegenstand jenem erzeigt, oder zu erzeigen scheint,
und fühlen uns gleichsam beleidigt, daß wir jene
Gunstbezeugungen mit andern theilen, oder daß
wir wegen eines andern, der mehr gefällt, als wir,
sie gar verliehren sollen.

Wir

Wir sind gewohnt das, was wir lieben, selbst wenn wir es nicht besitzen, und nicht besitzen können, für eine Art unsers Eigenthums zu halten. Eine Erscheinung, die daher rührt, daß das beständige Andenken an den geliebten Gegenstand, die Sorge und Bemühung für seine glückliche Fortdauer, die Theilnahme an seinen Veränderungen, und vielleicht nur ein geistiger Umgang mit demselben uns ein Recht auf denselben zu geben scheint, und ihn gleichsam in alle unsre Gefühle und Gedanken hinein webt; — oder auch mit daher, daß sich der geliebte Gegenstand auf irgend eine Art uns selbst als Eigenthum dargeboten hat, und wir über seine Empfindungen und Handlungen herrschen können. Jemehr und zärtlicher wir lieben, jemehr betrachten wir den geliebten Gegenstand als etwas, das uns zugehört, und jemehr fürchten wir denn auch, ihn zu verliehren, selbst dann noch, wenn kein reeller Grund dieser Furcht vorhanden ist, und vorhanden seyn kann. Betrachten wir jenen Gegenstand nicht mehr als unser Eigenthum, wird unsre Eigenliebe nicht mehr in sein Interesse hineingezogen; so beneiden wir auch den nicht, welcher ihn besitzt; ja wir beklagen ihn wohl gar, wenn wir einsehen, daß der Besitz desselben ihn nicht glüflich machen könne, und freuen uns nicht selten, wenn wir alle vorige Verbindungen mit dem nun nicht mehr geliebten Gegenstande aufheben dürfen.

Ich

Ich will hier keine ausführliche Abhandlung über die Eifersucht, sondern nur wieder Materialien zur nähern Kenntniß dieser Leidenschaft liefern, um meinen Lesern neuen Stoff zum weitern Nachdenken zu geben. Uebrigens ist, wie ich glaube, auch in diesen Materialien nichts enthalten, was sich nicht aus der Erfahrung, dieser Grundquelle aller psychologischen Beobachtungen, und aus der Natur des menschlichen Willens darthun läßt.

a) Der psychologische Grund der Eifersucht ist vornehmlich die Liebe; von dieser empfängt sie ihre verschiedenen Modificationen, so wie auch vom Temperament, Zeitumständen, Alter und der Verschiedenheit der Einbildungskraft, welche bei dem Eifersüchtigen so erstaunlich reizbar ist. Doch kann man nicht allgemein sagen, daß wir den Gegenstand auch würcklich allemahl lieben müßten, auf welchen wir eifersüchtig sind. Da bei der Eifersucht unsre Eigenliebe gemeiniglich und nicht selten ganz allein interessirt ist; so können wir gegen Personen eifersüchtig seyn, die uns längst nicht mehr zur Liebe gereizt haben, deren Zuneigung aber gegen uns doch immer noch etwas Schmeichelhaftes für uns bleibt. Es kommt uns so vor, als ob wir immer noch ein Recht auf denjenigen behielten, welcher einstmahls unsre Zuneigung erregt, und unser Herz besessen hat, wir erinneren uns noch mit Vergnügen der angenehmen Augenblicke, die wir

durch

durch den Umgang mit ihm genossen, der Schwi‑
rigkeiten die wir einst dabei überwanden, und der
vergangenen Liebe überhaupt, die uns oft lange
nach ihrem Ende mit einer innern Wonne erfüllt,
wenn wir gleich sie hinterher zu bereuen Ursach hat‑
ten.   Ueberdem geschieht es sehr oft, daß uns der
vorhergeliebte Gegenstand, wenn wir gleich keine
Empfindungen mehr für denselben zu haben schei‑
nen, wenn er uns ganz gleichgültig geworden ist,
bisweilen noch von seinen liebenswürdigen Seiten,
und nur von diesen erscheint. Die vorige Liebe kehrt
durch eine Täuschung unsrer Gefühle und mit ihr
die Eifersucht wieder zurück.

Leute die sich einander geliebt haben, und end‑
lich durch allerlei Umstände gegen einander gleich‑
gültig geworden sind, empfinden sonderlich bei ei‑
nem lebhaften Temperament jene Wiederkehr der Lei‑
denschaft nicht selten mit einem innern Gefühl von
Wehmuth, und bereuen es dem geliebten Gegen‑
stande auf irgend eine Art Gelegenheit zur Erkal‑
tung der Liebe gegeben zu haben, und dieß geht oft
so weit, daß man lieber ein Unrecht von der gelieb‑
ten Person ertragen zu haben wünscht, als daß
man dagegen empfindlich geschienen hat.

b) Es giebt Fälle, wo wir selbst gegen diejeni‑
gen Personen einen Grad der Eifersucht empfinden,
die wir hassen.   Wir sind in unsrer Eigenliebe oft

so unangfam, daß wir doch von andern eine Art
Zuneigung erwarten, gegen welche wir aufgebracht
find, und daß eben diese Menschen unfre Eiferfucht
rege machen wenn sie nicht uns, sondern andern jene Zuneigung zu erkennen geben. Noch leichter
läßt sich jener eiferfüchtige Haß erklären, wenn eine würkliche Liebe vorhergegangen ist, die in der
Seele versteckte Spuren ihrer vorigen Gewalt zurück gelassen hat. Durch persönliche und andere
Beleidigungen, durch getäuschte Hofnungen
und Bilder, die wir uns von den vortreflichen
Eigenschaften eines Frauenzimmers gemacht haben,
durch eine vielleicht sehr zufällige Umstimmung unfrer Denkungsart und Gefühle, vielleicht auch durch
ein Uebermaas unfrer Lieblingsleidenschaft selbst,
find wir gegen den geliebten Gegenstand auf einmahl gleichgültig geworden, aus dieser Gleichgültigkeit ist bald Kälte, und endlich durch eine wichtig
hinzu gekommene Ursach ein würklicher Haß entstanden, der vielleicht um so stärker geworden ist,
je heftiger die vorhergehende Liebe gewesen war.
Alle heftige Leidenschaften dauren nicht lange, und
die Zeit stumpft ihre Würkungen ab. — Der
Haß nimt nach und nach wieder ab, die ersten Ein-
brücke der Hitze verlieren sich, die täuschende Geschlechtsliebe mischt sich wieder ein, und so schwankt
die Seele zwischen einem Gefühl von Zärtlichkeit, daß sie sich gern verbergen möchte, und eine
stille Eiferfucht erzeugt, und zwischen dem entstan-

benen

denen Haß, bis entweder dieser oder jene die Oberhand behält. Ist der Haß von der Art, daß er
sich durch ein Opfer von Demüthigung und Nach-
geben besänftigen läßt, oder bloß daher entstand,
weil der geliebte Gegenstand die uns gebührende
Hochachtung aus den Augen sezte; so wird die
heimlich versteckte Liebe stets mit einer stillen Eifersucht auf jenen Gegenstand zurückblicken. Oft
kann es aber auch geschehen, daß wir eine Person
darum zu hassen anfangen, weil wir sie nicht ohne
eine gerechte Eifersucht lieben können, und weil
sie uns zu viel Gelegenheit zu dieser äußerst lästigen
Leidenschaft giebt.

c) So wahr die vorhergehende Bemerkung
und Erfahrung ist, so gewöhnlich ist auch auf der
andern Seite die Erscheinung, daß eine entstandene Jalousie die gleichgültigen Herzen wieder er-
wärmt, und die abnehmende Zärtlichkeit stärckt.
Eine Erfahrung, der sich die weibliche Coquetterie
oft so meisterlich gegen unser Geschlecht zu bedienen
pflegt. Auf das, was wir mit Sicherheit besitzen,
oder zu besitzen glauben, wenden wir nicht die
Sorgfalt und Aufmerksamkeit an, die wir bei Gegenständen anwenden, die wir zu verliehren glauben. Die gleichgültigsten Dinge werden uns wieder wichtig, wenn man uns ihren Besitz streitig
machen will, zu mahl wenn unsere Ehre darunter
leidet, sie würcklich verlohren zu haben. Vielleicht
ist uns auch weniger daran gelegen eine Person

D 5 würck-

würcklich zu besitzen, als der Welt zu zeigen,
daß wir uns in ihrem Besitze zu erhalten wissen, und in diesem Falle ist die Jalousie mit ein
Werk der Eitelkeit.

Zu dem Betragen eines eifersüchtigen Ehemannes gegen seine Gattinn wird eine große Klugheit erfodert, wenn er dadurch seine Eifersucht
mehr gewinnen, als verliehren will, und hier können hundert Fälle eintreten, wo die weibliche Zärtlichkeit durch die Jalousie des Gatten mehr ab als
zu nimt. Wenn gleich allgemein genommen es
der weiblichen Eitelkeit immer schmeichelt, wenn
ein andrer eifersüchtig ist; so bleibts doch immer
auch etwas gefährliches, der weiblichen Zärtlichkeit
gegen andre zu enge Gränzen zu setzen, was bei der
Eifersucht offenbahr geschieht. Das ängstliche
Auflauren des Ehemannes auf alle Blicke, Mienen, Worten und Handlungen seiner Gattinn, die
oft sehr sonderbare Proben von Mißtrauen, die
er ihr giebt, die sichtbare Verachtung desselben gegen die, welche er in Verdacht hat, die Plumpheit
und Undelicatesse, mit welcher er seine Gattinn ein-
zuschränken und von dem Umgange mit ihren Ver-
ehrern zurückzuziehen sucht, werden das Weib nur
desto mehr reizen und vielleicht wohl gar auf die
Gedanken von Hintergehungen bringen, auf die sie
ohne die ungeschikte Eifersucht ihres Mannes
vielleicht nie gefallen seyn würde. Unzählig oft ist
es

es besser, die kleinen Coquetterien seiner Gattinn gegen andere nicht zu bemerken, und lieber im Stillen
zu leiden, als jene durch äußere Ausbrüche der Jalousie aufzubringen — denn ein Eifersüchtiger
Ehemann bleibt für ein vernünftiges Weib ein lästi-
ges und sehr lächerliches Ding, und wehe dem
Manne! der seinem Weibe augenblicklich in einer
lächerlichen Gestalt erscheint, selbst wenn er aus
Liebe diese lächerliche Gestalt angenommen hat.

d) Man wird fast allgemein bemerken, daß
diejenigen Mannspersonen oder Frauenzimmer am
leichtesten zur Eifersucht geneigt sind, welche sonst
andern viel Gelegenheit zur Jalousie gegeben haben.
Die Sache ist sehr natürlich, sie haben Proben gemacht, und erfahren, wie leicht das menschliche
Herz durch die Liebe hintergangen werden kann,
und wie leicht sich oft die vesteste Tugend in die Arme eines Liebhabers oder eines verführerischen Weibes wirft. Sie fürchten, daß ihnen eine Art von
Wiedervergeltungsrecht geschehen möchte, und weil
ihrer Seele stets eine Menge von verliebten Aben-
theuern und Romanen vorschwebt; so glauben sie
alle Augenblick, daß ihnen von dem geliebten Gegenstände ähnliche Streiche gespielt werden könnten.

e) Die verschiedenen Grade der Eifersucht
hängen von sehr vielen Ursachen ab, die theils in
der

der physischen, theils moralischen Natur und in den
äußern Verhältnissen unsrer Lage ihren Grund haben.
Das Clima hat einen sichtbaren Einfluß auf diese
Leidenschaft. In den kältern Zonen der Erde, wo
das Blut der Bewohner sehr frostig ist, und die
Kälte die Lebhaftigkeit zärtlicher Empfindungen
hindert, biethen die Männer ihre Frauen den an=
kommenden Freunden freiwillig an, und nehmen es
sehr übel, wenn man sie verschmähet; im Orient
hingegen wo die Hitze des Bluts viel größer ist,
und die Liebe beider Geschlechter so leicht über alle
Gränzen ausschweift, ist auch die Eifersucht der
Mannes= und Frauenspersonen viel heftiger. Dort
verbietet sie den Weibern, mit offenen Gesichte zu
erscheinen, und schließt sie in einsame Harems ein.
Doch kann es auch noch einen andern Grund von
den verschiedenen Graden der Eifersucht zwischen
den nordlichen und südlichen Erdbewohnern geben,
als das Clima. Die Frauen der Samojeden, Zem=
blaner, Borombier, Lappen, Grönländer und
Esquimaur sind sehr häßlich, und flößen leichter ei=
nen Ekel als eine Zuneigung gegen sie ein, die
Männer derselben haben also keine Ursach, eifersüch=
tig auf sie zu werden, sondern können es als eine
Ehre ansehn, wenn ihre schmutzigen und häßlichen
Geschenke nicht zurück gewiesen werden. Hinge=
gen zeichnen sich die Weiber der Türken, Perser
und Chineser, wo die Jalousie oft bis zu den lächer=
lichsten Narrheiten steigt, durch eine blendende
Schön=

Schönheit aus, und bei solchen Weibern, die ohnehin so sehr zum sinnlichen Genusse vermöge der Hiße ihres Bluts geneigt sind, haben sie denn freilich alles
zu befürchten, was auch in Italien und Spanien
der Fall ist, wo die Banditen größtentheils von eifersüchtigen Ehemännern ihren Unterhalt bekommen.

f) Es ist eine sonderbare Erscheinung, daß
die wärmste und herzlichste Freundschaft, durch
nichts leichter getrennet werden kann, als wenn
ein Freund auf den andern eifersüchtig zu werden
anfängt. Ich habe hierin die geschicktesten Köpfe
fehlen gesehen; ein Beweis, daß die erhabensten und
edelsten Zuneigungen gegen andre weichen müssen,
wenn die Liebe die Herrschaft in der Seele führt.
Der Freund, den wir vorher herzlich liebten, dessen
Talente wir schätzten, dessen Umgang uns lieber, als
alles in der Welt war, für den wir das Leben gelassen hätten, und an dem wir vielleicht gar nichts
schlechtes und unvollkommnes sahen, erscheint uns
durch das Verkleinerungsglas der Eifersucht betrachtet, auf einmal in einem ganz andern Lichte, er wird
erst ein Gegenstand der Gleichgültigkeit für uns,
seine Schiksale rühren uns weniger als vorher, wir
nehmen nur noch schwachen Antheil an seinem
Glück, bis wir ihn endlich wohl gar zu hassen und
zu verachten anfangen. Wir wollen es der Welt
nicht gern wissen lassen, daß uns eine närrische Ei-
fer-

ferſucht gegen ihn kalt gemacht hat, wir ſuchen Ent-
ſchuldigungen auf und finden ſie in irgend einem
Fehler deſſelben, ſo klein er auch immer ſeyn mag,
und ſo leicht wir ſonſt darüber wegſehen. Es koſtet
uns nun nicht mehr Ueberwindung, von dieſem Fehler mit andern zu reden, und ihn durch eine zweideu-
tige Darſtellung noch ſchwärzer zu machen. Es
gereuet uns, daß wir mit einem Manne ſonſt einen
ſo vertrauten Umgang gehalten haben, der uns ſo
ſchlecht zu belohnen ſcheint, wir können mit einer
heimlichen Freude daran denken und wünſchen, daß
er gar nicht vorhanden ſeyn möge, und wir werden
es mit Vergnügen hören, wenn uns der Arzt ſeine
Krankheit als gefährlich ſchildert. Sehr ungerecht
und unverſtändig handelt der Eiferſüchtige gemeiniglich darin, daß er den Gegenſtand ſeiner Jalouſie in
Gegenwart ſeiner Gattinn oder Geliebte ſo ſchwarz
abzumahlen ſucht, als es nur möglich iſt. Man
will dadurch den Eindruk auslöſchen, welchen er auf
das weibliche Herz gemacht hat, oder ihn verhindern, wenn er noch nicht davon eingenommen iſt,
obgleich dies die Aufmerkſamkeit des Frauenzimmers
auf jenen Gegenſtand oft mehr reizt als unterdrückt.
Wir ſehen es gern, wenn andre von unſerm vorigen
Freunde lieblos ſprechen, und gewinnen die gewiſſer
maßen lieb, die es thun. Jede Herunterſetzung
deſſelben ſcheint für uns ein Gewinn zu ſeyn, ſo wie
wir durch jedes Lob deſſelben, ſonderlich wenn es unſre Geliebte hört, etwas zu verliehren glauben.

g) Noch

g) Noch heftiger und wüthender wird der Haß des Gemüths, wenn eine Freundin auf die andre eifersüchtig zu seyn Ursach zu haben glaubt. Alle Freundschaft und Vertraulichkeit wird denn gemeiniglich auf einmal abgebrochen, alles Gute wird an der Freundinn verkannt, alle Fehler in das helleste Licht gestellet. Nie ist die Medisance wortreicher, lauter, beißender, giftiger als bei einem eifersüchtigen Frauenzimmer, zumal wenn ihr die Reitze fehlen, wodurch der entwischte Liebhaber noch aufgehalten werden könnte, und durch nichts läuft der Verstand der klügsten Weiber leichter davon, als durch jenen wilden Affect. — Ueberhaupt möchte ich behaupten, daß das andre Geschlecht viel eifersüchtiger, als das unsrige ist, weil alle seine Leidenschaften eine größere Lebhaftigkeit haben, und weil es eitler, als das unsrige ist, folglich durchaus nicht gern etwas verliehren mag, was sein feines Ehrgefühl unterhält. Die Geschichte der Menschheit zeigt uns unzählige Beispiele von den heftigen Ausbrüchen der weiblichen Eifersucht, vielleicht hat keine Leidenschaft des menschlichen Gemüths so fürchterliche Ränke, solch eine schrekliche Rachsucht, und so viel unerhörte Bosheiten ersonnen, als die weibliche Jalousie. Wie oft hat sie Unschuldige ermordet, blühende Familien ins größte Elend hinabgestürzt, ewigen Hader zwischen sich liebenden Gatten und Freunden gestiftet! Ihr höchster Grad war wohl der, wenn sie selbst die, die

sie

sie liebte, mit langsamer Ueberlegung hinzurichten
suchte.

„Wenn sich die Eifersucht, sagt Montaigne,
von den Frauenzimmern, dieser armen, schwachen
und ohnmächtigen Seelen bemächtigt, so ist es er-
bärmlich, wie grausam und tyrannisch sie dieselben hin
und her reißt. Sie schleicht bei ihnen unter den
Namen der Freundschaft ein, allein, wenn sie dieselbe einmal in ihrer Gewalt hat, so wird eben das,
was sie sonst lieblich machte, die Ursache des grau-
samsten Hasses. Unter allen Krankheiten der
Seele findet keine mehrere Nahrung und weniger Hülfsmittel, als diese. Die Gesundheit,
die Verdienste und der Ruhm eines Mannes selbst
geben zu ihrer Feindseligkeit und Raserei Anlaß. —
Dieses Fieber verunstaltet und verdirbt alles Schöne und Gute, was sie sonst an sich haben. Eine
eifersüchtige Frau mag noch so schön und zurükhal-
tend seyn, so scheinen doch alle ihre Handlungen
feindselig und ungestüm. Eine rasende Unruhe
bringt sie auf lauter Ausschweifungen, wodurch
sie freilich ihre Sache immer noch ärger macht.‟

Ich führe zur Bestätigung der vorhergehenden
Bemerkungen noch eine Stelle aus einem Buche
an, welches voll von vortreflichen psychologischen Bemerkungen Entwicklungen unserer Leidenschaften ist,
und vom gelehrten Publicum nicht so viel gelesen
worden ist, als es verdient, nemlich aus Ewalds
Schrift

Schrift über das menschliche Herz. Theil 3. Seite
128.

"Wer die Macht der Eifersucht aus eigener
Erfahrung kennt, wird gestehen, daß sie die schreck-
lichste unter allen Leidenschaften und diejenige Empfindung sey, welche nach der Marter der Todesangst den ersten Platz behauptet. Ich betrachte
sie hier nach ihrem höchsten Grade, und nach ihrem weitesten Umfange. Hier hat sie die heftigste
Liebe, das heftigste Verlangen nach dem Besitz einer geliebten Person zum Grunde, von welcher wir
glauben, daß sie uns nicht wieder liebe, unsre Neigung zu ihr verschmähe, und dabei eine andre Person liebe, nach deren Besitz und Genuß sie sich seh-
ne. Dieser Gedanke stürzt uns in den tiefsten
Gram, und erfüllt uns mit der heftigsten Unruhe
und Angst. Die Heftigkeit dieser Leidenschaft ent-
stehet dadurch, daß sich mehrere Leidenschaften in
ihr vereinigen und gemeinschaftlich das menschliche
Herz bestürmen. Hier ist das heißeste Verlangen
nach dem Besitz des geliebten Gegenstandes, die
heftigste Furcht, ihn zu verlieren, und in den Armen eines andern zu sehen, die Empfindung ver-
schmähter Liebe; des beleidigten Ehrgeizes, fehl-
geschlagener Bemühungen und Erwartungen, Rache gegen den, dem der geliebte Gegenstand den
Vorzug vor uns giebt, oder der sich um die Gunst
desselben zu bewerben scheint. In der Einsamkeit,

oder unter Umständen, wo wir unsrer Leidenschaft
keinen freien Ausgang verstatten können und dürfen, würken alle jene Empfindungen und Leidenschaften, die die Eifersucht erzeugen, mit vereinigten
Kräften in uns; unser Herz ist beklemmt und zusammengepreßt, wir verändern unsere Gesichtsfar-
be, sind äußerst niedergeschlagen und traurig, seuf-
zen, und bemühen uns oft vergeblich in unsern Augen die Thränen zurück zu halten; wir zittern,
und sind in größter Verlegenheit und Zerstreuung;
unsre Seele vergißt auf dasjenige was um uns vorgeht aufmerksam zu seyn, denn sie hängt nur mit
ihren Gedanken an dem Gegenstande ihrer Leiden,
und ist nur mit ihrem innern martervollen Zustande
beschäftiget. Diese ihre Gedanken fahren in wilde
Aufruhr untereinander, indem bald diese bald jene
besondere Leidenschaft und Empfindung in dem Herzen die Oberhand gewinnt, und der Seele Gedanken zuströmt. Die Augen sehen wild und starr,
die Augenbraunen nebst der Stirne sind in die Höhe
gezogen, die Lippen zusammengepreßt, die Nasenlö-
cher geöfnet, die Backen eingefallen und zusammen-
gerunzelt; bald wird das Gesicht bleich, bald
durch den Anblick des geliebten Gegenstandes, der
das Verlangen die Empfindung des beleidigten Ehrgeizes und verschmäheter Liebe rege macht, oder
durch den Blick auf den vermeinten Nebenbuhler,
der in dem Herzen die Rache und den Zorn entflam-
met, geröthet, und der ganze Körper des Eifer-

süch-

süchtigen in heftige Bewegung und Unruhe gesezt;
kaum daß der Arme eines Augenblicks Ruhe zu ge-
nießen scheint, und seinem bangen Herzen durch
Seufzer luft verschaft, durchfahren Schwerdter
sein Herz und Eingeweide, und zerreissen sein In-
nerstes. In Augenblicken, worinn sich der Eifersüchtige freier überlassen ist, wo sein gequältes Herz
sich unaufgehalten öfnen kann, zeigt sich bald diese
bald jene einzelne Leidenschaft und Empfindung in
ihrer eigenthümlichen Gestalt und Würkung, je
nach der Beschaffenheit seiner Lage und Umstände,
und nach dem Betragen des Gegenstandes seiner
verschmähten Liebe, oder dessen, der der vermeinte
Störer seiner Ruhe ist, und den er für den Wider-
sacher hält, der ihm den Besiz des geliebten Gegenstandes streitig macht. Dort blutet sein Herz bald
vor inniger Wehmuth, und macht sein Aug in
Thränen schwimmen, bricht in jammervolle Kla-
gen und Seufzer aus, er ringt und windet die Hände, er spart keine Worte, seine Sprache strömt
aus der Fülle seines Gefühls, um seinem geliebten
Gegenstande den ganzen unermeßlichen Umfang seiner Liebe vorzubilden, und ihn zur Gegenliebe zu bewegen; bald bricht er beim Widerstand in Vorwürfe aus, er fühlt sich in seiner ganzen verächtli-
chen Kleinheit, sein gereizter Ehrgeiz wirft ihm
die Lippen empor, macht seine Blicke und sein ganzes Gesicht wilder, sein Körper beugt sich beim wi-
derkehrenden Gefühl seines eigenen Werths, vom

E 2

dem

dem verschmähenden Gegenstande ab, und mit haß
verwendetem Gesicht blickt er seitwärts mit einem
verachtenden Blicke nach ihm. Gegen seinen vermeinten Nebenbuhler ist er zornig, und droht ihm
seine ganze volle Rache, und wenn er sie ausübt,
ist er grausam und ohne Schonung. Ist der Eifersüchtige ein Mann von Lebensart und Sitten,
versteht er sich auf die Unterdrückung der Leidenschaften; so wird er sich seines Nebenbuhlers auf feine-
re Weise versichern, und seinem heimlichen Ver-
ständnisse mit besserer und künstlicher Art Hinder-
nisse in den Weg zu stellen suchen. Es ist ohnmöglich, das Bild des Eifersüchtigen unter eine einzige
Ansicht und in einen solchen Gesichtspunct zu stellen, wo man ihn mit einemmahl übersehen kann;
denn in ihm löst immer eine Leidenschaft und Empfindung die andere ab, und sein innerer Zustand
wechselt mit seiner äußern Gestalt fast alle Augenblicke; alle diese Leidenschaften und Empfindungen
modificiren sich über dieses noch nach den besondern
Lagen, Verhältnissen, Alter, Temperament,
Sitten und persönlichen Character, so daß diese
Leidenschaft fast in allen Subjekten eine andre Richtung gewinnt. Man kann sagen, daß sie aus fast
allen übrigen zusammen gesezt sey, oder doch wenigstens dieselben erzeuge und zu Hülfe nehme, wovon
ich außer den bereits erwähnten nur noch im Vorbeigehn, Verläumbung, Haß, Mißgunst, Neid,
Mistrauen und Verdacht nennen will. Ein gerin-
ge-

gerer Grad der Eifersucht muß derjenige seyn, wenn
wir eine Person, die wir nicht mehr lieben, oder
nie innig geliebt haben, mit einer andern im vertraulichen Umgange sehen; wenn wir aus andern
Absichten, als aus Liebe eine Vereinigung mit ihr
wünschen, und den Besitz derselben einem andern
mißgönnen. Hier artet die Misgunst, im Fall
wir diese Person schon besitzen, bloß in die Empfindung des beleidigten Ehrgeizes, in Zorn, Rache,
und alle diejenigen Leidenschaften aus, die aus jener
Quelle des Ehrgeizes ihren Ursprung nehmen. Ist
die Person noch nicht in dem Besitz, den wir nicht
aus Neigung zu ihr, sonderen aus andern eigennü-
tzigen Absichten wünschen; so tritt Neid, Mißgunst, Habsucht an die Stelle der Eifersucht. Hierher gehöret auch die Eifersucht, die zwischen vertrauten Freunden statt findet, und Verdruß und
Mißtrauen in uns erzeugt, wenn wir sehen, daß unser Freund mit andern in einem vertraulichen Gespräche ist, ihn stets begleitet, und die Ursach seines
Umgangs mit ihm verborgen hält. Doch ist bei
dieser Gattung der Eifersucht, die unangenehme
Empfindung bei weitem so heftig nicht, als bei derjenigen, die sich auf würkliche Liebe und herzliche Zuneigung gründet, da die Freundschaft mehr geistiger
Natur ist, die Liebe hingegen auch den Reiz der
Sinne zur Verstärkung der Begierde mit ins Spiel
kommen läßt. Letztere ist von der erstaunlichsten
Wirkung. Ist der Mensch einmal argwöhnisch ge-

gen

gen die Treue einer geliebten Person; so hat er auf
alle Menschen, die sich derselben nähern, ein wach-
sames Auge, in jedem sieht er seinen Verräther,
einen Vermittler oder Nebenbuhler; die Eifersucht
hat manche Menschen ihrer Vernunft und Sinne
beraubt, und gemacht, daß sie in ihrer Rache und
Wuth gegen die geliebte Person sowohl, als gegen
den vermeintlichen Verführer keine Grenzen kannten, und alle Menschlichkeit verlohren. So ließ
z. B. Raimund von Castel Roussillon den Wilhelm
von Caßestain, den er im Verdacht eines verbotenen
Umgangs mit seiner Gemahlinn hatte, erstechen,
zwang darauf seine Gemahlinn, sein Herz zu essen;
und Beispiele wohl behandelter Eifersucht dieser Art
findet man in Gabriele de Vergy, und noch besser in
Shakespear's Othello. Es giebt eine Art von Eifersucht, die immer kommt und wieder geht; hier
ist der Eifersichtige zwar überzeugt, daß er wieder
geliebt wird, aber sein zur Gewohnheit gewordener
Argwohn erregt öfters ein Mißtrauen gegen die
Treue der geliebten Person, besonders wenn von
Seiten der lezteren ein freundliches, munteres, ge-
sprächiges Wesen, das sie gegen andere blicken läßt,
hinzu kommt. Diese Eifersucht erreicht den
Grad derjenigen, die sich auf eine verschmähte Liebe
gründet, lange nicht, sondern hat alle Kennzeichen
des Argwohns und Mißtrauens an sich. Zu dieser
Classe gehöret Falkland in den Nebenbuhlern des
Sheridan. "

Cartefius, welcher in feiner Abhandlung über
die Leidenfchaften fo manche Erfcheinung unfrer Empfindungen auf eine fcharffinnige Art zergliedert hat,
fcheint mir in dem Kapitel über die Eiferfucht einen
Fehler begangen zu haben. *)   „Wir verachten
einen Mann, fagt er, welcher auf fein Weib
eiferfüchtig ift, weil dies ein Zeichen ift, daß
er fie nicht auf eine gute Art liebt, und daß er
von fich oder von ihr eine böfe Meinung hat;
denn liebte er fie würklich; fo würde er nicht
die geringfte Neigung haben, mißtrauifch gegen fie zu feyn.   Aber eigentlich ift fie es nicht,
die er liebt, fondern allein das Gut, welches
nach feiner Meinung in dem alleinigen Befitz
deffelben beftehet, und er würde nicht fürchten
diefes Gut zu verliehren, wenn er fich deffen
nicht für unwürdig, oder fein Weib nicht für
ungetreu hielte.“

E 4   Wenn

*) Article CLXIX. — On meprife un home qui eft jeloux
de fa femme, pource que c’eft un temoignage qu’il
ne l’aime pas de la bonne forte, & qu’il a mauvaife
opinion de foi ou d’elle. Je dis qu’il ne l’aime pas
de bonne forte; car s’il avoit une vraye amour pour
elle, il n’auroit aucune inclination à s’en defier. —
Mais ce n’eft pas proprement elle, qu’il aime, c’eft
feulement le bien qu’il imagine confifter à en avoir
feul la poffeffion; & il ne craindroit pas deperdre ce
bien, s’il ne jugeoit qu’il en eft indigne, ou bien que
fa femme eft infidelle.

Wenn es gleich eine Liebe geben kann, die aus
Ueberzeugung von der vollkommensten Treue des geliebten Gegenstandes gar nicht eifersüchtig ist; so
irrt sich doch Cartesius in der That, wenn er die
Eifersucht für ein Zeichen einer nicht wahrhaften Liebe hält. Je wahrhafter, ernstlicher und wärmer
wir einen Gegenstand lieben, je mehr liegt uns daran,
ihn zu besitzen und uns in seinem Besitz zu erhalten.
— Dies ist ein Erfahrungssatz, der in der Natur
unsrer Seele seinen guten Grund hat. Bei aller
Ueberzeugung von der Treue des geliebten Gegenstandes werden wir doch nicht immer jedem Argwohn ausweichen können, zumahl wenn wir das
menschliche Herz genau studirt, und seine Veränderlichkeit kennen gelernt haben. Die Eifersucht ist
ferner nicht immer ein Beweis, daß man von sich
selbst oder von dem Geliebten eine böse Meinung
haben müsse. Unzählig oft, und fast immer wird
sich der Eifersüchtige besser vorkommen, als sein
Nebenbuhler, und wir werden auf der andern Seite
von dem geliebten Gegenstande oft die beste Idee
haben, aber es doch nicht immer dahin bringen können, daß wir über den Eindruk nicht mißvergnügt
seyn sollten, welchen unser Nebenbuhler auf die Geliebte, oder diese nur auf jenen gemacht hat, wenn
wir auch glauben, daß wir den geliebten Gegenstand
immer besitzen würden. — Daß der Eifersüchtige
nicht eigentlich sein Weib selbst liebt, sondern in so
fern er sie nur als ein Gut betrachtet, daß er in seinem

nem Besitz zu erhalten suchen müsse, ist eine Di-
stinktion, die nicht ganz richtig ist. Es muß ein
Interesse da seyn, jenes Gut in seinem Besitz zu
erhalten, und dieses Interesse des Herzens gründet
sich offenbar, wenigstens in den meisten Fällen, auf
Liebe; ob ich gleich gern zugeben will, daß viele Eifersüchtige bei einer erkaltenden Liebe doch den Gegenstand zu behalten suchen werden, weil es ihrer Eitelkeit schmeichelt, und weil sie sich der Verachtung
der Welt auszusetzen glauben, wenn sie sich in dem
Besitz desselben nicht erhalten können.

Es giebt endlich auch noch eine Jalousie der
Freundschaft zwischen einerlei Geschlechter. Die-
se Erscheinung verdiente von einem scharfsinnigen
Kopfe wohl einmahl ganz genau untersucht zu wer-
den. Da sich die Geschlechtsliebe in diese Art der
Eifersucht nicht hinein mischen kann; so bestehet sie
ohnstreitig nur in einer argwöhnischen Furcht unsern
Freund zu verlieren, wenn er mit andern eben so
freundschaftlich umzugehn scheint als mit uns; oder
doch wenigstens nicht mehr ganz den Platz in seinem
Herzen einzunehmen, den wir vorhin besaßen. Die
Eigenliebe, die versteckte Neigung zur Beherr-
schung fremder Herzen ist auch die Mutter dieser Art
Eifersucht, und nicht selten sind dadurch Freund-
schaften getrennt worden, die ewig zu seyn schienen.
— In der That haben wir auch Ursach oft auf
unsre Freunde eifersüchtig zu seyn, zumahl wenn

E 5   sie

sie bei allen Talenten des Geistes und Herzens sehr
zur Veränderlichkeit geneigt sind; oder wenn wir vor-
aussezen können, daß sich unsere Freunde durch neue,
vielleicht glänzendere Bekanntschaften, vielleicht selbst
wider ihren Willen, etwas von uns entfernen werden.

Die Eitelkeit des menschlichen Herzens zeigt
sich hier oft in den seltsamsten und manigfaltigsten
Gestalten. Wir wollen einen Freund allein besizen,
weil es desto mehr Glanz auf uns wirft, oder weil
wir dadurch einen größern Einfluß auf andre Menschen bekommen, oder weil wir ihn gern allein be-
herrschen mögen, — oder weil wir auch wollen,
daß er uns allein sein Glück seine Zufriedenheit
schuldig seyn soll. Wir sehen voraus, daß sein
Herz sich theilen muß, wenn andre sich für ihn
freundschaftlich interessiren, und uns wohl gar
den vorher behaupteten Rang der Gefälligkeit und
Wohlthätigkeit bei ihm ablaufen. Ein eifersüchti-
ges Interesse ist dann fast immer sichtbar, wenn
unser Freund viel Wohlthaten von uns genossen hat.
Wir möchten gern das Andenken an dieselben in'
ihm recht lebhaft erhalten, und ihn ganz zum stillen
und alleinigen Verehrer unserer Zärtlichkeit gegen ihn
machen, — was er aber nicht mehr seyn kann,
wenn andre zugleich mit uns sein Herz zu gewinnen
suchen. Selbst dieß, daß unser Freund durch
mehrere freundschaftliche Hände geleitet wird, kann
uns oft mißtrauisch gegen ihn machen, weil wir
wis

wissen, daß dadurch seine Dankbarkeit, die wir gern allein einärndten möchten, nicht uns allein gelten kann.

Sind uns die Leute überhaupt schon nicht angenehm, mit denen unser Freund eine neue Verbindung errichtet, sind sie überdem von einem größern Ansehn und Gewicht als wir, so wird unsre Eifersucht noch stärker werden, und wir werden uns nicht immer enthalten können, ihre Fehler sehr nachdrücklich aufzudecken, um unsern Freund von einer fernern Freundschaft mit ihnen zurückzuhalten. Will dieß nicht gelingen; so werden wir gewiß etwas zurückhaltender gegen ihn zu seyn anfangen; oder auch untern andern Umständen unsere Zärtlichkeit verdoppeln, um ihn desto mehr an uns zu fesseln.

(Die Fortsetzung künftig.)

2. Psy.

2.

Pſychologiſche Bemerkungen über Träume und Nachtwandler.

Daß die menſchliche Seele während des Schlafs, bei verſchloſſenen Sinnen, ganz in ſich ſelbſt gekehrt, unabhängig (wenigſtens meiſtentheils) von äußern Senſationen oft mit einer Lebhaftigkeit und Deutlichkeit ihrer Vorſtellungen und einer Schnelligkeit der Empfindungen, die ihr kaum im Wachen eigen war, fortdenkt, oft viel mehr neue Ideen in dieſem ſonderbaren Zuſtande mit der größten Leichtigkeit ohne merkliche Anſtrengung als im Wachen erfindet, iſt ein zu bemerkenswerthes Phänomen, als daß es nicht immer wieder die Aufmerkſamkeit des Pſychologen von neuem beſchäftigen ſollte. Alle jene lächerliche Einbildungen von einer geheimen Bedeutſamkeit der Träume, und einer durch dieſelbe geſchehenen (wie man es gar nennt göttlichen) Inſpiration abgerechnet, wovon ſich nicht leicht ein vernünftiger Selennaturforſcher überzeugen darf und ſoll, bietet der Traum als bloßes Naturphänomen betrachtet ein ganz eigenes noch lange nicht genug bearbeitetes Feld pſychologiſchen Forſchens dar, und verdient durchaus nicht ſo obenhin, wie in den meiſten Selenlehren abgehandelt zu werden. Ich will einen Theil meiner Gedancken über das Merkwürdigſte, was jenes

Phä=

Phänomen auszeichnet, hier nur gleichsam abgebrochen den lesern dieses Magazins mittheilen, indem
ich mir vorbehalte, über die Natur des Traums,
sonderlich da, wo die Seele bisweilen ihrer natürlichen Denkordnung und Denkform zuwider zu
handeln scheint, im folgenden etwas Ausführliche-
res zu liefern.

Die so oft aufgeworfene Frag: ob die menschliche Seele durch eine gewisse Veranlassung, oder
ohne Veranlassung zu träumen anfange; ob erst
ein äußerer materieller Eindruck, oder doch wenigstens ein gewisser erster aus ihr selbst hervorleuch-
tender Begrif dazu gehöre, um sie während des
Schlafs in Bewegung zu setzen; oder ob das Träumen nur eine Continuation des Denkens während
des Wachens sey, davon wir beim Einschlafen das
deutliche Bewußtseyn verlöhren, bis es im Traum
wieder auf einmal wie eine halb verlöschte Flamme
hervorbräche? — will ich hier nicht weitläuftig
untersuchen; ich denke man kann alle Fälle annehmen, oder auch nicht annehmen, ohne daß die psychologische Darstellung des Traums dadurch etwas
gewinnt, oder verliehrt. Da wir aus eigener Erfahrung wissen, daß wir bisweilen mitten im Wachen zu denken aufhören, es mögen Gegenstände
des Nachdenkens vorhanden oder nicht vorhanden
seyn, und daß sehr oft die Seele neue Ideen gleichsam aus dem Nichts nach jenen Intervallen wieder
her-

hervorruft, oder durchs Gedächtniß herbei führt, indem sie nehmlich ihre Denkkraft wieder in Bewegung sezt, oder besser, indem diese Kraft als Seele selbst betrachtet, sich wieder zu äußern anfängt; so kann auch dies gerade der Fall im Traume seyn, ohne daß man nöthig hat, immer eine äußere dunkel empfundene Sensation zu seinem Entstehen vorauszusezen, oder eine ununterbrochene Reihe von würklichen Vorstellungen anzunehmen, die gleichsam Wachen und Träumen mit einander verbinden müßten. Ich sehe auch überhaupt nicht ein, warum man auf eine solche Succession unsrer Vorstellungen zur Erklärung des Traums bringen wollte, da ihr Daseyn, wenn wir auch die innere Möglichkeit einer geistigen Substanz gern ins Denken sezen würden, noch nicht erwiesen ist, und die Erfahrung mehr als die bloß hypothetische Voraussetzung des Cartesius entscheiden muß.

a) Unter allen, was mir bey Beobachtung des Traumes am merkwürdigsten geschienen hat, und wozu in diesem Magazin schon mehrmals besondere Winke gegeben worden sind, ist mir vornehmlich dies aufgefallen, — daß die Seele, ob ihr gleich auch im Traume ihre Denkkraft beiwohnt, und sich nach den Gesetzen derselben so gut wie im Wachen richten muß, bey Bildern und Vorstellungen während des Traums gleichgültig bleibt, die sie während des Wachens

chens mit größtem Erstaunen empfinden würde. Ich muß mich hierüber etwas deutlicher erklären.

Auch während des Wachens durchkreuzen unsere Seele sonderbare Begriffe, Hirngespenste,
contrastirende Empfindungen, heterogene, an sich
unmögliche Prämissen und Conclusionen in größter
Menge, und wir bleiben auch gleichgültig dabei,
weil wir sie nehmlich nicht für Realitäten, nicht
für Begriffe würklicher Objecte, sondern für bloße
Spielwerke der Einbildungskraft halten, und mithin bey gesundem Verstande sehr gut wissen, in
welche Classe von Vorstellungen wir ein solches
Schattenspiel hinzustellen haben. Ganz anders
verhält sichs im Traume. Hier denken wir uns
gemeiniglich alle jene ganz ungewöhnlichen neuen
Bilder als Realitäten, als Objecte würklicher Erfahrung, weil wir doch, indem wir träumen, würklich zu wachen glauben, und zweifeln nicht daran,
daß sie als würkliche Dinge so und nicht anders be-
schaffen seyn können, ob wir gleich sobald wir erwachen eine ganz andre Meinung und Ueberzeugung davon haben. Das unmöglichst widersinnig-
ste Phänomen kommt uns natürlich vor, paßt sich
genau in die Welt, die wir uns beim Traume vorstellen; die Unmöglichkeit erscheint uns in der Reihe
des Möglichen; Dinge, die durchaus nicht weder
ihrer innern Natur nach, noch in Rüksicht ihrer äußeren

Ver-

Verhältniſſe zuſammengehören können, ſcheinen
uns eine abſolute Verbindung zu haben, die Grund-
begriffe von Raum und Zeit beſtimmen nicht immer im Traum die Conſequenz der Begebenheiten
und Begriffe, und die Verhältniſſe zwiſchen Subject und Prädicat verſchwinden oft ſo ſehr vor unſern Augen, daß wir uns nicht ſollten in eine ganz
neue Welt verſetzt zu ſehen glauben, ohne daß es
uns nur einmal einfallen ſollte, daß dies nicht alles würkliche Realitäten wären, — und doch
richten wir uns bei allen dieſen Sonderbarkeiten
unſere Vorſtellungen, die oft eben ſo ſonderbare
Senſation erregen, immer noch nach gewiſſen we-
ſentlichen Denkgeſetzen, und glauben würklich
nicht zu träumen. Iſt dieß bisweilen der Fall,
daß wir im Traum wiſſen, daß wir träumen; ſo
geſchieht es doch eigentlich nicht, weil wir durch die
Ungereimtheit unſrer Hirngeſpenſte darauf gebracht
würden; ſondern weil wir uns wahrſcheinlich aus
dem Wachen erinnern, daß wir eine Idee vom
Traum überhaupt haben.

Wie ſoll man ſich aber nun obiges Phänomen
erklären, daß die Seele gleichſam ihrer Natur zuwider widerſprechende Dinge, Subjecte ſowohl als Facta, die nicht exiſtiren können, für Realitäten hält, und bei der Schöpfung ſolcher wider-
ſinniger Dinge, die ſie aus ſich ſelbſt hervorbringt,
eben ſo wenig als über die natürlichſten Gegenſtän-

de

be in Erstaunen geräth. Die Gewalt und der Eigensinn der Einbildungskraft, die man gemeiniglich gleich zu Hülfe ruft, so bald man etwas Ungewöhnliches in unserer Vorstellungskraft erklären soll,
erklärt die Sache wohl nicht, wenigstens nicht ganz,
ob sie gleich immer die Materialien zu jenen nicht
würklich vorhandenen Objecten nnd Begebenheiten
im Traum sammeln muß.

Da obiges Phänomen einmahl aus der Erfahrung des Traums erwiesen ist; so kann man wohl,
da uns ohnehin mehrere Ausschweifungen dieser Art
im Wachen selbst darinn bestärken, annehmen,
daß die Seele während des Traums nicht in jedem
Moment die Kraft behält, über die Causalverbin-
dung der Begriffe nachzudenken, und ein jedes Pre-
dicat in seine rechte Stelle zu setzen, ferner daß sie
aus einer offenbaren im Traume erfolgten Schwäche oder Unthätigkeit der Erinnerungskraft Ver-
gangenes, Gegenwärtiges und Zukünftiges mit
einander vermischt, und unrichtige ja wohl gar
unmögliche Folgen von Begebenheiten als würklich
denkt, und vor sich vorüber gehen sieht. Ueberdem
ist ihr im Traum bei der urplötzlichen Schnelligkeit
ihrer Bilde wohl oft nur darum zu thun, um ein
neues Object zu haben, das sich in die eillge Folge
ihrer Sensationen paßt — etwas, das sie sich als
existirend denkt, und dessen Vorstellung sie mit
dem würklichen Dinge alsdenn verwechselt, weil

sie sich nicht besinnen kann, daß es nur ein Bild,
nur eine Vorstellung ist. Daß sie aber über ihre
eigenen Geburten der Einbildungskraft, über ihr
sonderbaren Umtauschungen von Begriffen und Gefühlen so wenig erstaunt, rührt wohl daher, weil
sie theils zu schnell über den Creis ihrer Vorstellungen hinwegeilt; theils weil das Erstaunen selbst
ein Affect ist, welcher am seltensten im Traume
überhaupt entsteht, und nur bei ganz wachendem
Sinne seine Kraft äußert; theils auch, und was
die Sache am besten erklären würde, weil wir doch
wohl immer einen dunklen Begriff vom Traume
haben, indem wir träumen, und diesen Begriff,
ohne daß wir es merken, allen unsern Phantasien
unterschieben. Vielleicht kann auch die Gewohnheit, schon oft dergleichen widersinnige Dinge von
der ersten Kindheit an für Realitäten während des
Traums gehalten zu haben etwas dazu beitragen,
daß jene Dinge uns endlich nicht mehr auffallen,
und daß wir daher desto leichter das Bild für ein
würkliches freilich nur geträumtes Object im Schlafe halten.

b) Eben so sonderbar und widersinnig sind
nun auch die Sprünge unsrer Vorstellungen während des Traums ohne daß wir sie immer als solche wahrnehmen, sondern gemeiniglich nach einer
richtigen Folge gedacht zu haben glauben. Auch
hier scheint uns das dringende Bedürfniß, nur wie-

der

der gleich etwas Existirendes zu haben, woran sich
die Lebhaftigkeit oder Vorstellungskraft üben kann,
gegen alles Erstaunen über jene Sprünge zu sichern.
Da überhaupt die Einbildungskraft die Oberherr-
schaft über die Seele während des Traums führt,
und eben deswegen die genauere Aufsicht derselben
über die Succession unsrer Begriffe wo nicht gänzlich aufhört, doch wenigstens geschwächt wird, ferner eine große Menge dunkler Vorstellungen, die
im Wachen nicht zum Vorschein kommen konnten,
denn gerade ins Helle gebracht werden; so ist es
natürlich, daß alle Augenblicke die richtige Folge
der Gedanken und Empfindungen unterbrochen,
und vermöge der Association stets neue oft ganz
heterogene Vorstellungen untergeschoben werden
müssen.   Hieraus ist nun dies Phänomen sehr begreiflich, daß die Seele, indem sie von einer Idee
vielleicht auf eine ganz entgegengesezte überspringt,
immer gern die erstere zum Causalgrunde der zweiten macht, ob sie gleich nicht immer in solcher Verbindung stehen, folglich auch oft Wirkungen von
Ursachen und Ursachen von Wirkungen erdichtet,
die in der objectiven Reihe der Dinge gar nicht
vorhanden seyn können, und also zufrieden ist, wenn
beide Ideen nur bey einander stehen, sie mögen zu-
sammengehören oder nicht; — oder es mag noch
ein so großer Zwischenraum zwischen ihrer entfern-
ten Verbindung immer liegen.   Daß aber die
Seele dergleichen Sprünge nicht leicht bemerkt,

F 2   sein

kein Erstaunen darüber empfindet, ob sie gleich
wieder nicht Bilder, sondern Realitäten, würkliche
Objecte vor sich zu haben glaubt, liegt offenbar
wieder darin, daß sie sich so leicht im Traume über-
eilt, und im Strome ihrer Phantasien so schnell hingerissen wird, daß sie über den Zusammenhang
ihrer Ideen und ihrer Folgen auf einander nicht aufmerksam nachdenken kann. Wie es aber zugeht,
daß die Seele von einer Idee im Traume so leicht
und gewöhnlich zu der entgegengesezten übergeht,
und selten die Begriffe an ihren eigentlichen Faden anreihet, wie sie es im Wachen thut, davon
lassen sich alle Gründe ohnmöglich speciell angeben,
indem dies Phänomen von einer Menge verschiede-
ner dunkler Vorstellungen von verborgenen Ideenassociationen, Veränderungen in Organen, und in
der Blutbewegnis, vornehmlich von unwillkürlichen
Nervenerschütterungen abzuhängen pflegt; — man
kann aber doch hiebei gewisse methodische Gesetze
bemerken, wie die Seele bei solchen Ueberschritten
zu entgegengesetzten Begriffen verfährt, und die ohn-
gefähr die nehmlichen seyn müssen, die wir in dergleichen Fällen im Wachen annehmen, die Seele geht
nehmlich am leichtesten zur gerade entgegengesetzten
Idee über, weil diese ihr näher zu liegen scheint,
als die mit ihr verwandten aber nicht gerade contrastirenden Ideen. Unter den contrastirenden
hebt sie wieder die am ersten aus, welche mit dem
eben herrschenden Affect der Seele in der nähern

Ver-

Verbindung steht; doch so daß sie auch oft hiebei
auf Ideen durch den Affect hingeführt wird, die mit
dem Affect selbst contrastiren. Sie schreitet gemeiniglich auf dem Wege der Ideenfolge wieder zurück, von dem sie ausgegangen war, oder sie verläßt auch ganz den Hauptweg, und verliehrt sich auf
Nebenwegen, wenn diese ihr eine größere Beschäf-
tigung versprechen, oder wenn sie darauf leichter
als auf dem Hauptwege fortschreiten konnte. u. s.
w.

c) Die auffallende Gleichgültigkeit im
Traum gegen die uns sonst liebsten moralischen
Principien und Ueberzeugungen ist eine neue merkwürdige Erscheinung bei Träumenden. Mangel
an alle Scham, wilde Affecten, Verachtung reli-
giöser Gegenstände, Blasphemien, und andre abscheuliche Gedanken und Empfindungen, die uns im
Wachen nicht beunruhigen, bemerken auch die vortreflichsten Menschen an sich, wenn sie träumen.
Ich glaube alles rührt daher, weil die Seele vermöge der fast allein herrschenden Einbildungskraft
durch die Vorstellungen sinnlicher verführerischer
Bilder so sehr hingerissen wird, daß sie sich die
Gründe der Moralität nicht mehr deutlich vorstellen kann, wenigstens sie auf ihre Handlungen zu
appliciren vergißt. Ferner auch daher: Im
Traum werden uns die Gegenstände der Sinnlichkeit gleichsam wie hergezaubert, die wir vielleicht

F 3   erst

erſt im Wachen lange ſuchen müſſen, und während
des Wachens denn auch eher als im Traum über unſere moraliſchen Verhältniſſe reflectiren können.
Es bleibt uns im Traum oft kein Moment übrig,
einer ſich ſchnell dargebothenen und moraliſchen
Idee auszuweichen. Die Einbildungskraft wird
in einem Augenblick davon berauſcht, und in dem
nehmlichen Augenblick iſt auch die That ausgeführt,
indem die Vorſtellung der Action eigentlich
die Action ſelbſt ausmacht. Ueberhaupt läßt
ſich alles Unmoraliſche im Traum, wenn es gegen
unſere ſonſtigen guten Grundſätze läuft, aus der Gewalt des Affects erklären, der im Traume wegen
der Lebhaftigkeit des dargeſtellten Bildes ſelten eine
moraliſche Gränze haben kann. Irreligiöſe Begriffe, die man nicht ſelten im Traum an ſich wahrnimt, können ſehr viele Quellen haben. Entweder man hat den Tag über dergleichen ſchon im
Wachen gehabt; oder eine Aſſociation von contraſti-
renden Begriffen führt uns im Traum darauf; *)
oder der Affect flößt, um deſto ungezwungener zu
handeln, die zum Nachdenken erſchlaften Seele, Bilder ein, die mit unſern ſonſtigen religiöſen Begriffen ſtreiten; oder — man hat auch vielleicht mir
im Wachen, oder ſelten nach religiöſen Principien
gehandelt, da denn der Traum nur eine Copie des
Wachens iſt.

d) Auch

*) Siehe auch 5. Band dieſes Magaz. 2. Stück. S. 96.

d) Auch die Erscheinung ist sehr merkwürdig im Traum, daß wir oft ängstlich Ideen aufsuchen, die nahe vor uns liegen, ohne daß wir sie finden können, — nehmlich so nahe, daß es uns nicht die mindeste Anstrengung kosten würde, sie im Wachen zu finden, weil sie in einer nothwendigen Verbindung mit einander stehen. Hier fehlt es offenbar der Seele wieder an der schon vorhin erwähnten deutlichen Erinnerungskraft, und an der Gabe die Causal-Verbindung der Begriffe sich immer deutlich vorzustellen, — an einer gehörigen Gegenwart des Geistes, die sich nicht durch eine entstandene Furcht oder Aengstlichkeit verscheuchen läßt; theils auch an den gehörigen Mittelbegriffen überhaupt, an welche sie nicht die erste und dritte Progression ihrer Vorstellungen anzuknüpfen weiß, das heißt, es fehlt ihr alsdann etwas, wodurch ihre Vorstellungen natürlich an einander hängen müssen. Dieser Zustand ist der Seele allerdings in den meisten Fällen unangenehm, weil sie überhaupt nicht gern die Folge ihrer Ideen, von der sie wenigstens noch einen dunkeln Begriff behält, unvollendet liegen läßt, sie müßte denn durch einen angenehmen Nebenweg ihrer Sensationen dagegen schadlos gehalten werden.

e) Ferner bemerken wir im Traume nicht selten eine Lebhaftigkeit der Erinnerungskraft an Sensationen, die das Gefühl, den Geruch und

F 4   Ge-

Geschmack betreffen, mit welcher Lebhaftigkeit wir uns dieser Begriffe im Wachen nicht erinnern können. Es scheint also in der That, als ob die wenigen edlen Sinne, der Geruch und Geschmack eine stärkere Erinnerung an dergleichen gehabte Empfindungen im Traume veranlassen können, als im Wachen. Wenn man auf sich Acht giebt; so wird man finden, daß man oft im Traume mit einer solchen Deutlichkeit den Geruch einer Blume, einer Speise wahrnimmt, als ob wir ihn unmittelbar empfänden. Wir mögen es aber machen, wie wir wollen; so werden wir im Wachen uns dergleichen Sensationen immer nur wieder schwach erinnern, wenigstens nie so lebhaft als derjenigen, welche sich auf Formen und Töne, oder auf Gesicht und Gehör beziehen, welche leztere Sinne offenbar eine lebhaftere Erinnetungskraft im Wachen gewöhnen. Eben weil nun aber diese beiden ersten Sinne im Traume nicht unmittelbar beschäftigt worden; so gewinnen die Sensationen des Geschmacks, Geruchs und Gefühls einer desto größern Lebhaftigkeit; so wie überhaupt alles, was wir im Traume lebhafter denken und empfinden als im Wachen, theils daher rühret, daß sich die Seele, ohne von Eindrücken äußerer Sinne gestört zu werden, mehr auf einen einzigen Punct ihrer Vorstellungen gleichsam zusammenziehen kann; theils daher, daß die Einbildungskraft über sie sich von den Banden des langsamern Nachdenkens befreiet hat,

hat, einen größern Wirkungskreis bekommt, und
nur die Vorstellungen zu ihrer Geschäftigkeit aus,
wählt, welche ihr entweder das meiste Ver,
gnügen machen, oder ihn als Materialien zu
ganz neuen Ideenassociationen dienen müssen.

P.

Die Fortsetzung folgt.

Frag-

Fragment
aus dem Tagebuch eines Reisenden.
1787 im Nov.

— Ich denke nun die Merkwürdigkeiten dieser
Stadt so ziemlich durchgemacht zu haben, und muß
Ihnen gestehen liebster Freund, daß ich weit mehr
Anziehendes darinn fand, als ich mündlichen und
schriftlichen Nachrichten zufolge erwarten durfte.
Dieß gilt von würdigen und interessanten Menschen eben so gut, als von politischen, litterarischen,
und Kunst - Merkwürdigkeiten. Gestern führte
mich mein Freund Doctor H*. zweiter Leibmedicus
des Fürsten, nach unsrer Verabredung ins Tollhaus, welches er Amts halber selbst zu versehen hat.
Er gestand mir, daß sich anfangs, als ihm diese
Pflicht auferlegt wurde, seine ganze Menschlichkeit dagegen empörte, und daß ihn die gräßlichen
Gruppen von Menschenelend, und von fluchender
Verzweiflung und viehischer Fühllosigkeit eine gerau-
me Zeit für Freude und geselligen Umgang abgestumpft hätten. Mählig aber hab' er sich durch
den täglichen Anblik an das Schauspiel gewöhnt,
und eine reichere Quelle als irgendwo zu neuen phy-
siologisch - psychologischen Ideen und Beobachtun-

gen

gen gefunden, welche er zu seiner Zeit dem Publicum mittheilen werde.

Die äußere und innere Einrichtung des hiesigen
Tollhauses hat mir ungemein wohl gefallen. Das
Gebäude liegt hoch, gesund, und öffnet eine der
schönsten Aussichten ins N — thal. Es hat vier
Stokwerke, wovon jedes aus einer Reihe kleiner
reinlicher, und mit allen Nothwendigkeiten versehe-
ner Zimmer besteht, die armen Unglüflichen sind hier
nicht wie Vieh aufeinander gedrängt, und die Einflüsse des Mundes müssen ungewöhnlich stark und
Menschenfeindlich seyn, wenn man hier zwei und drei
Hirnkranke in einem Zimmer beisammen findet.
Ich selbst fand unter den eigentlich Tollen, die im
untersten Stokwerk hausen, durchgehends in jedem Gemach nur einen. In den obern Stokwer-
ken, wo sich solche befinden, die entweder auf dem
Weg der Beßerung, oder nur periodisch krank, oder
nur noch zur Prüfung da sind, fanden wir zwar
bisweilen mehrere beisammen. Diese werden aber
strenger als andere bewacht, und getrennt, so bald
bey einem die Krisis ausbricht. H. — sagte
uns, er habe dies Beysammenseyn schon in verschiedenen Fällen als die beste Methode gebraucht,
Scheinbargesunde zu prüfen, und so oft drey und
mehrere zugleich gänzlich geheilt. Es wäre zu
wünschen, daß diese Behandlungsart an andern
Orten nachgeahmt und die Aufsicht über dergleichen
Per-

Perſonen überhaupt immer nur philoſophiſchen
Aerzten anvertraut würde. So aber fand ich
ſelbſt in den größten berühmteſten Städten Teutſch-
lands Tollhäuſer, wo oft ein Dußend und mehrere
Seelenkranke in ein niedriges, ſchmuziges Zimmer
hineingepreßt waren, wo der Raſende, der Tolle,
der Wahnſinnige, Aberwißige, der Halbkranke,
der Geneſene in ekelhafter Verworrenheit neben einander lagen, und die wiederkehrende Natur gewalt-
ſamer Weiſe von der unheilbaren Wuth des Nachbars angeſtekt, und in den Abgrund eines fürchterlichen lebendigen Todes hinabgeriſſen wurde! —

Mein Freund H*. erzählte uns, als er uns an
den verſchiedenen Gemächern herumführte, manche
intereßante, pſychologiſch wichtige Geſchichte von
den Unglüklichen, die wir ſahen. — Wir ſtieſſen
ein paarmal auf ſo baroffiſche Hanswurſtfiguren,
daß mich mitten unter den traurigſten Vorſtellungen ein unwiderſtehlicher Kißel zum lachen anwan-
delte. Der eine hatte ein paar Beinkleider auf
ſeine Pritſche gelegt, und zerdroſch den Großſul-
tan, den er unterm Hammer zu haben wähnte,
ſo unbarmherzig, daß Se. Türkiſche Majeſtät
wie mürber Zunder aus einander fuhren; — Der
andere las einem bemüzten Haubenſtok, den er für
Gott den Vater hielt, wegen einer zerbrochenen
Flaſche, den Leviten ſo kräftig, daß ihm die Müze
vom Kopf flog; — dort maſſakrirte einer als

Alex-

Alexander Magnus mit seinem Pantoffel alle Flie=
gen seiner Klause, und wähnte eben so viel Perser
erwürgt zu haben; — hier bot ein anderer dem
Teufel — einem schwarzen Hosenfragment, das
an der Wand hieng, eine Priese Tabak, daß er
ihn in Ruhe lassen sollte; u. s. w.

Ganz im Hintergrunde des untern Stockes fan=
den wir einen rasenden Magister, bei dem die Wuth
eben auf ihren höchsten Grad gestiegen war. Er
hielt sich für das graunvolle Wesen aus der Offen=
bahrung Johannis — mit der Sternenperücke,
wie er sich ausdrükte, — dem Mondgesichte —
dem Wolkentalar, und den gigantischen porphirnen
Kurirstiefeln. Eben stund er auf seinem Tische
mit ausgestrekten Armen, und warf auf seine Ge=
meinde — sie bestund aus einem halben Dußend
Arzneytöpfen, — einen ganzen Hagelregen Ebräi=
scher, Griechischer, und lateinischer Sarkasmen
hinunter. Sein geschorner Kopf war mit Gold=
flittern besäet — seine Backen aufgedunsen, sein
weißes Bettuch hieng ihm bis auf den Boden hinab,
und seine beschmuzte Universitätsstiefel hatte er über
den Tisch ausgestrekt. Wir hatten ihm schon eine
ziemliche Weile zugehört, als er mit einmal vom
Tisch sprang, ein paar Töpfe aus seiner Gemeinde
ergrif, und sie mit solcher Wuth durchs Gitter nach
uns warf, daß wir uns kaum noch vor seinem my=
stischen Grimm zurükziehen konnten.

Soll=

Sollten Sies wohl glauben, sagte mir H. beim Weggehen, daß dieser Mensch vor sechs Tagen noch auf meinem Zimmer schlief, mit mir aß, spazieren gieng, und über die merkwürdigsten Gegenstände der Litteratur und Philosophie mit voller Gegenwart des Geistes sprach? — ja daß er neugierige Fremde allein im Hause herumführte, und sie von dem Zustand und der Geschichte der merkwürdigsten Narren unterrichtete? —

Ich. Mein Gott, und wie kam er in so kurzer Zeit in diesen fürchterlichen Zustand? Er scheint mir unter all' ihren traurigen Alumnen der bedaurenswürdigste zu seyn.

H*. Seine Geschichte ist die merkwürdigste aber auch die grauenvollste unter allen, so mir bisher vorgekommen sind. Der Psycholog bleibt entsetzt vor seinem Gemählde stehen, der führende Stab entsinkt ihm, und er kann nur ohne Leitgestirn zum Unerforschlichen hinauf staunen.

Nachdem wir im ganzen Hause herum waren, verlohr sich H. mit mir in eine angrenzende Allee, und fuhr fort:

„Der Vater des beweinenswerthen Mannes, von dem wir so eben sprachen, ist ein reicher biederer Pächter der Nachbarschaft. Er entdekte in diesen seinem einzigen Sohn früh schon Anlagen, die ihn in einen größern Würkungskreis zu rufen schie-

schienen, als den ihm seine Gebnrt, und sein
Stand anwiesen. Er schifte ihn also aufs hiesige
Gymnasium, besuchte diesen seinen Liebling oft, und
das Herz im Leibe lachte dem wakern Manne bey
den guten und immer bessern Nachrichten, die er
jedesmal von seinem Franz einzog. Weil ich damals schon das Dorf des Pächters zu versehen hatte, so kannt ich ihn lange her, uud war leider mit
eine unschuldige Ursache, warum er seinen Sohn
den Studien weihte. Er besuchte mich, so oft er
in die Stadt kam, schüttelte mir öfters die Hand
und rief freudetrunken: O wie hat er so wahr gesprochen, liebster Doktor! — der Bube ist unserm Schulmeister schon Tannenhoch über den Kopf
gewachsen. Meiner Seel, wenns so fort geht, so
wird er ein Kerl leibhaftig wie er. Da frag' er nur,
da hör er nur wie der Blizjunge schon schreiben,
und lesen, und rechnen, und Figuren machen, und
lateinisch, und Griechisch, und Gott weiß was er
alles kann!! Er soll mir aber auch bey meinem
Großvater auf die Universität nach T * *. und soll
mir ein Geistlicher werden, und predigen lernen, daß
es 'ne Lust ist. Was meint er, wenn mein Goldfranz im schwarzen Mantel und Kragen auf der
Kanzel perorirt, ob wir da aufpassen wollen? O
laß mich der liebe Gott diese Freude auch erleben,
eh ich in die Grube fahre!"

Freudeträhnen rollten dem guten Mann die
Wangen herab. Nur einen Blik in die Zukunft,

gu-

guter Gott, und wie so ganz anders wäre alles geworden; — wie glüklich lebte der Alte jezt mit seinem Kinde! Wie ruhig hätt er auf dieser Stüze entschlummern können! —

Franz war jezt 16 Jahr alt, hatte in öffentlichen Prüfungen schon verschiedene Preise erhalten, und war nicht nur in den meisten Sprachen und Wissenschaften, die auf dem Gymnasium getrieben wurden, der Erste, sondern hatte sich noch durch sein Privatstudium andere gründliche Vorbereitungskenntniße für die Universität erworben. Geliebt und geehrt von seinen Lehrern und Mitschülern verließ er das l — sche Gymnasium, und blieb ein Halbjahr bey seinen Eltern auf dem Lande, wo er in Geräuschloser Zurükgezogenheit sich ganz der Philologie und Philosophie weihte, nur selten, und immer nur wissenschaftlicher Gegenstände wegen die Stadt besuchte, und auf seinem Dorfe außer seinen Eltern mit niemand als mit dem Amtmann, einem geistvollen Belletristen, und mit seinem gelehrten Herrn Pfarrer Umgang pflog, und, wie sich Sr. Hochwürden ausdrükten, Honigsüße lateinische Verse schrieb.

Sowohl eigner Drang des Jünglings, als der Rath verschiedner erleuchteter Freunde bestimmten endlich den Vater, seinen Liebling auf die Universität nach T**. zu schicken. Seine Vorkenntniße,

sein

sein schnelles Fassungsvermögen, und sein Privat-
fleiß zogen hier in kurzem die auszeichnende Aufmerksamkeit seiner Lehrer auf ihn. Er machte den
ganzen philosophischen Cursus durch, und hatte sich
die Wolfische Philosophie, die damals gäng und
gäbe war, bald so eigen gemacht daß er ein paarmal bei öffentlichen Disputationen seinem Prä-
ses den kalten Schweis aus der Stirne trieb.

Im dritten Jahre begann er seine Theologische Laufbahn, und dieß mußte der Abgrund seyn,
in welchen alle seine Anlagen und Kenntnisse, alle
seine Plane, und Aussichten, all die süßen Träume, und Hoffnungen seines Vaters, und seiner
Freunde auf ewig versanken.

Das Studium der Kirchengeschichte, und der
Bibel im Grundtext zog bald die ungetheilte Aufmerksamkeit seiner ganzen Seele an. Alle übrige
Theologische Wissenschaften trieb er nur, in so fern
sie ihm Licht über dies Buch aller Bücher leihen
konnten. Ich weiß nicht, welch ein unseliges Ungefähr ihn frühzeitig antrieb, die Offenbahrung des
Johannes zum Hauptgegenstande seiner Schriftfor-
schung zu machen. Vielleicht seine lebhafte Phantasie; — vielleicht Neigung zum Wunderbaren und
Mystischen; — vielleicht auch eben die Schwierigkeit, womit die Auslegung dieses dunkeln, bildli-
chen, von einer glühenden Dichter-Phantasie er-

zeugten Buches verbunden ist, — zogen ihn an,
der Auslegung und Deutung desselben alle seine
Seelenkräfte zu widmen. Damals hatten wir die
treflichen philosophischen Wegweiser zu Erklärung
dieser Theosophischen Visionen noch nicht. Das
meiste, was darüber geschrieben war, schien mehr
gemacht zu seyn, den Forscher in noch dunklere Ge-
winde des Mysticismus zu verwickeln, als ihn her-
auszuleiten. Franz las alles, was er über sein
Lieblingsthema anftreiben konnte, vernünftelte,
sann, hing aller Warnungen seiner Freunde ungeachtet Nächte lang über Folianten, die von Aber-
witz und Scholastischen Träumen strozten, und in
nicht gar einem Jahre ward der trefliche, vielver-
sprechende Jüngling erst verrükt, — dann toll;
— dann rasend, und am Ketten gelegt.

Die Grade seiner traurigen Verirrung verlohren sich, wie mir einer seiner Lehrer und theilnehmend-
sten Freunde schrieb, ganz unmerklich in einander.
Mählig wurde der Gedanke an sein Thema in seiner Seele herrschend. Bald wuchs er, gleich
einer Eiche über all seine übrige Ideen, und Vorstellungen empor, und entzog ihnen, mit Shafspear
zu reden, die Lebenssäfte zur Entwiklung, daß
sie wie Blumen welkten, und vergingen. — Alles
bezog er nun auf die Offenbahrung, wollte alles,
am Ende sogar Dinge des gemeinen Lebens daraus
erklären, darauf zurükführen, — darin finden,
und

und ſah und hörte, und las, uud dachte und empfand alles nur im Bezug auf ſeine Offenbahrung.
Er äußerte dies zuerſt in den öffentlichen Theologi-
ſchen Vorleſungen. Eben der wackere Mann, mit
dem ich, über den Ausbruch ſeiner Seelenkrankheit
korreſpondirte, las über die Dogmatik, und pflegte
Franzen, als dem Scharfſinnigſten unter ſeinen
Zuhörern, häufig während ſeiner Vorleſung ſchwere
und verwickelte Fragen vorzulegen. Bald fiel es
ihm auf, wie ein Kopf, der ehemals die ſchwierigſten
Aufgaben ſo ſchön auf die lauteſten Grundſätze der
Piloſophie zurückführte, ſich nun auf einmal ſo ganz
in die Offenbahrung verliehren konnte. Er entfernte alſo ſeine Fragen abſichtlich von dieſem Thema: aber umſonſt; die heterogenſte Materie zog
Franz mit Haaren in ſein Lieblingsfach hinüber. —
Seine Freunde und Mitſchüler hielten dies erſt für
Grille, für eine Art verdekten Stolzes, für einen
kurzen zufälligen Vorſatz, gerade da die Ueberle-
genheit ſeines Kopfes zu zeigen, wo ſo viele ſtrau-
chelten. — Und vielleicht mochte würklich eine
ähnliche Urſache zu den obigen ſtoßen. — Zwey
ſeiner vertrauteſten Haus-und Tiſchfreunde dran-
gen deshalb aufs angelegentlichſte in ihn. Aber
ſie fanden zu ihrem Erſtaunen das Uebel ſchon ſo
tief gewurzelt, daß ihnen vor der Zukunft zu grauen
anfing. Sie ließen ſich mit ihm in ernſthaftere Unterredungen ein, boten all ihre Kenntniſſe, all
ihre Beurtheilung auf, ihren Freund von ſeinem

Irr-

Irrwege zurükzuführen; er hörte sie nicht. Sie
brachten ihm Gründe der Logik und der gesunden
Vernunft; — er schlug sie mit Ontologischen
Spizfündigkeiten zurük. Sie suchten seine Er-
klärungswuth bey auffallenden Gelegenheiten auf
eine feine Art lächerlich zu machen. Er drohte
mit seinem ewigen Haß. Sie nahmen ihm auf
Anrathen seiner Lehrer heimlich seine Folianten,
seine Manuscripte und Nachtlampe hinweg. Er
weinte wie ein Kind, gieng halbe Nächte lang ein-
sam in seinem Schlafzimmer auf und ab, dekla-
mirte Stunden lang ganze Capitel aus seinem Johannes, ließ Geister erscheinen, und disputirte mit
ihnen so herzhaft über die Auferstehung, daß alle
Schläfer erwachten. Man zog den Arzt zu Rath;
man hielt ihn von den Hörsälen zurük; man ver-
ordnete ihm zwekmäßige Diät; gab ihm leichte
unterhaltende Bücher zur Zerstreuung: Er stieß
alles mit Füßen von sich. Man ließ ihn Nachts
bewachen, um ihn gewaltsam von seinen nächtli-
chen Kreuzzügen abzuhalten. Man fand den
Wächter am folgenden Morgen unmächtig in
seinem Blute. „Halten mich die Hunde für toll?
Glauben sie, ich hätte den Verstand verlohren?
wollen sie mich wie einen Aberwitzigen gängeln und
bewachen lassen? so will ich ihnen auch begegnen
wie Hunde. Die Augen, womit sie nicht sehen,
will ich ihnen aus dem Kopf reißen, die Ohren,
womit sie nicht hören, will ich ihnen vom Haupt

terzerren!" So schnaubte er jezt seine Freunde an, die ihm helfen wollten.

Natürlich war es bey solchen Ausbrüchen nicht möglich, ihn länger auf der Universität zu behalten. Obiger Lehrer schrieb daher an seinen Vater, stellte ihm den kläglichen Zustand seines Sohnes so glimpflich als möglich vor, und bat ihn, solchen selbst abzuholen, ihn einige Zeit bey sich auf dem Lande zu behalten, einen klugen Arzt über sein Uebel zu Rath zu ziehen, ihm alle Theologische Bücher wegzunehmen, und ihn besonders so viel möglich zerstreuen, und anhaltende zwekmäßige Leibesübungen vornehmen zu lassen.

Der erschrockene liebevolle Vater kam, fragte, wollte seinem Franz in die Arme stürzen. Aber der Schaden hatte unterdessen so fürchterlich um sich gefressen, daß man den Unglüklichen binden mußte, und es für gefährlich hielt, seinen Vater vor ihn zu lassen. — Doch der ungestümme Vater ließ sich nicht halten. "Großer Gott, sollt es wahr seyn? sollt' es so weit mit meinem einzigen Kinde gekommen seyn? — Es ist nicht möglich! laßt mich zu ihm! Wer will den Vater von seinem Liebling trennen?" Er drang mit Gewalt ins Zimmer, wo sein Franz auf einem Bette halbgebunden lag. Dieser fuhr wie aus einem Schlummer empor. "Jesus Christus wie er aussieht? — kennst

du

du mich nicht, mein Sohn? — ich bin gekommen, dich mit nach Hause zu nehmen, wo deine
Mutter mit Schmerzen auf dich harret. O sieh
mich nicht an mit diesem durchbohrenden Blik.
liebster Franz, kennst du deinen Vater nicht
mehr? —" Bey diesen Worten verbarg der
Jüngling sein Haupt ins Kissen, und weinte und
jammerte, daß dem Vater die Worte versagten. Er
warf sich lautweinend auf seinen Sohn: da hiengen
sie lange in einer sprachlosen Gruppe, daß alle Anwesende sich wegwenden mußten. — Endlich faßte
sich der Vater. „Sprich, theures Kind, willst
du nicht mit mir nach Hause? dort soll dich deine
Mutter pflegen, dort will ich dich auf meinen Händen tragen. So sieh mich doch an! Hörst du deinen Vater nicht?" Jezt wandte Franz sein tränen-
des Antliz, küßte seinen Vater, winkte, und lis-
pelte ihm ins Ohr: Ja, ich will mit ihm. Die
Verräther dort glauben, ich habe den Verstand
verlohren. Ist das nicht eine höllische Lüge? —
lebt meine Mutter noch? — Ich will ihm helfen
sein Feld bauen Vater. — Seyd ihr noch nicht
fort, ihr Hunde? — — Ich will in seinem Wein-
berg arbeiten. — — Was, noch immer hier,
Verräther?" — — Er fuhr schäumend, und zäh-
neknirschend vom Lager empor, und schlug seinen
Vater, der ihn zu beruhigen suchte, so wüthend ins
Angesicht, daß ihm das Blut ströhmend über die
Wangen floß. Man riß den Alten hinweg, man
rief

rief um Hülfe, man holte den Arzt; denn der Anfall war diesmal so fürchterlich, daß der Rasende
den untern Theil der Bettlade hinausstampfte, und
sein Kissen mit den Zähnen zerriß. Vier Männer
stürzten über ihn her, und banden ihm mit Mühe
die Hände. Der händeringende, wehklagende
Vater mußte mit Gewalt hinweggeführt werden.

Franz wurde nun, von all seinen Lehrern, und
Universitätsfreunden bedauert, nach dem Dorfe
seines Vaters gebracht. Dieser hofte gewiß, daß
sich hier das Uebel in kurzem legen werde. Er
räumte ihm ein verborgenes Zimmer in seinem
Hause ein, hielt ihm Wächter, beschwur mich bey
Gott und allen Heiligen, seinem Kinde, und sollt'
es sein Vermögen kosten, zu helfen, und gab gegen seine Bekannte vor, sein Sohn liege an einer
langwierigen Krankheit darnieder, wo ihm die Gegenwart von Menschen schädlich seyn könnte. —
Aber alle Vorkehrungen des zärtlichen Mannes
waren vergeben. Die Anfälle seines Sohnes
stellten sich beinah täglich bey den unschuldigsten
Veranlassungen mit solcher Violenz ein, daß er mir
einst verzweifelnd um den Hals fiel, und ausrief:
„Nehm' er ihn in Gottes Namen hin. Was ein
Vater thun kann, das hab' ich gethan. Kein
Mittel ließ ich unversucht, den Verlohrnen zurük-
zubringen. Mein Verstand steht hier stille. Men-
schenhülfe schüttelt den Kopf. — Da komm ich
eben von ihm herunter. Er schien so stille, und

G 4   so

so weich. Ich trat an sein Lager, und sagte ihm
von meiner Liebe vor. Die Tränen schossen ihm
die Wangen herab. Mit einmal fuhr er zuckend
herum, sprach von gräßlichen Geistergestalten,
brach in einen Strohm von unverständlichen, sinn-
losen Worten aus, und hätte mich, glaub ich erwürgt, wäre er nicht gebunden gewesen. — Ich
hab's immer bemerkt, daß sein Anfall am heftigsten ausbrach, wenn er kaum vorher noch wie ein
Kind gerührt war. *) länger kann ich den Jammer
nicht ansehen. Nehm er mein Kind zu sich in die
Stadt. Rath er, helf er! lieber will ich ihn begraben, als länger lebendig tod vor mir sehen." —

Ich hatte den Eltern nehmlich schon öfters vorgestellt, wie mirs bey meiner Entfernung von dem
Kran-

---

*) Es ist eine allgemeine Bemerkung bey Verirrten die-
ser Art, daß ihre Anfälle schrecklicher werden, so oft
eine Rührung, eine Lieblingsvorstellung ihrer gesunden Tage, ein zärtlicher oft befriedigter Trieb, oder
gar eine Leidenschaft vorangeht. Das Gefühl kind-
licher Liebe erwachte in diesem und im obigen Falle
in der Seele des armen Franz. Vermöge der un-
überwindlichen Association aber, in der alle seine Ideen
und Empfindungen mit dem traurigen Gegenstande
seiner Verirrung stunden, verließ dies süsse Gefühl
seinen natürlichen Weg, und theilte seine ganze Lebhaftigkeit jenem herrschenden Gegenstande mit. Zim-
mermann führt im zweiten Bande seiner Erfahrungen
einen interessanten Fall an, der sich aus eben diesem
Grundsatz erklären läßt.

Kranken unmöglich sey, ihm diejenige Aufmerksamkeit zu widmen, die sein Uebel nothwendig erforderte, und ernstlich darauf angetragen, ihn ganz zu mir in die Stadt zu nehmen. Sie wollten sich aber lange schlechterdings nicht darzu verstehn. Jetzo nahm ich den Antrag des Vaters um so gerner an, und ließ sogleich Anstalten zur Abreise machen.

Franz kam also zu mir in die Stadt. Anfangs war ich willens, ihn in mein Haus zu nehmen. Der Vorsteher des Tollhauses erbot sich aber, ihm ein Zimmer in seiner eignen Wohnung einzuräumen, und mit ausgezeichneter Sorgfalt sein zu warten. — Da dieser Mann öfters um den Kranken seyn konnte, als es mir meine übrigen Geschäfte gestatteten, da er überdies aus langer Erfahrung die Behandlungsart solcher Unglücklichen sehr gut versteht; so überließ ich ihm diesen ohne Bedenken, nachdem ich ihm vorher aufs gnaueste vorgeschrieben hatte, wie er in allen Stücken gegen ihm verfahren sollte.

Nun wurde dem Jüngling ein erfahrner Wächter gesezt, welcher in ruhigen Zwischenräumen über Dinge des täglichen Lebens mit ihm zu reden angewiesen war. Besonders schärft' ichs ihm ein, wenn Franz fragen sollte, wo er sey, und warum er hier sey? — ihm immer zu antworten: Er befinde sich in meinem Hause in der Stadt, leide lange schon an einem bösartigen Fieber, und sey von seinem zärtlich besorgten Vater ins Haus des

G 5

Stadt-

Stadtdoctors gethan worden, um desto gewisser, und
bälder wieder hergestellt zu werden. — In der
Diät hielt ich ihn weit strenger, als ich es im Hause
seines Vaters thun konnte. — Er trank auf der
Universität gern Wein, und dieser mochte unstreitig
das Seine zu seinem Uebel beygetragen haben. —
Auch jezt begehrte er in lichten Zwischenräumen dieses Getränk mit Ungestümm. Ich ließ ihm nicht
das geringste weder von Wein, noch von
Fleisch und dergleichen reichen. Mit den leichtesten aufs sorgfältigste zubereiteten Speisen,
mit Milch und Wasser mußte er seinen oft unbän-
digen Hunger, und Durst, nach und nach, —
nie auf einmal stillen. Das Herz blutete mir oft
wenn er bald mit gebieterischem Ungestümm, bald
mit drohender Wuth, bald mit den Trähnen des
Kindes seine lieblingsspeisen, und Weine begehrte, und ich hätte in dem Augenblick nicht Vater
seyn dürfen. — Ein paar der besten Geschicht-
schreiber, und einige Englische Romane wurden
ihm nach einiger Zeit zur Unterhaltung gegeben.
Am Ende forderte er selbst sein Klavier welches
er sehr artig spielte. In der That war er mir
hierin nur um einige Tage zuvorgekommen; denn
da mir die Wichtigkeit der Musik in der Heilkunst der
Seelen lange schon aus den auffallendsten Beyspielen
bekannt war, so hatt' ich sie gleich anfänglich in
den Plan zu seiner Genesung aufgenommen. —
Von seinem Zimmer hatte er die lachendste Aussicht

auf

auf Wälder, auf Rebenberge, auf Fluren, Dör-
fer, Triften, und Gewässer, und ich sorgte dafür, daß sein Gemach täglich mehrmals mit frischer
Luft angefüllt wurde. Er liebte Nachtigallenge-
sang bis zur Schwärmerey. Ich ließ verschiedene
der besten vor seinem, und den angränzenden Fenstern aushängen. Er hatte eine intussasische Liebe
für Kinder.. Ich ließ späterhin Vormittags, wo
er immer am ruhigsten war, einige der liebenswür-
digsten zu ihm bringen. Kurz jede seiner ehmaligen Neigungen benuzt ich, seine Aufmerksamkeit
zu fixiren, und seine Thätigkeit von dem Abgrunde
ihrer Verirrung abzuleiten. Ich selbst endlich besucht' ihn des Tages wohl vier, und mehreremal.
Besonders versäumt' ich die Morgenstunde nie,
wenn er vom Schlaf erwachte, wo ich ihn immer
als einen meiner Kranken behandelte, und mich
mit ihm über leichte und angenehme Dinge unter-
redete. Er wurde beim Erwachen täglich ruhiger,
und verträglicher, und die geringste traurige Vorstellung konnt' ihm bis zu Trähnen rühren. Ich
vermeid daher dergleichen Vorstellungen sorgfältig,
und unterhielt ihn gewöhnlich mit interessanten Anec-
doten, späterhin auch mit literarischen, und politischen Neuigkeiten, an denen er ehedem so sehr
hieng. Arzeneimittel braucht' ich nur wenige,
und äußerst einfache, wenn es sein Zustand eben zu
erfordern schien. Anfangs lenkte er oft von den
entferntesten Ideen die ich ihm vortrug, in seine
mi-

mystischen Träume ein. Ich bat, ich beschwur ihn
bey Gott und seinem Leben, davon abzulassen, weil
dieß eben der Weg sey, wodurch er sich seine Krankheit zugezogen, und weil er unvermeidlich den Tod
wagte, wenn er ihnen weiter nachhienge. So
macht ich nach und nach die Furcht vor dem Tode zum Gegengift seiner verirrten Grübeleien. So
oft sich sein Blik in Apokaliptische Gesichte verlor,
so oft er über die Nachtgestalten seiner Fantasey zu
rasen begann, erhob ich meine Stimme noch mächtiger als er, dröht' ich ihm, meine Hand ganz von
ihm abzuziehen, und ihn dem Tode zu überlassen,
wenn er den Unsinn nicht fahren liesse. Auch seinen Wärter wies ich an, eben so gegen ihn zu verfahren, und ihm sogar mit Schlägen zu drohen,
wenn er von den scheußlichen Bildern nicht abliesse.
Außerdem entfernt ich von ihm jede physische, und
moralische Ursache, die in ihm Furcht, Schreken,
Aufwallungen, oder andere violente Empfindnisse,
und Leidenschaften hätte erregen können. Seinen Blutsfreunden, besonders seinem Vater ver-
bot ich es, so sehr er in mich drang, ihn zu besuchen, weil ich bemerkt hatte, daß, obgleich seine
Gegenwart anfangs heilsame Würkungen bey ihm
zu haben schien, am Ende doch immer ein Anfall erfolgte, der all das Gute vereitelte, was ich
bei ihm mit viel Mühe und Zeitaufwand hervorgebracht hatte.

Dies

Dies war ungefähr die Methode, deren ich
mich, nicht ohne vorhergehende Erfahrung, zu
Heilung dieses Unglüklichen bediente, und sie war
so würksam, daß er in Zeit von zween Monaten
— Bücher las, und mit unverfälschter Beurtheilung mit mir darüber sprach; — daß er Musik-
Stüke, die er ehmals nach Noten gespielt hatte,
nun auswendig spielte, ja sogar eigne komponirte;
(und ich glaube, daß eben dieß am meisten zu seiner
gänzlichen Wiederherstellung beitrug) daß er Stun-
denlang der Nachtigall horchte und ihre Lieder auf seinem Klavier nachahmte; Stunden lang mit Kindern spielte, und sie Lieder lehrte, die er auswendig
wuste; daß er ein paarmal wenn sein Anfall eben
ausbrechen wollte, ihn aus Furcht vor meinen Dro-
hungen gänzlich erstifte, und sich selbst durch Musik und
Bücher zu zerstreuen wuste; daß er mit gewohnter
Neugier nach litterarischen, und politischen Novi-
täten jagte; ja daß er am Ende gar Briefe, und
Aufsäze mit seiner ganzen ehmaligen Geistesgegen-
wart schrieb, mir solche vorlas, mein Urtheil begehrte, u. s. w. Nun ließ ich Stuffenweise verschieden seiner Bekannten, und Freunde aus der Stadt,
und am Ende, nachdem ich ihn hinlänglich vorbereitet hatte, auch seine Eltern zu ihm kommen.
Mit allen hatt' ich Abrede getroffen, auf die Meynung anzuspielen, und ihn darin zu bestärken, daß
er blos einer hartnäkigen körperlichen Krankheit
wegen zu mir in die Stadt gethan worden, und
nun

nunmehro gänzlich hergestellt sey — Um ihn eben
in dieser Meynung nicht zu stören, ließ ich ihn im
zweyten Monat seines Hierseyns aus dem Hause des
Inspectors unvermerkt in mein eignes bringen.
Im dritten, den er meist im Umgang mei=
ner Familie, und anderer Freunde zubrachte, äu=
ßerte er keine Spur seines kten Zustandes mehr.
Er speißte an meinem Tische, wo ich ihn aber kein
Haar von seiner Kranken=Diät abgehen ließ; er
scherzte; er las uns Aufsätze vor, die er selbst
verfertiget hatte; er studirte, und schrieb des Vor=
mittags; Nachmittags nahm ich ihn zu Spazier=
gängen mit. Kurz der Jüngling war ganz wieder
hergestellt, seine Seelenkräfte spielten wieder in har=
monischen Akkorden zusammen, seine entfesselte Thä=
tigkeit betrat ihre Laufbahn wieder, dem enteisten
Bachstrom gleich, welcher zum erstenmal wieder im
Strahl des Frühlings durch die Wiese frohlokt; — Er
fühlte Kraft und Drang zu höheren Berufsgeschäften
in sich. Sein Würkungskreis ward ihm hier zu
enge. Er hatte den Plan, die Universität noch ein
paar Jahre zu besuchen, und sich zu einem dasigen
Lehrer zu bilden.

Denken sie sich die Freude des Vaters, als
er seinen schon hingegebenen einzigen Sohn in die=
sem Zustande sah, und hörte, und umschlang und
küßte. Auf sprang er im Taumel der Wonne,
kriegte mich am Kopf und herzt' und küßte mich,
daß mir die Ohren gellten. „In Gold laß ich ihn ein=
faß=

faſſen, liebſter Seelendoktor! Auf den Händen
möcht ich ihn tragen, und es in alle Welt hinaus.
rufen: Da ſeht den zweiten Vater meines Sohnes!
— Der Herr Pfarrer ſoll aber auch 'n Vers auf
ihn machen, der ſich gewaſchen hat, und ſoll ihn
ſingen und lobpreiſen als den König aller Doctoren,
als den Groß-Mogul der ganzen Medizinergilde.
Und das Gedicht ſoll mir gedruckt werden, und in
den Zeitungen paradiren, daß ſein Nahme auf dem
Markt, und auf 'm Rathhaus, und in allen Gaſt-
häuſern, Buden, und Schenken wiederhalle. Und
wär ich ein großer Herr, ſo ſollte mir ſein Bild in
klaren Marmor gehauen, und mitten auf dem Markt-
platz aufgeſtellt werden. — Doch, laſſen wir das!
Die nächſte Woche nehm ich meinen Goldfranz mit
mir nach Hauſe. Und zum Abſchied ſoll hier ein
Schmauß ſeyn in ſeiner Wohnung. Da wollen wir
eſſen, und trinken, und ſingen, und klingen und jauch-
zen, und den lieben Gott loben, daß er uns unſern
Franz wieder geſchenkt hat. Und Er, Seelendok-
ter ſoll obenan ſitzen, und ſeine Geſundheit, und
meines Franzen Geſundheit getrunken werden, daß
ihm das Herz im Leibe hüpfen ſoll."

So rief der Alte Freudetrunken aus. Franz,
die Mutter, und alle Anweſende ſtimmten in den
Vorſchlag ein, und ich konnte um ſo weniger dagegen einwenden, da die Ehre auf meiner Seite war,
und da ich mit Franzen unterdeß ſo viele Proben

angeſtellt hatte, daß ich in Anſehung ſeiner ſicher ſeyn konnte.

Alle Anſtalten wurden daher zu dieſem Gene= ſungsfeſte gemacht. Ich ſucht' es ſo einfach als möglich zu machen, lud wenige, und nur einige Buſenfreunde des Jünglings, die er ausdrüklich begehrt hatte, darzu ein, und verſprach mir einen ſeligen Tag der Wonne, und des Entzükens.

Der Tag kam heran. Es war ein Sonntag, welcher der merkwürdigſte in meinem Leben bleiben wird. Wir giengen Vormittags gemeinſchaftlich in die Kirche, wo mein Freund der Stadtpfarrer eine rührende Predigt hielt, und am Ende eine ſo eingreifende Anſpielung auf die Wiederherſtellung des Jünglings einwebte, daß wir uns der Trähnen nicht enthalten konnten. Da ſaß der ehrwürdige Vater, horchte dem Prieſter mit hangendem Haupte entgegen, blikte dann mit Trähnen der Wonne auf ſeinen Franz, und weinte zum Himmel: „O er= halt' mir ihn! Du haſt ihn mir zum zweytenmal ge= geben; drum erhalte mir ihn, Vater des Lebens!‟

Ich hatte den würdigen Prieſter ebenfalls zu unſerm kleinen Feſte geladen. Es war ein rühren= der Anblik, als er ins Zimmer trat, und der Alt= vater ihm feyerlich entgegengieng, und ihm die Hand küßte für ſeine Predigt. „Ew. Hochwürden ha=

haben mir heute Trähnen entloft, die mehr werth
sind, als ein ganzer Jahrgang gedrufter Morgen-
und Abendseegen. Gott lohns ihnen, und tröste
Sie im Ungemach des Lebens!"

Nun sezten wir uns zu Tische. So rührend
anfangs das Gespräch war, so lenkte sichs doch
bald zum Scherz, und zur geselligen Freude. Franz
nahm den lebhaftesten Antheil an unsrer Unterhaltung. Man sprach über Litteratur, über Kunst,
über neue Auffehenerregende Schriften; — Franz
tummelte sich mit dem Herrn Pfarrer und mir so
wacker in dieser Materie herum, daß sich der Alte
nicht satt sehen, und hören konnte. Die Sprache
kam auf politische Neuigkeiten, wo sich der brave
Pächter mit unter die Streiter mischte. Franz
wußte von allem, urtheilte überall mit bewun-
dernngswürdiger Feinheir. "Auch hier ist mir
der Blizbube über'n Kopf gewachsen! — Der
Doktor aller Doktoren soll leben!" — rief der
Vater, und alle Gläser klangen zusammen. "Mit
Wasser willt du deines Doktors Gesundheit trinken?
fuhr Er zu Franz fort. Eingeschenkt auf
mein Wort! Warst ja sonst kein Kostverächter, und
das Bißel wird dich nicht beissen." — Franz trank hier
nach mehr als einen Vierteljahr das erste Glas Wein.
Nun wurde das bodenlose Capitel der Anekdoten, und
Schwänke vorgenommen. Der Pächter ließ eine
Rakete nach der andern steigen, und lachte dann
immer zuerst, daß die Tafel zitterte. Auch ich

H 2   ließ

ließ meinen Dezem zirkuliren, und trug nicht wenig Dank davon. Se. Hochwürden selbst, denen
bereits das Wohlbehagen von der Stirne leuchtete,
gaben uns manches ehrsame Universitätssträußchen
zum Besten, und holten den Stachel des Schna-
kens dann immer gar possierlich aus dem blinkenden
Glase. — Franz ermangelte nicht, beinah jede
Schnurre, aus welchem Gebiet sie auch seyn mochte, mit einer ähnlichen zu erwiedern, und trug
besonders ein paar trefliche Anekdoten, die sich während seiner Anwesenheit zu T.* unter dem dasigen
gelehrten Senat ereignet hatten, mit so viel Witz
und Laune vor, daß der brave Schwarzrok seine
Amtsgravität ganz aus dem Gesichte verlohr, und
sich den Bauch vor Lachen halten mußte. Mit
unter kreißte eine Gesundheit nach der andern, und
ich konnt es nicht wehren, daß Franz nicht einmal
ums andre in edlem Rheinwein Bescheid that.

So tafelten wir unter gesetligen Gesprächen
und Scherzen fast die Hälfte des Nachmittags
hinweg. Nach Tische wurden bekannte Volkslieder
gesungen, wo Franz den Flügel spielte, und mit seiner
vollen Akademischen Jovialität vorsang. Er [rega-
lirte uns überdies mit einigen herzigen Liedern, die
er auf der Universität, und zu Ende seiner Krankheit gemacht, und in Musik gesezt hatte. Der
Pfarrer, meine Hausehre, ich, die Jünglinge,
alles jauchzte und sang zusammen, und der gute
                                         Vater

Vater brummte den Baß darein. Kurz, nichts
schien zu fehlen, uns diesen Tag zu einem Fest-
tag zu machen. Ich bemerkte an Franz nichts,
als eine Fröhlichkeit, die bis an Muthwillen gränz-
te, doch immer in den Schranken des Wohlstan-
des blieb.

Es war einer der schönsten Frühlingstage. Ich
schlug daher gegen Abend der ganzen Gesellschaft einen Spaziergang vor. Der Vorschlag ward mit
einstimmendem Jubel angenommen. Wir besuchten einige Gärten und giengen dann in der prächti-
gen Allee nicht weit von meinem Hause im Abend-
stral lustwandeln.

Franz blieb immer bey mir und bey seinem Vater, und sprach mit Entusiasmus von seinen Plænen,
und von den Freuden die er sich in der Zukunft aus-
ersehen hätte. Ich merkte, daß der Wein stark
auf seine Lebensgeister gewürkt hatte, schnitt daher
seine Reden ab, wo ich konnte, suchte ihn selbst mit
ähnlichen Gesprächen über die Träume meiner Jugend zu unterhalten, und flisterte dem Vater zu,
seinen Sohn so wenig als möglich zum Wort kommen zu lassen, weil ihm des Weins wegen zu vieles
Reden höchst schädlich werden könnte.

Wir hatten die Allee eben einmal durchlaufen
und waren auf dem Rückweg begriffen, als Franz

H 5   mit

mit einmal stehen blieb tiefsinnend umherschaute, und ausrief: „Mein Gott die Gegend hier ist mir so bekannt, alles umher mir so vertraut, so frisch und lebendig in meiner Seele. Diesen Baum dort hab ich oft Tage lang beobachtet. Er war meine Uhr. Stund er im Volllichte, und warf er seinen eingeschrumpften Schatten quer durch die Allee; — so war es Zeit zum Mittagessen. Strekte er seinen Schatten gigantisch über das Feld hin, zukte das Sonnenlicht nur noch schwächlich auf seinem Wipfel, so war dies die Stunde zum Abenbrod. Sagen Sie doch, lieber Doktor, wo war ich, als ich diese Gegend hier zur Aussicht hatte? Ach damals führt' ich ein trauriges Leben.“

Ich erschrak als ich ihn so reden hörte. Es war die Gegend, die er von seinem Zimmer im Tollhaus vor sich hatte. „Kein Wunder — erwiederte ich verlegen, — daß Ihnen die Gegend so vertraut ist. Sie kennen sie ja von Ihrer Knabenzeit an, und der Baum wird noch ein überbliebenes Gemählde aus jenem Rosenalter seyn, das Ihnen Zeit, und Ort so eben lebhaft vor Augen brachte.“ —

Er. Nicht möglich! So lebendig sieht die glühendste Fantasie jene Gemählde nicht, als mir die Gegend hier in der Seele liegt. Ich weiß nicht, wie schwül und schauerlich mir bey ihrem Anblik wird.

Der

Der Vater. Weg damit! Was soll die Träu-
merey am heutigen Tage? Schlag dir den Plun-
der aus 'm Kopf, und stimm 'n schmuckes Wein-
lied an."

Wir giengen weiter. Unsre Gesellschaft hatte
eine gute Strecke voraus gewonnen, und wartete.
Auf einmal brach Franz lautlachend aus: „Mein
Gott, wie man so blind seyn kann! Da sinn ich
hin, und her, und kann's nicht reimen. Und sie
lassen mich in der Patsche, sauberer Doktor, und
sagen mir nichts. Ist dieß da drüben nicht die
Jammerklause, wo ihr mich armen Schächer so
lange gefangen hieltet?"

Er wies mit dem Stok gerade auf das Zimmer des Tollhauses, wo er zwey Monate gesessen
hatte. Diese Frage setze mich noch in größere
Verlegenheit, als die obige.

Ich. „Wie sollten Sie, und dies Zimmer
zusammen kommen? — Merken Sies denn nicht,
daß dies dort das Tollhaus ist? — Wie könnten
sie sich in aller Welt dahin verirren?

Er. Man denke! Als ob ichs nicht wüßte,
daß ihr mich über ein halbes Jahr wie einen puren
Narren behandelt, mich eingeschlossen, gebunden,
und mißhandelt habt? Nicht wüßte, daß ihr mich

H 4 vom

vom Hause meines Vaters ins Tollhaus transpor-
tirtet, und mich da schmachten ließet bey Wasser
und Brod unter heulenden Verrükten? — Doch die
Zeit ist vorüber. Die Gegenwart lacht um so schö-
ner, die Freyheit schmekt um so köstlicher, wenn
man an das Elend der Vergangenheit zurükdenkt.
Hunger ist die beste Würze der Speise. — Ich
habe da drüben doch auch mitunter manche seelige
Stunde genossen. Wenn ich des Moegens zum
Fenster hinaus blikte, und die Lerche hörte, wenn
ich Berg und Thal, und Stadt und Feld, und
Bach und Hügel, und den arbeitenden Landmann
im Schimmer der Morgenröthe sah! — Wenn ich
die Sonne hinterm Rebenberg dort heraufzittern
sah, und an die Millionen dachte denen sie leuchtet!
O, da war ich mitten in meinem Jammer so glüklich.
Auch machte mir der Inspektor, mein Freund, viel
Freude, wenn er sein Abenbrod auf mein Zimmer
bringen ließ, sich traulich neben mich aufs Bette
sezte, und mir von Schlachten und Thaten erzählte,
die er sah, und mitschlug. O es ist ein kreuzbraver
Mann, der Inspektor! Wie lange hab ich den ehrli-
chen Alten nicht mehr gesehen. — Ich denke Vater
wir besuchen ihn jezt auf ein halbes Stündchen;
dann will ich ihm auch sofort das traurige Zimmer
zeigen, wo sein Franz so lange in tober, trähnen-
werther Einsamkeit saß. Nicht wahr Doktor, —
sie gehen mit?

Ich

Ich stund, während daß Franz alles dieß sagte, wie in einen Fiebertraum verlohren. Da ich
die Sache so äusserst geheim halten ließ, und Franz
die meiste Zeit seines Aufenthalts bey dem Inspector irre, und ohne Bewußtsein war; so begrief ich
schlechterdings nicht, woher er alles so bestimmt,
und zuverläßig wissen konnte. — Ich suchte
ihn gemeinschaftlich mit dem Vater von dem Besuch
abzubringen. Wir stellten ihm vor, — daß es
zu spät sey; daß wir den Inspector Morgen
vor seiner Abreise noch besuchen könnten, wenn er
ihn ja kennen sollte; — daß es unsre Gesellschaft
übel nehmen würde, wenn wir sie verliessen u. s. f.
Umsonst; er schlug alle unsre Einwendungen zurük.
„Verderben Sie mir doch die Freude nicht! —
fuhr er ruhig, und mit lachendem Munde gegen
mich fort; Die Gesellschaft geht in ihr Haus voran. Wir folgen in einer halben Stunde. Er
soll seine Seelenfreude an dem Alten haben, liebster Vater! Jetzt sizt er gewiß mit der Brille am
Fenster, trinkt seine Vesper-Flasche, und liest in
seiner alten Kayser-Chronik.

Er nahm seinen Vater am Arme. Alles
Sträuben war vergebens. Wir fanden den Alten
Inspector mit seiner Familie beim Abendessen.
Er erschrak anfänglich, als er Franzen erblikte,
weil er wußte, wie höchst wichtig mir's war, ihm
seinen ganzen dasigen Aufenthalt verborgen zu hal-

H 5   ten.

ten. Doch da er mich dabey sah, und da Franz
ihm mit der heitersten Laune, und mit scherzhaften
Anspielungen auf ihren ehmaligen Umgang entge-
genkam, meinte er, ich selbst hätt es für gut gefunden, ihm das Geheimniß zu entdeken.

Franz nöthigte den Alten wieder an den Tisch,
sezte sich neben ihn, kostete die Speise, und erzählte uns abwechselnd mit ihm, so poßirliche Szenen
aus seiner ehmaligen hiesigen Gefangenschaft, wie
er es nannte, daß wir mitlachen mußten, und unsrer anfänglichen Furcht ganz vergaßen. Aber sie
wurde wieder rege, als er den Inspector bat, sein
ehmaliges Zimmer aufzuschliessen, welches er seinem Vater zeigen wollte. Der Alte fand nichts
Arges darin, und war eben im Begriff, die Schlüssel zu holen; als ich Gelegenheit nahm, ihm heimlich zuzuflistern: Er sollte es uns Himmelswillen
unterlassen, und irgend einen Vorwand ersinnen,
warum er es nicht thun könnte. Dieß mußte
Franz unglüflicherweise gemerkt haben. Denn da
der Alte eben zu stottern anfieng: Es sey schon zu
dunkel; er habe die Schlüssel verlegt; s. w. fuhr
Franz auf: „Daß mir doch der böse Doktor noch immer nicht trauen will! Aber sie sollen uns die Lust
doch nicht verderben. — laß sehen! — Ich kenne
die Schlüssel wie meine eignen.‟ — Er suchte in
der Stube herum. „Da sind sie ja! Komm voran

al

alter Papa. Wie freut ich mich immer, wenn ich
dich vor meiner Thüre damit raſſeln hörte.

Wir gingen nach dem Zimmer. Franz weinte wie ein Kind, als er hineintrat. „Ach mein
Gott, da ſteht noch alles an dem nehmlichen Orte.
Hier die Bettlade; — dort das hölzerne Tiſchgen,
und der Armenſünderſtuhl; — das Chriſtusbild
hier an der Wand; — dort die bemahlte Scheibe. — Da komm er ans Fenſter, lieber Vater,
und ſeh er, ob ich wahr geſprochen habe. Sieht
er den Baum dort in der Allee? Und den Wein-
berg? Und den Bach im dämmernden Abendlicht?
Und den Stadtthurm hier links? — Und die lieblich ſchwimmenden Geſtalten in der Ferne dort, wo
ſich der Himmel auf den Wald herab neigt? Sieht
er das? Ach hier mußte ſein Franz am Gitter ſte-
hen, und war ausgeſchloſſen wie ein Miſſethäter
vom Genuß der Himmliſchen Natur. Hier lag
ich gebunden, wie ein Mörder; hier krümmt' ich
mich wie ein Wurm. Alle Menſchen verließen
mich, und flohen vor mir, wie vor einem Verpeſte-
ten. Elend, und Hunger und Durſt ließen ſie
mich ausſtehen, bis mich die Verzweiflung wie ein
Fieber ergrif, bis ich wie ein Raſender umherrannte,
und um Hülfe brüllte, daß die Vorübergehenden
ſtille ſtunden, und weinten.

„Guter Gott, wie können ſie ſo was ſagen,
lieber junger Herr, unterbrach ihn der Jeſpector.

That

„That ich nicht alles, was ich ihnen an den Augen
ansehen konnte? bracht' ich ihnen nicht mehr, als
ich sollte?"

Franz hörte nichts. Alle Bilder seines ehemali-
gen grauenvollen Zustandes stürzten wie eine Ge-
witternacht auf ihn herab. Ich nahm ihn am
Arme, ich wollte ihn gewaltsam hinwegführen.
Er rieß sich los, und fuhr immer fürchterlicher fort:
„Hier fütterten sie mich mit Wasser und schimmligem
Brod! — Hier wälz' ich mich im Staube, und
rang mit allen Schreknissen des Todes" s. f. — Ich
befahl dem Inspector und dem Vater, Hand an
ihn zu legen. Er stieß uns wüthend zurük, starr-
te seinen Vater mit der vollen Miene seiner ehmaligen Raserey an und brüllte Schaum vor dem
Munde: „Auch er hat sich wider mich verschworen,
Rabenvater, auch Er? Er war wohl Schuld, daß
sie mich hier einsperrten, und folterten, und der
Verzweiflung Preis gaben?" — — Der Inspector war nach Hülfe gesprungen. Ich hielt den
Sohn aus allen Kräften. Er schleuderte mich zum
zweitenmal an die Wand, ergrif ein großes zinner-
nes Wassergefäß, das auf dem Tisch stund, faßte
seinen Vater hinten am Haar und rief: „Dein Auge
ist vertroknet, du hast keine Mitleidsträhne für deinen Sohn, Kannibale? — Ha so soll Blut statt
der Trähnen fliessen". — So rief er, und stieß
seinem Vater die Mündnng des Gefässes mit knir-

schen-

schendem Ungestümm vor die Stirne, daß er tod
niederfiel.

Er wurde in Ketten gelegt, verfiel selbige
Nacht noch schreflicher als je, in seine schwärmende
Raserey und ist nun schon seit mehrere Wochen
in dem Zustande, in dem sie ihn heute fanden.

L. Sch.

Anmerkung.

Da wir diese Erzählung nicht abbrechen wollten, so
mußten des Raumes wegen verschiedene psychologische
Anmerkungen, und Erklärungen wegbleiben, welche
dem Vortrag da und dort einverleibt waren. Auch
wurden aus eben dem Grunde in der Erzählung selbst
verschiedene Mitteltinten vermischt. So waren z. B.
die Stellen im Johannes angegeben, welche den Jüngling anfangs irre führten, die er sich aus seinem ganzen
damaligen Ideenvorrathe nicht erklären konnte, und sie
daher durch grundlose, schwärmerische Hypothesen
seinem Systeme anzupassen suchte. — Es war ausgeführt, wie eben dadurch, daß er diese Hypothesen nach
und nach für bewiesene Wahrheit annahm, daß er sie
an andere Stellen seines Textes durch neue Hypothesen knüpfen mußte ꝛc. — seine Seele aus ihrer natürlichen Bahn gedrükt wurde, seine Fantasie in die Stelle
seiner Vernunft trat, und der ganze Wirkungskreis seiner

ner Thätigkeit verschoben ward. — Es war angezeigt,
wie ihn die Unmöglichkeit, schwere Stellen aus seinen
angenommenen Sätzen zu erklären, — verrückt;
Widerspruch von Seiten seiner Lehrer und Freunde
— toll; und endlich die Bemerkung, daß man ihn als
einen Verrückten und Tollen behandle, — rasend machte. Ferner waren die Grade, nach denen die weise Behandlungsart des Arztes auf seine Seele wirkte, sorgfältig angegeben, und der stufenweise Uebergang zu seiner
gänzlichen Wiederherstellung auseinander gesetzt. —
Endlich war sein fürchterlicher Rückfall, und das Betragen des Arztes dabey durch verschiedne Bemerkungen mehr vorbereitet. Franz hatte z. B. so lange er in
der Stadt unter den Augen des Arztes war, keinen Wein
gekostet, und trank solchen beim Abschiedsmahle, am Ende
sogar hinter dem Rücken des Doctors, — zum erstenmal wieder. — Der Anblick der Gegend, die er während seiner Tollheit täglich vor Augen hatte, brachte durch
die Association, welche die Kraft des Weins beflügelte,
— jene schwärmerische Vorstellungen und Empfindungen zurück, die einst so oft mit jenem Anblick verbunden
waren: diese irren Vorstellungen und Empfindungen
mußten desto lebhafter werden und desto mehr Raum
gewinnen, — je häufiger und je lebhafter jene Bilder
wurden, die mit ihnen in einer so genauen obgleich zufälligen Verbindung stunden. Der Arzt hätte daher eher
alles wagen sollen, als er ihn den Vorsteher des Tollhauses besuchen ließ. Franz hatte ferner auch da sein Zustand
am schlimmsten war, zuweilen nüchterne Stunden, in
denen er also das beabsichtete Geheimniß, daß er im
Tollhause sey, und als Toller behandelt werde, —
gar wohl von sich selbst entziffern konnte. Weil er sah,
wie viel dem Doktor daran gelegen sey, daß er es nicht
wisse, schwieg er und störte ihm seinen Kalkul nicht. Als
er

er in der Alle damit herausbrach, war er bereits nicht
mehr Meister von seinem Vorsatz, es geheim zu halten;
sein alter Anfall fieng hier schon an, und wurde nur
durch die Scheu vor dem Arzt, und seinem Vater noch
zurückgehalten. s. w. Was endlich den würklichen Ausbruch im Tollhause betrift, so wird dadurch obige Vermuthung, daß Franz durchaus ruhige Zwischenräume
hatte, in denen er sich selbst und seine Lage beobachten
konnte, — zur Gewißheit erhoben. Als sein Vater
Hand an ihn legen wollte, geriet er in Raserey, und
die geheimsten Gedanken seiner aufgewiegelten Seele
schäumten über ihr Ufer hin. Es fällt hier auf, daß er
seinen Vater für den Urheber seiner dasigen ihm uner-
träglichen Behandlung hält. Dieser Gedanke konnte
aber theils durch seine Ablieferung nach der Stadt, theils
dadurch veranlaßt worden seyn, daß ihn sein Vater beinah ein Vierteljahr nicht besuchte, theils auch durch die
Betrachtung, daß es dem Vater ja nur einen Wink ko-
ste, seinen Sohn aus den Händen seiner Peiniger zu
reißen. Er hatte diesen Gedanken tief in seiner Seele
verschlossen. Jezt da er sich durch den Augenschein so
mächtig zu bestätigen schien, brach er auf einmal aus seiner Grabnacht hervor, und gebahr die Entsezenvolle
That. —

Doch, vielleicht werden wir veranlaßt, bei einer andern Gelegenheit noch etwas über diesen Fall zu sagen.

S.

Inhalt.

Seite

Fortsetzung der Revision des 4. 5. und 6. Ban-
des dieses Magazins.   I.

Zur Seelenkrankheitskunde.

1) Merkwürdige Beispiele von Lebensüberdruß.
   a) Eines hypochondrischen Geistlichen.   21.
   b) Eines 72 jährigen blinden Predigers.   24.
   c) Einer gefangenen 33 jährigen Weibsperson.   35.
2) Krankheit der Einbildungskraft.   42.
3) Mütterliche Grausamkeit aus Melancholie und
   Verzweifelung.   47.

Zur Seelennaturkunde.

1) Materialien zu einem analitischen Versuch über
   die Leidenschaften Fortsetzung. Eifersucht.   57.
2) Psychologische Bemerkungen über Träume und
   Nachtwandler.   76.
3) Fragment aus dem Tagebuch eines Reisenden.
   1787 im Nov.   90.